ŒUVRES
COMPLÈTES
DE CONDILLAC.

TOME XV.

A PARIS,

Chez
{
GRATIOT, cul-de-sac Pecquay, rue des Blancs-Manteaux.
HOUEL, rue du Bacq, N°. 940.
GUILLAUME, rue de l'Éperon, N°. 12.
POUGIN, rue des Pères, N°. 61.
GIDE, place St.-Sulpice.
}

Et A STRASBOURG,
Chez LEVRAULT, libraire.

ŒUVRES DE CONDILLAC,

Revues, corrigées par l'Auteur, imprimées sur ses manuscrits autographes, et augmentées de LA LANGUE DES CALCULS, ouvrage posthume.

COURS D'ÉTUDES
POUR L'INSTRUCTION
DU PRINCE DE PARME.

HISTOIRE MODERNE.

TOME Ier.

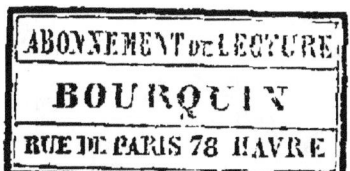

A PARIS,

DE L'IMPRIMERIE DE CH. HOUEL.

AN VI. — 1798. (E. vulg.)

INTRODUCTION A L'ÉTUDE DE L'HISTOIRE.

SECONDE PARTIE.

HISTOIRE MODERNE.

LIVRE PREMIER.

Je commence, Monseigneur, l'histoire moderne à la chûte de l'empire d'occident, parce que c'est à cette révolution que de nouvelles nations s'établissent, ou s'affermissent dans leurs premiers établissemens. Cette époque est un temps de confusion, et l'ordre ne renaîtra qu'après une longue suite de désordres de toute espèce. Pour saisir l'esprit de ces révolutions, il est nécessaire d'observer les barbares, d'où les nations modernes tirent leur origine : mais auparavant nous observerons le gouvernement de l'église, parce que la religion aura désormais une grande influence. Donnée aux hommes pour assurer leur bonheur, cette religion sainte devoit éclairer les esprits et adoucir les mœurs, et elle fera en effet l'un et l'autre. Cependant l'ignorance et la barbarie seront encore, pendant des siècles, les fléaux des peuples.

CHAPITRE PREMIER.

Idée générale de l'état de l'église dans le quatrième et dans le cinquième siècles.

L'ÉGLISE brillante par elle-même dans les temps de persécution, parut avec un nouvel éclat, lorsqu'elle fut protégée par les empereurs. C'est alors que les lois et la religion n'ayant qu'un même esprit, la puissance civile et la puissance ecclésiastique n'eurent aussi qu'une même fin. Les chrétiens eurent des temples magnifiques, ornés de vases d'or et d'argent. Les cérémonies se firent avec pompe. On solemnisa les dimanches, les fêtes de noël, de pâques et de pentecôte; et on célébra encore les fêtes des martyrs, dans les lieux où étoient leurs tombeaux, ou dans ceux où ils avoient été martyrisés.

<small>Eclat de l'église après la conversion de Constantin.</small>

Jusqu'alors les églises particulières <small>La discipline devient uniforme.</small>

s'étoient gouvernées par usage et par tradition ; et les obstacles qui les séparoient, n'avoient pas permis que la discipline fût par-tout la même dans tous les points. Mais au quatrième siècle, le gouvernement prit une forme ; on fit des réglemens généraux suivant les circonstances, et il y eut plus d'uniformité dans la discipline.

Juridiction des métropolitains.

Comme il n'y a point de gouvernement sans subordination, il en fallut établir une entre les églises. Elle se régla naturellement sur la forme de l'empire. Chaque province civile devint une province ecclésiastique ; et l'évêque de la métropole civile fut considéré comme le premier de la province. Chargé de veiller sur les évêques qui lui étoient subordonnés, il acquit plusieurs prérogatives. Il convoquoit les conciles provinciaux ; il y présidoit : l'ordination d'un nouvel évêque ne pouvoit se faire sans lui ; mais tous ceux de la province avoient droit de s'y trouver. Il falloit qu'ils y eussent été appelés, qu'il y en eût au moins deux, que ceux qui étoient absens n'y missent point d'opposition, ou qu'au moins le plus grand nombre y donnât son consentement.

Quant au choix du nouvel évêque, il appartenoit d'ordinaire au clergé et au peuple de l'église vacante. Dans les cas où le métropolitain n'avoit pas pu se trouver à l'ordination, il falloit qu'il confirmât tout ce qui avoit été fait.

Il y avoit encore au-dessus des métropolitains des évêques, dont la juridiction s'étendoit sur plusieurs ; et cela s'établit à l'imitation de l'ordre civil, où plusieurs provinces formoient un diocèse sous le gouvernement d'un chef. Quelques-uns prirent même le titre d'exarque, parce que c'est ainsi que les Grecs nommoient le magistrat, auquel toutes les provinces d'un diocèse ressortissoient. L'Asie, proprement dite, avoit pour exarque l'évêque d'Ephèse ; la Cappadoce, celui de Césarée ; et la Thrace celui d'Héraclée. *Juridiction des exarques.*

L'évêque de Carthage, sans prendre aucun titre, avoit beaucoup d'autorité sur toutes les provinces d'Afrique. Mais les trois premiers étoient ceux de Rome, d'Alexandrie et d'Antioche ; parce que ces villes étoient depuis long-temps les trois principales de l'empire, et celui de Rome *Les trois premiers évêques furent nommés patriarches ou primats.*

avoit la primauté sur tous. On leur a donné les titres de patriarche ou de primat.

<small>L'évêque de Jérusalem obtint le titre et la juridiction de patriarche</small>

Les patriarches étoient donc des évéques, qui embrassoient, ainsi que les exarques, plusieurs provinces dans leur juridiction. Les premiers ont été ceux de Rome, d'Alexandrie et d'Antioche ; mais dans la suite, l'évêque de Jérusalem, qui d'abord avoit été subordonné à celui de Césarée comme à son métropolitain, s'arrogea peu à peu des droits sur les provinces de la Palestine ; et après avoir essuyé bien des contradictions, il jouit enfin des priviléges des patriarches.

<small>Il en fut de même de celui de Constantinople.</small>

L'évêché de Bysance dépendoit d'abord de celui d'Héraclée ; mais aussitôt que cette ville fut le siége de l'empire, elle devint la rivale de Rome, et l'évêque de Constantinople sut bientôt se soustraire à son métropolitain. Dès le temps de Constantin, il lui enleva tous ses droits, et il se fit reconnoître lui même pour l'exarque de toute la Thrace. Cela lui fut d'autant plus facile, que Constantinople se trouvant alors la capitale de cette province dans l'ordre civil, il parut naturel qu'elle le fût encore dans

l'ordre ecclésiastique, et que, par conséquent, son évêque eût des priviléges au-dessus de tous les autres. C'est le plan de subordination qui s'étoit établi parmi tous les évêques de l'empire.

Dans les commencemens, la jurisdiction de ce siége se bornoit à la Thrace; mais ceux qui l'occupèrent, eurent souvent l'ambition de l'étendre au-delà. Ils ne pouvoient manquer de trouver des circonstances favorables. La protection que leur accordoient les empereurs levoit bien des difficultés; le crédit dont ils jouissoient, faisoit une loi de les ménager; et on étoit souvent dans la nécessité d'avoir recours à eux. Dans cette position, leurs prétentions devenoient des titres qu'on n'osoit leur disputer, ou qu'on leur disputoit inutilement. L'intrigue les faisoit naître, la faveur auprès du prince les défendoit, et quelquefois encore le mérite personnel d'un évêque auquel on ne craignoit pas de se soumettre.

Comment ce'ui-ci étend sa jurisdiction.

Nous voyons, par exemple, que du temps d'Arcadius, les évêques de l'Asie et du Pont, ayant des dissentions, et voulant remédier aux désordres qui s'étoient introduits, s'adressèrent à S. Jean Chrisostome, qui occupoit alors le siége de Constantinople, avec toute la considération que lui donnoient son éloquence et sa piété. Venez, lui disoient-ils, régler notre église troublée par les Ariens, par l'avarice des évêques, et par la cupidité de ces loups ravissans, qui achètent le sacerdoce et les évêchés. S. Jean Chrisostome se rendit à leurs instances, passa en Asie, assembla un concile, déposa plusieurs évêques, et en mit d'autres en leur place.

Il ne fit rien en cela qui ne fût dans l'ordre. A la vérité, comme évêque de Constantinople, il n'avoit aucun droit sur l'Asie ni sur le Pont; mais il ne pouvoit pas refuser de se transporter, comme arbitre, dans ces provinces, et d'y user de l'autorité qu'on lui donnoit. Cependant cette démarche, sans prétention de sa part, servit de prétexte à l'ambition de ses successeurs. Ils firent des tentatives, ils les soutinrent; ils obtinrent de l'empereur une loi qui défendoit d'ordonner, dans l'Asie ou dans le Pont, aucun évêque, sans avoir eu leur consentement; enfin le concile de

Chalcédoine, tenu en 451, leur ayant confirmé du moins une partie des droits dont l'usage les avoit déjà mis en possession, ils furent reconnus pour patriarches de l'Asie, du Pont et de la Thrace.

L'évêque de Constantinople avoit encore le second rang d'honneur. Cette distinction, qui lui avoit été accordée en 383, par le concile de Constantinople, lui fut confirmée par celui de Chalcédoine. Les pères, assemblés dans ces conciles, jugèrent qu'ainsi que la primauté appartenoit au pape, parce qu'il étoit l'évêque de l'ancienne Rome, la première ville de l'empire, le second rang devoit appartenir à l'évêque de Constantinople, puisqu'il siégeoit dans la nouvelle Rome, la seconde ville de l'empire.

Il obtient le second rang.

Il est important, Monseigneur, de bien remarquer comment se sont établis ces rangs et ces juridictions, si vous voulez pouvoir rendre raison des révolutions qui arriveront dans l'église. Or, ce qui est arrivé à Constantinople, vous fait voir que certains siéges ont d'abord obtenu des priviléges par l'usage, et qu'ensuite ils se les

La manière dont s'établissent les droits des premiers évêques, produira des disputes et des révolutions.

sont fait confirmer par des conciles. Mais ce qui s'introduit par l'usage, est nécessairement sujet au changement, parce que l'usage change lui-même. Il faut donc s'attendre que quelques évêques se feront de nouvelles prétentions, qu'elles leur seront contestées, et qu'il en naîtra, par conséquent, bien des disputes. D'un côté, l'ambition du patriarche de Constantinople ne sera pas satisfaite des priviléges qui lui sont accordés ; et pouvant empiéter, il empiétera encore : d'un autre côté, les évêques qui perdront de leurs droits, ou qui seront jaloux de l'autorité qu'il acquiert, refuseront leur consentement aux concessions qui lui ont été faites par les conciles mêmes. Les papes, par exemple, n'ont jamais voulu reconnoître, ni son second rang parmi les évêques, ni sa juridiction sur l'Asie et sur le Pont ; et ils ont jugé que les décrets des conciles de Constantinople et de Chalcédoine, sur ce sujet, étoient contraires aux canons et aux lois ecclésiastiques. Mais malgré ces oppositions, ce patriarche a joui, avec l'aveu de tout l'orient, des priviléges qui lui ont été attribués, parce que les ordres des empereurs sont venus à l'appui des décisions des conciles. Son ambition ne se bornera même pas à ce qu'il a obtenu; il entreprendra encore dans la suite : il aura assez de crédit pour faire ajouter à son patriarchat, l'Illyrie, l'Epire, l'Achïe, la Macédoine, et la Bulgarie. Les papes feront continuellement de nouvelles oppositions; et ces contestations seront enfin l'origine d'un schisme qui séparera pour toujours l'église d'orient de celle d'occident.

Cependant les papes, en reprochant des usurpations à l'évêque de Constantinople, feront eux-mêmes d'autres usurpations. L'évêque de Rome, comme patriarche, n'avoit de juridiction que sur les églises suburbicaires, c'est à dire, sur quelques provinces d'Italie, soumises à son siége. Dans la suite, il entreprendra sur de nouvelles provinces, et il osera même attenter jusques sur les souverains.

La première source de ces désordres vient de ce que, dans les trois premiers siècles, le gouvernement de l'église n'a pas pu s'établir sur des règles assez fixes.

terminer le rang
et les droits des
évêques. L'impuissance où l'on étoit d'assembler des conciles généraux, ne permettoit pas de déterminer avec précision les droits de chaque évêque ; et on a été dans la nécessité de souffrir qu'il s'introduisît des usages, qui, variant suivant les circonstances, ne pouvoient être ni uniformes, ni permanens. Il semble que, sous Constanstin, on auroit pu remédier à ces abus ; mais quand le gouvernement a pris une certaine marche, il n'est pas toujours facile de la changer; il est même rare qu'on y pense. On se contenta de mettre entre les évêques une subordination à-peu-près semblable à celle qui étoit entre les magistrats des provinces de l'empire. Cette forme étoit déjà trop compliquée, et elle avoit encore un autre défaut : car les parties du gouvernement ecclésiastique ne furent pas subordonnées avec la même exactitude que les parties du gouvernement civil. Pour se conformer entièrement au plan de Constantin, il auroit fallu un chef dans l'église ; quatre patriarches comme quatre préfets ; autant d'exarques que de diocèses, et autant de métropolitains que de provinces. A la vérité, le pape étoit en possession de la primauté qu'il a reçue de Jésus-Christ, comme étant successeur de S. Pierre; et cette primauté lui donnoit de grandes prérogatives pour maintenir la foi dans l'église, et pour faire observer les saints canons. Mais les évêques ne pensoient pas qu'il eût sur eux la même autorité, que l'empereur sur les magistrats civils. Sa jurisdiction étoit uniquement attachée au titre de patriarche; et il n'en avoit que sur les églises suburbicaires. Dans les Gaules, en Espagne et en Afrique, les métropolitains ne connoissoient point de supérieurs qui eussent des droits sur leurs églises, et dans les autres provinces de l'empire, plusieurs étoient encore dans la même indépendance. Ce gouvernement étant l'ouvrage des circonstances, il ne faut pas s'étonner s'il a des défauts, et s'il est quelquefois troublé par des dissentions. Les conciles seront le remède à ces abus; ils régleront les droits suivant le besoin des conjonctures; et au milieu des désordres, ils conserveront la foi dans toute sa pureté.

Si le siége de l'empire eût toujours été fixé à Rome, l'autorité du pape, mieux *La rivalité entre les évêques des deux capitales augmente les désordres.*

déterminée et plus généralement reconnue, n'eût jamais été contestée. Mais la seconde capitale, fondée par Constantin, éleva, pour ainsi dire, autel contre autel; et la rivalité, qui divisera les deux premiers évêques de l'église, sera la source de bien des maux.

Autres causes qui [...]

D'autres causes contribueront encore à produire de nouveaux désordres : ce sera l'ignorance, qui, confondant la puissance spirituelle et la puissance temporelle, autorisera les entreprises des papes : ce seront des évêques, qui, voulant se soustraire à leurs souverains, se mettront sous la protection du siége de Rome : enfin ce seront les souverains eux-mêmes, qui, ne cherchant qu'un prétexte pour envahir, reconnoîtront que le pape a droit de disposer des couronnes.

J'ai cru devoir vous prévenir sur toutes ces choses, afin que vous puissiez saisir plus facilement les causes des révolutions dont j'ai à vous parler. J'y trouverai aussi un avantage pour moi-même; car je pourrai passer plus rapidement sur ces révolutions.

La subordination n'est pas la seule chose

à considérer dans un gouvernement : il faudroit encore remarquer les usages qui s'introduisent, et les réglemens qui se font suivant les circonstances. Mais tant de détails n'entrent pas dans mon plan ; il me suffira des vues générales, qui préparent l'intelligence de l'histoire.

Un évêque ne jugeoit de rien sans avoir consulté son clergé : c'est dans des conciles provinciaux, qui se tenoient d'ordinaire deux fois l'année, qu'on terminoit les différens qui naissoient dans les provinces. Bientôt ceux qui se crurent lésés, eurent recours au premier évêque du diocèse et à son synode. Ces appels eurent leurs abus. Comme toutes les églises d'un même diocèse n'avoient pas toujours les mêmes usages, ils donnoient lieu à des jugemens contradictoires. Ils semoient la jalousie et la division parmi les évêques, et ils autorisoient les prétentions des plus puissans. Le pape, par exemple, prétendit qu'on pouvoit appeler à lui des jugemens portés par les autres églises ; et il tenta de les assujettir toutes aux usages de la sienne. Mais celles d'orient et plusieurs d'occident

La subordination entre les sièges autorise les appels, d'où naissent des abus.

maintinrent l'autorité de leurs synodes provinciaux.

<small>Les évêques seuls juges en matière de foi, et le concile général juge souverain.</small>

Tous les évêques se croyoient juges en matière de foi : cependant s'il survenoit quelque nouvelle question, on consultoit ceux des grands siéges, et sur-tout celui de Rome, dont l'avis a toujours été d'un grand poids à cause de sa primauté Mais le concile général étoit considéré comme la souverain juge. L'excommunication et la pénitence publique étoient les peines qu'on infligeoit, et l'usage, à cet égard, étoit le même que dans les siècles précédens.

<small>La discipline d'orient différente de celle d'occident.</small>

L'église ne négligea rien pour maintenir la discipline ; elle fit les lois les plus sages : mais les passions brisent quelquefois les freins les plus sacrés. Les translations des évêques étoient communes en orient et ils alloient volontiers à la cour, quoique ce fussent des choses sévèrement défendues. Je ne parle pas des autres abus, parce que s'ils étoient plus grands, ils étoient aussi plus rares. La plus grande différence qu'on remarque dans la discipline entre l'église d'orient et celle d'occident, c'est que dans la première, les évêques, les prêtres et les diacres n'étoient pas obligés au célibat.

Les agapes ou festins de charité s'abolirent dans la plupart des églises. Les catéchumènes et les pénitens étoient exclus du saint sacrifice. Les fidèles y assistoient souvent : ils communioient presque à chaque fois. Les laïques recevoient encore l'eucharistie dans leurs mains : mais la coutume de l'emporter chez soi étoit devenue plus rare. On la consommoit à jeun dans l'église. Les processions commencèrent à s'introduire. En un mot, les pratiques qui s'observoient, étoient pour le fond, les mêmes qu'aujourd'hui.

Pratiques, qui s'observoient dans l'une et l'autre église.

Il n'en est pas de la doctrine comme de la discipline. Elle ne peut varier, mais elle peut être plus ou moins développée. C'est pourquoi l'église a éclairci tous les articles sur lesquels les hérétiques ont voulu répandre des nuages. Tel est, dans le quatrième siècle, le mystère de la trinité, et dans le cinquième, celui de l'incarnation.

Articles de foi éclaircis.

Il n'est pas nécessaire de m'arrêter sur les désordres qui ont troublé l'église ; vous avez vu les maux que les hérésies ont

Les hérésies ont causé de grands désordres.

produits en orient, où elles sont nées, et dont elles se sont en quelque sorte partagé les provinces. L'état de l'église, à la fin du cinquième siècle, étoit encore plus déplorable en occident, puisqu'elle étoit en proie à des barbares idolâtres ou Ariens. Les Vandales et les Visigoths on fait les plus grandes persécutions aux catholiques.

Institution des ordres monastiques.

C'est au commencement du quatrième siècle que les communautés religieuses, après avoir peuplé les déserts de l'Égypte, se répandirent dans l'orient; et c'est vers la fin qu'elles passèrent en occident, où elles se multiplièrent dans le cours du cinquième. On voit qu'elles s'établissoient déjà dans les villes : il y en avoit à Alexandrie, à Jérusalem, à Antioche, à Constantinople, à Marseille, etc. Les moines ne tardèrent donc pas d'oublier l'esprit de leur institution. Aussi fallut-il quelquefois faire des lois, pour les faire rentrer dans leur devoir.

L'église avoit fait peu de progrès hors de l'empire romain.

Le christianisme étoit peu florissant chez les nations barbares, pendant le quatrième et le cinquième siècles. Quoiqu'il y eût pénétré auparavant, il ne s'y étoit pas répandu aussi facilement que dans l'empire romain, et il y avoit peu d'églises considérables. Les Goths ne quittèrent l'idolâtrie que pour se faire Ariens ; et les Perses persécutèrent presque toujours la religion chrétienne. Vous jugez par-là que dans les églises, qui étoient hors de l'empire, le gouvernement ecclésiastique ne pouvoit pas avoir de forme certaine.

CHAPITRE II.

Des barbares qui ont envahi l'empire d'occident.

État misérable de l'Europe, lors de l'établissement des barbares.

IL falloit que les irruptions des barbares eussent un terme. Depuis long-tems, détruits sans interruption par le fer des Romains, ils se détruisoient tous les jours par leurs propres armes ; et ils s'étoient enfin répandus en Illyrie, en Italie, dans les Gaules, en Angleterre, en Espagne et en Afrique. Ils peuploient ces provinces : une partie des Romains y avoit été exterminée, l'autre assujettie, et le nord étoit épuisé. Bien des causes contribuoient à dévaster ces contrées ; les guerres qui ne cessoient point, l'ignorance et le mépris des barbares pour l'agriculture, la ruine des arts et du commerce, les cruelles persécutions qu'on faisoit aux catholiques enfin tous les vices d'un gouvernement monstrueux.

En commençant l'étude de l'histoire, nous avons vu toute l'Europe couverte de peuples barbares; mais ces peuples avoient des vertus: la pauvreté les garantissoit au moins de bien des vices. Plus jaloux de conserver leur liberté, qu'ambitieux de commander à leurs voisins, ils cherchoient moins à conquérir qu'à se défendre contre les citoyens trop puissans; et ils formoient de petites cités, où l'amour de la patrie n'étoit que l'amour même de la liberté. Nous les avons vus, occupés à se donner des lois, ne reconnoître pour bon gouvernement, que celui où tous les citoyens sont libres. Les Romains seuls, par une suite des circonstances, ont allié l'amour de la liberté et l'ambition des conquêtes, deux choses toujours plus difficiles à concilier à mesure que l'empire s'étendoit davantage.

Cités des anciens barbares de l'Europe.

Comme les idées ne s'acquièrent que par l'expérience, ces peuples n'imaginoient pas de jeter les fondemens d'un vaste empire, lorsqu'ils ne formoient encore que de petites cités; mais ils songeoient à se garantir contre les tyrans, parce qu'ils

Pourquoi ces cités ne songeoient point à s'agrandir.

avoient éprouvé les effets de la tyrannie. Voilà quelles ont été leurs vues dans les différentes formes de gouvernement qu'ils ont adoptées.

L'ambition devoit être la cause de leur ruine.

Dans la suite, quelques-unes de ces cités ont entrepris d'étendre leur domination, parce que des succès leur apprenoient qu'elles pouvoient faire des conquêtes. Mais leur gouvernement n'y étoit pas propre, et leur ambition leur a fait perdre leur liberté, ou même a été la cause de leur ruine.

Elles prospèrent avec peu de besoins : le luxe est leur dernier periode.

Tant qu'elles ont peu de besoins, elles ont aussi plus de vertus. Un même esprit anime tous les citoyens : les grands hommes se renouvellent sans cesse. Les qualités que la république perd dans l'un, elle les retrouve dans un autre : elle s'élève de génération en génération, et, en quelque sorte, par une suite de prodiges : mais elle tombe lorsqu'elle est parvenue au luxe, le dernier période de sa grandeur.

La plupart des barbares nouvellement établis, ne font que passer.

Si vous considérez que les barbares, qui viennent d'envahir l'empire d'occident, sont arrivés tout-à-coup où les anciens peuples ne sont arrivés que par degrés, vous jugerez que leur domination ne sera que passagère. En effet, sans avoir jamais eu aucune idée de gouvernement, ils ont tout-à-coup les vices des peuples conquérans et la mollesse des peuples conquis.

Les Français et les Anglais sont les seuls qui se soutiendront : les Français, parce qu'ils se sont établis les derniers ; les Anglais, parce que leur situation les mettoit plus à l'abri des nouvelles invasions.

A peine ces nouveaux peuples commencent à s'établir qu'ils ont déjà tous les vices des nations policées, et ils conservent encore tous ceux de la barbarie. Leur amour pour la liberté, sans règle, sans objet, n'est qu'un vrai brigandage, et nous trouverons à peine parmi eux quelques traces de vertus.

<small>Sans idée de vertu, ils n'estiment que le brigandage.</small>

Ils croient pouvoir conserver leurs états, parce que ce ne sont que les parties d'un plus grand empire. Mais ces états sont encore trop grands pour eux ; car s'ils les ont conquis, ils n'ont pas appris à les gouverner, et, par conséquent, à les conserver.

<small>Ils ne savent pas conserver ce qu'ils ont conquis.</small>

Ils perdent leur courage, sans perdre leur férocité, parce qu'ils s'amollissent dans le

<small>Pour entretenir le luxe, ils en ruinent les sources.</small>

luxe, sans adoucir leurs mœurs. Mais quoiqu'ils veuillent vivre dans le luxe, ils n'en savent pas entretenir les sources : ils ruinent, au contraire, l'agriculture, les arts, et le commerce. Ils n'ont plus d'expédiens que dans de nouvelles impositions : ils accablent leurs sujets, et ils les précipitent dans la misère, pour s'y précipiter bientôt eux-mêmes.

Alors l'état est composé de deux nations ennemies ; et les vainqueurs, odieux aux vaincus, ont tout à craindre au-dedans et au-dehors. Pour prévenir les révoltes, ils abattent les murs des villes, qui pourroient servir de défense au peuple opprimé ; ne comprenant pas d'ailleurs à quoi servent ces murs, parce qu'ils ne savent ni défendre des places, ni former des siéges. Mais leur pays reste ouvert à l'ennemi étranger : cependant ils ne se sont point conservé de retraite, et ils ne sont plus que de mauvais soldats.

Ils étoient puissans, tant qu'ils ne s'étoient point encore fixés : car alors sobres, accoutumés à la fatigue et courageux, ils tomboient avec tout le poids de leurs forces réunies. Actuellement elles sont tout-à-la-fois énervées et divisées. Dispersés dans le pays qu'ils ont conquis, ils ne peuvent plus marcher tous ensemble : il faut d'ailleurs qu'ils se partagent encore, afin que les uns tiennent les sujets dans l'obéissance, tandis que les autres défendent les frontières. Enfin ils s'énervent à mesure qu'ils prennent le luxe et les mœurs des nations vaincues.

Les Germains, comme vous l'avez vu, ne connoissoient d'autre métier que celui des armes : ils croyoient qu'il faut laisser aux lâches le soin de cultiver la terre, et que la guerre est, pour des hommes braves, le seul moyen de subsister. Dans ce préjugé, ils pensoient que la force seule leur donnoit des droits sur tout ce qu'ils pouvoient enlever à leurs voisins. Ils ne s'engageoient par des traités, que lorsqu'ils étoient les plus foibles ; et ils se croyoient libres de tout engagement, lorsqu'ils avoient repris leurs forces premières. Sans lois, ils se conduisoient d'après les coutumes que la férocité leur dictoit. En un mot, ils n'a-voient aucune idée du droit des gens ; et ils

Ne connoissant que la loi du plus fort, les trahisons e les injustices de toute espèce sont pour eux des actions courageuses.

seront long-tems sans pouvoir s'en former, parce que les premières habitudes seront long-tems un obstacle au progrès de la raison. La force donnera droit à tout : les traités seront continuellement violés ; et l'histoire ne sera plus qu'un tissu d'injustices, de trahisons et de crimes monstrueux.

<small>Leur gouvernement est une démocratie et une anarchie.</small> Représentons-nous ces barbares au moment qu'ils viennent de se rendre maîtres d'une province. Ce ne sont pas encore des citoyens, ce ne sont que des brigands. Toujours assemblés, toujours armés, chacun veut avoir part à l'autorité. Leur gouvernement est une démocratie, où germe une infinité de dissentions. Ils n'obéissent à un chef, qu'autant qu'ils sentent le besoin d'être conduits par son courage et par ses lumières : mais s'ils cessent de sentir ce besoin, le gouvernement ne sera bientôt qu'une vraie anarchie.

<small>S'ils ne sont pas détruits, leur gouvernement passera par mille formes vicieuses.</small> Vous pouvez donc prévoir qu'ils seront tout-à-fait le jouet des circonstances. Ils se conduiront sans règles, sans principes. Ainsi les états qu'ils fondent seront bientôt détruits, ou ils passeront par mille formes, toutes plus vicieuses les unes que

les autres, avant de s'asseoir sur une base bien assurée.

Ce fut, sans doute, un terrible moment, que celui où de pareils vainqueurs s'emparèrent des biens des vaincus : mais enfin ils ne pouvoient pas tout prendre ; et lorsque chacun se fut saisi de ce qui étoit à sa bienséance, ils commencèrent à jouir, et les vaincus respirèrent. Le sort de ceux-ci fut même plus doux que sous les empereurs ; car les barbares ne connoissant pas l'usage de payer les magistrats, ils ne connurent pas d'abord le besoin de mettre des impôts. Ils permirent au moins de jouir de ce qu'ils laissoient ; et leurs sujets se trouvèrent heureux de n'être plus exposés aux vexations des officiers de l'empire. Ils n'avoient d'autre obligation que de faire la guerre à leurs dépens, quand ils étoient commandés ; et encore avoient-ils leur part au butin.

Pourquoi dans les commencemens le sort des vaincus fut plus doux que sous les empereurs.

Avec cet usage, il n'étoit pas possible de soutenir des guerres longues, où l'on n'avance que de proche en proche ; mais les barbares n'étoient pas dans ce cas. Si les uns étoient ignorans dans l'attaque des

Les guerres d'ordinaire courtes et fréquentes.

places, les autres ne l'étoient pas moins dans la défense; d'ailleurs les fortifications des villes étoient ruinées, et une seule bataille ouvroit tout un pays. Les guerres se renouveloient sans cesse, et se terminoient promptement.

Les barbares, occupés à s'a ir dans leurs usurpations, ne pouvoient pas tout enlever.

Leur domination ne se contint pas long-temps dans les bornes que je viens de marquer. S'ils traitèrent d'abord leurs sujets avec quelque sorte de douceur, ce ne fut ni par politique ni par humanité. Il étoit naturel que chacun donnât ses soins à se bien affermir dans les usurpations qu'il avoit faites, avant de songer à faire de nouvelles usurpations. Voulant donc jouir eux-mêmes de ce qu'ils possédoient, ils furent forcés de laisser aux autres la jouissance de ce qu'ils ne leur avoient pas enlevé. Ce fut un temps de calme.

Mais lorsqu'ils sont affermis, ils croyent que ce qu'ils n'ont pas pris est encore à eux.

Mais lorsqu'ils se crurent affermis dans leurs possessions, et que s'étant accoutumés au luxe, ils ne les trouvèrent plus suffisantes à leurs besoins, ils regardèrent alors tout ce qui étoit à leur bienséance, comme des choses qu'ils pouvoient prendre encore. Vainqueurs, ils ne connoissoient que le droit des armes, et croyant faire grace aux vaincus, lorsqu'ils leur laissoient la vie, ils jugeoient que tous les biens étoient à eux. Ils devoient donc enfin avoir recours aux impositions, et les accumuler : et comment ne l'auroient-ils pas fait, lorsqu'ils apprenoient qu'on en avoit payé aux empereurs? Ainsi les peuples étoient foulés par toutes sortes de voies, et parce qu'on leur enlevoit leurs biens, et parce qu'on les surchargeoit d'impôts, et parce que, dans le désordre qui régnoit, les pertes ne pouvoient se réparer, ni par l'agriculture, ni par l'industrie, ni par le commerce.

La religion fut encore le prétexte de bien des vexations. Les barbares Ariens se crurent tout permis contre les catholiques. Combien de maux ne devoient pas produire les persécutions de ces ames féroces, qui, sous le masque d'un faux zèle, cachoient leur avarice, et qui, dans leur ignorance, méritoient à peine le nom de chrétiens, ou même ne le méritoient pas? Car peut-on penser que les Goths sussent pourquoi ils étoient Ariens.

La religion même sert de prétexte à leur avidité.

Tel étoit, en général, le sort des peuples *Ces conquérans barbares ou détruis* conquis : celui des conquérans n'étoit pas meilleur. Toutes ces nations barbares, toujours armées, se poussent, se chassent, se détruisent. C'est une fermentation qui produit continuellement de nouvelles révolutions, et les peuples disparoissent les uns après les autres.

Les Hérules régnoient en Italie, les Ostrogoths en Illyrie, les Vandales en Afrique, les Suèves et les Visigoths en Espagne, les mêmes Visigoths, les Bourguignons et les Français dans les Gaules, et les Anglais dans la Grande-Bretagne. En un mot, toutes ces provinces étoient aux barbares, à l'exception de quelques places en Espagne, et d'un petit état que Siagrius, fils d'Egidius, s'étoit formé dans les Gaules, et dont Soissons étoit la capitale.

Les Hérules, qui habitoient depuis long-temps l'Italie, ne peuvent éviter de s'amollir, depuis qu'ils s'en sont rendus maîtres. Les Vandales jouissoient de leurs conquêtes, et négligeoient l'art militaire, ne jugeant pas avoir dans la suite rien à craindre de la part des empereurs d'orient. Nous savons peu de chose des Suèves : mais on ne peut pas douter, qu'établis depuis plus d'un demi-siècle en Espagne, ils ne fussent déjà corrompus par la mollesse. Les Visigoths ne composèrent qu'un même peuple avec les vaincus, et les deux nations se firent des lois communes, tirées du code théodosien et de leurs usages; mais ces lois devoient être bien imparfaites : d'ailleurs, par cette confusion, les barbares ne pouvoient manquer de prendre les mœurs des Gaulois, et de perdre peu-à-peu leur première valeur. Les Bourguignons étoient dans le même cas, parce qu'ils avoient tenu la même conduite.

Plus tous ces peuples s'étoient établis facilement, plus ils se croyoient affermis, et moins ils prenoient de mesures contre l'avenir. Cependant ils laissoient derrière eux des ennemis puissans. Ce sont les Français, qui, étant passés les derniers dans les Gaules, n'avoient pas eu le temps de s'amollir, et qui en auroient difficilement trouvé les moyens, parce que le pays étoit entièrement ruiné.

Quant aux Anglais, la mer les défendoit; ils habitoient un pays pauvre, et ils avoient dans le nord de l'île, des ennemis assez redoutables pour entretenir leur courage, mais trop foibles pour les subjuguer.

D'après ces considérations générales, il vous est aisé de prévoir quels sont de tous ces peuples ceux qui doivent se maintenir dans leurs conquêtes, ou même en faire de nouvelles. D'autres causes, qu'on ne peut pas prévoir, et que nous remarquerons dans le temps, contribueront encore aux progrès des uns, et à la décadence des autres. Cependant vous jugez bien que je n'entreprendrai pas de vous parler de toutes leurs guerres.

CHAPITRE III.

L'empire Grec sous Zénon.

L'EMPIRE des Grecs, c'est ainsi que je nommerai désormais l'empire d'orient, ne subsistoit encore, que parce que les conquêtes que les barbares avoient faites, étoient plus que suffisantes pour eux. Ennemis les uns des autres, ils se détruisoient mutuellement; et ils avoient trop de peine à s'établir, pour pouvoir former de nouvelles entreprises. Toute la politique des empereurs étoit d'entretenir ces divisions; politique qui demandoit peu d'art, parce que les barbares étoient naturellement divisés.

D'ailleurs l'empire étoit dans la plus grande foiblesse. Déchiré par une multitude de sectes, que les variations du gouvernement fortifioient tour-à-tour, il étoit exposé à des révolutions continuelles. On ne savoit plus quels titres donnoient des droits au trône : on y parvenoit par les femmes, par le peuple, par le sénat, par les armées, par les prêtres, par les moines.

Les empereurs s'arrogent les droits du sacerdoce.

Comme les prêtres entreprenoient de se mêler des affaires civiles, les empereurs, sous prétexte de protéger l'église, vouloient aussi décider des choses qui concernent la foi. Ainsi la puissance impériale et la puissance sacerdotale se confondoient : on ne savoit plus à qui obéir ni à qui croire. « Les princes dans ces temps-là, dit M. de Burigny, prenoient beaucoup plus de part aux affaires ecclésiastiques qu'ils n'en prennent maintenant. Ceux à qui les usages de ces siècles reculés ne sont pas connus, sont extrêmement surpris lorsqu'on leur dit que les empereurs publioient des confessions de foi, prononçoient des anathêmes, ordonnoient des excommunications, menaçoient les évêques de déposition, déclaroient déchus de l'épiscopat ceux qui avoient été élus au préjudice des ordonnances impériales, régloient la forme dont les prières se devoient faire dans l'église, les degrés de jurisdiction dans les causes criminelles des clercs, et établissoient des fêtes de leur propre autorité. C'est cependant ce que faisoit Justinien avec l'applaudissement de l'église et l'approbation des papes, qui ont parlé de ses lois comme servant de règles dans l'église romaine ».

Cet usage peut être un reste des préro- *Abus qui en devoit naître.* gatives, dont les empereurs jouissoient en qualité de pontifes, lorsqu'ils étoient encore payens. Quoiqu'après leur conversion ils n'aient pas pensé que le sacerdoce fût encore un attribut de l'empire, ils se sont néanmoins souvent conduits, comme s'ils avoient encore été pontifes. C'est que l'exemple est d'ordinaire l'unique règle des princes, et que sans réfléchir sur la différence des circonstances, ils font ce qu'ils savent que leurs prédécesseurs on fait. Les papes sans doute n'approuvoient Justinien que parce qu'il n'ordonnoit rien qui ne fût conforme aux canons : mais reconnoître en lui une autorité dont il n'abusoit pas, c'étoit lui accorder un droit dont il pouvoit abuser. On voit par-là que l'ignorance qui avoit brouillé toutes les idées sur la succession à l'empire, avoit répandu d'égales ténèbres sur les droits du sacerdoce. On se fût fait des idées plus nettes, si l'on fût remonté à la nature des deux puissances; mais on ne jugeoit de l'une et de l'autre que par l'usage, et l'usage cependant ne pouvoit être qu'une source d'usurpation et d'abus. En effet, que deviendra la religion si le souverain, presque toujours jouet des passions de ceux qui l'entourent, se croit juge en matière de foi? Que deviendra-t-elle sur-tout chez un peuple qui agite tous les jours de nouvelles questions, et qui les traite avec les mêmes subtilités, qu'il traitoit autrefois les questions philosophiques? Nous verrons les empereurs, abîmés dans des disputes théologiques, oublier entièrement l'état qu'ils ont à gouverner. Cependant l'empire sera détruit, et l'église perdra toutes les provinces de l'orient.

Guerre civile sous Zénon.

Zénon régnoit, c'est-à-dire, la mauvaise foi, le parjure, la bigoterie, l'avarice et la cruauté. Constantinople fut bientôt le théâtre d'une guerre civile.

Marcien, fils d'Anthemius, empereur d'occident, avoit, comme Zénon, épousé une fille de Léon, et il prétendoit que l'empire lui appartenoit, parce que sa femme étoit née depuis que Léon avoit été fait empereur. Il fut défait, ordonné prêtre, et relégué dans un monastère.

Les Goths pillèrent la Thrace; ils se montrèrent jusques sous les portes de Constantinople, et cette guerre fut une occasion à Zénon de montrer sa lâcheté, en achetant la paix, et sa perfidie, en manquant à ses engagemens.

Zénon perfile en traitant Goths.

C'étoit Illus qui avoit défait Marcien. Zénon, qui lui devoit trop pour ne pas le craindre, entreprit de le perdre. Mais ce général, ayant échappé à ses assassins, se souleva et se joignit à Léonce, qui fut proclamé Auguste par l'armée de Syrie.

Il s'est élevé Illus qui s'est joint à Léonce révolté.

. Vérine, veuve de Léon, et belle-mère de Zénon, avoit été reléguée en Cilicie. Elle se joignit aux rebelles, et déclara, par une lettre adressée aux gouverneurs de Syrie et d'Egypte, que l'empire lui appartenant, elle l'ôtoit à Zénon, et le donnoit à Léonce. Les peuples de ces provinces se soumirent, soit parce qu'ils n'en savoient pas assez pour juger des droits que cette femme s'arrogeoit, soit parce que Zénon leur étoit odieux.

Vérine prétend donner l'empire à Léonce.

Cependant l'armée de l'empereur marcha contre les rebelles. Théodoric, qui avoit été en otage à Constantinople, étoit un des généraux qui la commandoit ; et il eut la principale part à la défaite d'Illus et de Léonce, dont on envoya les têtes à Zénon.

Théodoric ayant découvert à son retour que Zénon ne cherchoit qu'à le perdre, se retira dans ses états d'Illyrie ; et après avoir défait les Bulgares, il ravagea la Thrace jusqu'aux portes de Constantinople, et se proposa de mettre le siége devant cette place. Les Bulgares étoient un peuple qui, après avoir habité les pays qu'arrose le Volga, étoit venu s'établir au nord du Danube. Nous aurons occasion d'en parler.

Zénon fut assez heureux pour persuader à Théodoric de porter ses armes en Italie contre Odoacre ; et il fit un traité avec lui, par lequel il lui céda la souveraineté sur cette province. Les Romains ont prétendu que cette cession se bornoit à la personne de ce conquérant : les Goths, au contraire, ont soutenu qu'elle s'étendoit à toute sa postérité. Mais avant d'agiter cette question, il auroit fallu déterminer quels droits

Zénon lui-même avoit conservés sur l'Italie.

Zénon mourut quelques années après, dans la dix-septième de son règne, à compter depuis la mort du jeune Léon son fils. Mais, avant lui, plusieurs personnes périrent, parce qu'il consulta les magiciens et les astrologues, dans le dessein de faire mourir son successeur. Il en eut un cependant qu'Ariadne, sa veuve, lui donna elle-même : c'est cet Anastase, à l'élection duquel Euphème, patriache de Constantinople, forma des oppositions.

Anastase succède à Zénon.

Sous le règne de Zénon commença un schisme, qui dura près de quarante ans. C'étoit l'usage que les nouveaux évêques des premiers siéges fissent part de leur élection aux patriarches, afin d'en obtenir une espèce de confirmation et des lettres de communion. Un accident fit qu'Acace, patriarche de Constantinople, ne reçut point la lettre que lui avoit écrit Jean Talaia, élu évêque d'Alexandrie. Acace, se croyant méprisé, le rendit suspect à Zénon. En conséquence, les ordres furent donnés pour chasser Talaia, et on mit en sa place Pierre Mongus, sectateur d'Eutychès.

Acace, patriarche de Constantinople, avoit fait chasser du siège d'Alexandrie Jean Talaia.

Il fut excommunié par le pape Félix III.

Le pape Félix III, dont Talaia implora la protection, prit connoissance de cette affaire, et tint un concile dans lequel Acace fut excommunié avec tous ceux qui ne se sépareroient pas de lui. Le patriarche de Constantinople méprisa ce jugement, et se vengea du pape en ôtant des diptyques le nom de Félix. C'étoit un double registre dans lequel on écrivoit les noms des vivans et des morts, pour qui l'église prie plus particulièrement.

Hénotique de Zénon.

Dans ce même temps, Zénon, incapable de gouverner l'état, se crut fait pour gouverner l'église. Il fit un écrit célèbre, connu sous le nom d'Hénotique, c'est-à-dire, une confession de foi, par laquelle il entreprit de ramener les hérétiques à la communion des orthodoxes. Il y jugeoit, il y ordonnoit de tout, comme si la foi eût dépendu de sa volonté, et qu'il n'eût pas été permis d'avoir une autre croyance que la sienne. Mais ses jugemens erronés et confus, augmentèrent les troubles, et firent naître de nouvelles divisions.

Qui occasionna un schisme, mais que les papes ne condamnèrent pas.

Il força tous les évêques de l'empire de signer son Hénotique, et leur ordonna de

communiquer avec Acace et Mongus. Tous
obéirent, à la reserve d'un petit nombre,
qui abandonnèrent volontairement leurs
siéges, ou qui en furent chassés. Ainsi les
églises d'orient, gouvernées par des intrus
ou par des prévaricateurs, furent toutes
séparées de communion de celle de Rome,
et regardées comme hérétiques, ou du moins
comme schismatiques. Il faut cependant
remarquer que, quoique les papes fussent
bien éloignés d'approuver l'Hénotique, ils
n'en ont point donné de condamnation for-
melle, et qu'ils n'ont jamais fait un crime
aux Grecs de l'avoir signé. Comme ils
craignoient d'irriter le prince et de le porter
à de nouveaux excès, ils épargnoient tout
ce qui portoit son nom : mais cette condescendance, quoique prudente, autorisoit
les entreprises des empereurs sur le sacerdoce; et entretenant la confusion des idées,
faisoit que la plupart des chrétiens ne savoient plus qui étoit juge en matière de foi.
Les choses en étoient donc venues au point,
que quelque parti qu'on prît, on n'évitoit
un inconvénient que pour tomber dans un
autre.

Fin du schisme. Il semble qu'après la mort d'Acace et de Zénon, le schisme auroit dû cesser : il continua cependant, parce que ceux qui occupèrent le siége de Constantinople, refusèrent d'effacer des diptyques les noms d'Acace et de Mongus; et la réunion des églises d'orient et d'occident ne se fit qu'en 519, sous le règne de Justin et sous le pontificat d'Hormisdas.

CHAPITRE IV.

Anastase, Théodoric le grand et Clovis.

Les troubles n'avoient pas cessé en Italie depuis qu'Odoacre régnoit. Il avoit, à la vérité, conservé aux Romains leurs magistrats et leur police : mais depuis long-temps, ces magistrats et cette police n'étoient plus capables de rétablir l'ordre ; et les coutumes que les barbares portèrent avec eux, durent sans doute augmenter la confusion. Qu'est-ce qu'un gouvernement qui s'établit sur les usages d'un peuple où tout est corrompu, et sur ceux de plusieurs nations barbares où rien n'est encore perfectionné ? L'Italie sous Odoacre.

Ce ne fut pas sans occasionner bien des désordres, qu'Odoacre enleva un tiers des terres aux anciens habitans. Il est vrai qu'il leur en restoit encore assez ; car ils devoient être réduits à un bien petit nombre, si nous considérons les dévastations que l'Italie, dépeuplée tout-à-coup par Constantin, avoit souffertes, sur-tout depuis Valentinien III. Ce nombre diminua sans doute encore pendant la guerre qu'Odoacre eut à soutenir, et qui dura quatre ans.

<small>Théodoric en fait la conquête.</small> C'est en 489 que les Ostrogoths entrèrent en Italie, et que Théodoric défit Odoacre aux environs d'Aquilée et auprès de Vérone. Ces deux victoires le rendirent maître de Milan, de Pavie et de plusieurs autres places. Cependant, trahi par un de ses généraux, il fut obligé de se renfermer dans Pavie; et la Ligurie fut ravagée par Odoacre, qui reparut avec de nouvelles forces. Elle le fut encore par les Bourguignons, qui, sous prétexte de venir au secours d'un des deux partis, commirent de si grands dégâts, que cette province en fut presque déserte. Enfin Théodoric, assiégé dans Pavie, eut recours aux Visigoths, avec lesquels il remporta une troisième victoire; et Odoacre s'enfuit à Ravenne, s'y défendit <small>493.</small> trois ans, capitula, se rendit, et cependant perdit la vie par la main même de Théodoric. Il a régné seize ans et demi, si l'on

compte jusqu'au jour de sa mort. On remarque que, pendant cette guerre, les évêques commencèrent à fortifier des châteaux pour servir de retraites aux fideiles.

Anastase a régné 27 ans. Après des commencemens qui sembloient promettre un bon gouvernement, il causa de grands maux dans l'église et dans l'état, et ne fit voir en lui qu'un prince lâche, avare et parjure. *Guerre des Isaures sous Anastase.*

Zénon avoit attiré beaucoup d'Isaures à Constantinople, et il leur payoit même cinq cents livres d'or par an, ce qu'Anastase supprima. Ces barbares, devenus plus insolens, causèrent des séditions, et l'empereur les chassa. Mais ayant eu l'imprudence de les renvoyer en Isaurie, sans prendre des mesures pour prévenir tout soulèvement de leur part, ils armèrent cent cinquante mille hommes, et choisirent entre autres pour général Longin, frère du dernier empereur. Cette guerre dura six ans, et finit par la défaite et la mort des chefs.

Je ne parlerai pas d'une autre guerre qu'Anastase eut avec les Perses, ni des in- *Autre guerre; les persécutions causent de grands troubles.*

cursions des Sarrasins dans la Palestine et dans la Syrie, des Bulgares dans la Thrace, et de quelques autres peuples du nord, qui ravagèrent l'Illyrie et pénétrèrent jusqu'aux Thermopyles. Je remarquerai seulement que les persécutions que cet empereur fit aux catholiques, troublèrent toute l'église, occasionnèrent de nouveaux schismes, et suscitèrent plusieurs séditions sanglantes. Les désordres furent au point, que l'esprit de parti parut avoir effacé jusqu'aux traces des vertus chrétiennes. Les défenseurs même de la vérité, coururent souvent les premiers aux armes, pour défendre une religion qui a le sang en horreur, et qui n'enseigne que la charité. Le peuple, en pareil cas, toujours porté au fanatisme. se précipita dans les plus grands excès. Constantinople, pillée, brûlée par ses propres citoyens, offrit plus d'une fois l'image d'une ville prise d'assaut. Enfin les mécontens eurent un chef. Vitalien, petit-fils du fameux Aspar, parut à la tête d'une puissante armée; il entraîna dans son parti la Scythie, la Thrace, la Mysie; il remporta deux victoires, et il approcha de Constantinople où le peuple le demandoit pour empereur. Anastase, sans ressource, demanda la paix à telle condition qu'il plairoit à ses ennemis; et il l'obtint en promettant tout ce qu'on exigea de lui : mais quand il crut n'avoir plus rien à craindre, il ne remplit aucun de ses engagemens.

Le trisagion, c'est-à-dire, une hymne qu'on chantoit en l'honneur de la trinité, fut souvent la cause des séditions. Elle étoit conçue en ces termes : *Dieu saint, saint fort, saint immortel, ayez pitié de nous;* les Eutychéens y avoient ajouté : *vous qui avez été crucifié pour nous ;* addition que les catholiques rejetoient à cause du mauvais sens dont elle pouvoit être susceptible. Lors donc qu'on avoit occasion de la chanter, les deux partis ne manquoient pas d'en venir aux mains : les moines crioient dans les rues, que le temps du martyre étoit arrivé : le peuple s'ameutoit : on renversoit les statues d'Anastase, on le chargeoit d'injures, et on demandoit un autre empereur.

La plus grande sédition arriva en 511, à l'occasion d'une procession qu'on faisoit tous les ans, pour remercier Dieu de n'avoir pas permis que Constantinople fût consumée, lorsqu'en 472, cette ville fut couverte des cendres du mont Vésuve. Le peuple, qui crut voir l'air tout en feu, ne douta point que Dieu n'eût accordé un miracle à ses prières. Mais lorsqu'il lui rendoit graces d'avoir écarté ce prétendu feu, il fut sur le point de consumer Constantinople par un incendie. L'addition faite au trisagion arma les orthodoxes et les hérétiques : ils mirent le feu à la ville, plusieurs maisons furent brûlées, et le soulèvement vint au point qu'Anastase fut forcé à s'enfuir et à se cacher. Cette sédition dura trois jours. Enfin l'empereur ayant osé se montrer au cirque, sans couronne et en état de suppliant, le peuple se calma ; et comptant sur les promesses qui lui furent faites, il ne se vengea d'Anastase, qu'en chantant devant lui le trisagion sans l'addition.

¹ 58. Grand nombre de schismes.

Ce prince mourut âgé de plus de quatre-vingt-huit ans. Lorsqu'il parvint à l'empire, l'occident, l'Egypte et l'orient formoient déjà trois communions différentes.

Il entretint ces divisions, et il en fit naître de nouvelles ; parce qu'à force de disputer, les évêques d'un même parti finissoient par se séparer encore. Les uns rejetoient le concile de Chalcédoine, d'autres le regardoient comme règle de foi ; et quelques-uns vouloient qu'on s'en tînt à l'hénotique de Zénon, quoique d'ailleurs ils ne s'accordassent pas sur bien des points.

Pour défendre Constantinople contre les courses des barbares, Anastase avoit élevé un mur, d'environ dix-huit lieues, fortifié de tours d'espace en espace, et qui alloit du septentrion au midi, depuis l'une des deux mers qui baignent Constantinople jusqu'à l'autre. Cet ouvrage, loué à cause de son utilité, n'étoit, dans le fond, qu'un monument de la foiblesse de l'empire. *Mur élevé par Anastase.*

Pendant qu'en orient l'église étoit persécutée par un prince chrétien, elle étoit protégée en Italie par un prince arien, et en France, par un prince né idolâtre. Je veux parler de Théodoric et de Clovis. *Théodoric et Clovis contemporains.*

Depuis Marc-Aurèle, l'Italie n'avoit jamais été plus florissante, qu'elle le fut pendant trente-trois ans que régna *L'Italie florissante sous Théodoric.*

Théodoric, à compter depuis la mort d'Odoacre. Il se fit aimer de ses sujets et respecter des étrangers : il mit l'Italie à l'abri des invasions des puissances voisines : il sut dicserner les hommes de mérite : il eut assez de défiance de ses lumières, pour aimer à les consulter : il ne craignit, ni de les employer, ni de les élever : enfin il rétablit l'ordre par-tout, et il protégea les arts et les sciences, quoique lui-même il ne sût pas écrire son nom. Parmi les savans auxquels il donna sa confiance, on compte Cassiodore, Boëce et Simmaque. Mais il fit périr les deux derniers, faussement accusés de tramer une révolution, et d'avoir, pour cet effet, des intelligences à la cour de Constantinople. La mort de ces deux hommes, qui flétrit sa mémoire, est une tache que son repentir n'a point effacée.

Ce prince ne persécute pas les catholiques. Quoiqu'arien, il ne persécuta point les catholiques ; il entretint, au contraire, l'union parmi eux : il leur inspira une si grande confiance en sa droiture, qu'ils ne craignoient pas de le prendre pour juge ; et il n'approuvoit pas qu'on embrassât l'arianisme par complaisance pour lui.

Cependant, la dernière année de son règne, il se proposoit d'ôter les églises aux catholiques, pour les donner à ceux de sa secte; mais c'étoit pour forcer l'empereur à laisser aux ariens de l'empire, le libre exercice de leur religion. Quoique ce motif ne l'excuse pas, il le rend cependant moins coupable : mais Dieu ne lui permit pas d'exécuter son projet.

Il ordonna l'observation des lois romaines, auxquelles il soumit les Goths ainsi que les Romains; conservant les anciennes magistratures, les conférant indifféremment à ceux de l'une et de l'autre nation, et n'excluant les Romains que des seuls emplois militaires. C'étoit encore l'usage qu'un des deux consuls fût fait en Italie, soit que l'empereur l'eût élu lui-même, soit qu'il confirmât l'élection qui en avoit été faite. Mais cet usage n'étoit pas constant : car il ne pouvoit avoir lieu qu'autant qu'il ne survenoit point de sujet de division entre les deux cours. Théodoric mourut l'an 526. Le surnom de Grand, qu'il a mérité, le distingue de tous les autres Théodoric.

C'étoit encore l'usage qu'un des deux consuls fût fait en Italie.

526.

Utilité de l'histoire de France. Clovis, qui avoit commencé son règne en 482, étoit mort en 511. C'est à lui proprement que commence l'histoire de France; histoire que vous devez étudier, et parce qu'elle vous intéresse plus particulièrement, et parce qu'elle prépare à celle de plusieurs autres peuples. Vous ne vous ferez pas d'idée exacte du gouvernement des principales nations de l'Europe, si vous ne commencez par observer les fondemens sur lesquels la monarchie française va s'élever. Quant à l'histoire de l'empire, elle commence à devenir moins nécessaire; et je n'en parlerai plus qu'autant qu'elle influera dans les révolutions, qu'il ne faut pas vous laisser ignorer.

Clovis ne régnoit pas sur toute la nation française. Clovis n'avoit que quinze ans lorsqu'il succéda à son père Childeric. Tournai étoit la capitale de son royaume; mais il ne régnoit pas sur toute la nation française: car elle avoit formé plusieurs autres petits états, gouvernés par des rois indépendans, et dont quelques-uns étoient du sang de Clovis.

Il projette la conquête des Gaules. La conquête de toute la Gaule étoit l'objet de l'ambition de Clovis. Il falloit pour cela détruire deux royaumes plus puissans que le sien, celui des Bourguignons et celui des Visigoths; soumettre les Armoriques et les autres rois, et achever de renverser la puissance romaine, dont Siagrius soutenoit encore les restes. Je ne vous dis rien sur les limites de ces états, parce qu'il n'est pas possible de les marquer exactement.

Clovis eût échoué si l'on eût pénétré son ambition. Il ne pouvoit réussir qu'en subjuguant ces puissances les unes par les autres. Sa première démarche fut donc de s'allier avec les rois de sa nation, parce qu'ils avoient le même intérêt que lui à la ruine des Romains. Il défit Siagrius près de Soissons, le poursuivit jusqu'à la Loire, se le fit livrer par Alaric, roi des Visigoths, chez qui ce général avoit cherché un asyle, et lui fit ôter la vie. Soissons devint alors la capitale de son royaume, augmenté des états de Siagrius.

Il se rend maître des états de Siagrius.

Clovis se fortifia ensuite de l'alliance de Gondebaud, roi de Bourgogne, contre Alaric, qui, jaloux de ses progrès, ne lui pardonnoit pas d'avoir été forcé de livrer

Il s'allie à Gondebaud.

Siagrius, pour éviter la guerre. Il étoit naturel de présumer que, s'il suspendoit les effets de sa jalousie et de sa vengeance, c'étoit uniquement dans l'attente d'un moment favorable; et il étoit également avantageux aux deux autres rois de se réunir, parce que séparément chacun d'eux eût été trop foible. Afin même de resserrer, au moins en apparence, les nœuds de cette union, Clovis demanda en mariage Clotilde, nièce de Gondebaud. Mais ce n'étoit peut-être là qu'un prétexte; car il pouvoit avoir d'autres vues.

Pourquoi il demande Clotilde en mariage.

Clotilde, quoiqu'élevée dans une cour arienne, étoit catholique. Il devoit donc être agréable aux Gaulois de l'avoir pour reine, et parce qu'ils trouveroient en elle une protectrice de leur religion, et parce qu'ils pouvoient se flatter que Clovis n'étoit pas loin de se convertir. Cette seule espérance pouvoit les accoutumer à la domination des Français, sur-tout s'ils considéroient les persécutions que les Goths et les Bourguignons faisoient aux catholiques.

Gondebaud avoit réuni la plus grande partie de la Bourgogne sous sa puissance, en faisant périr Chilpéric, père de Clotilde. Il est donc vraisemblable qu'un des motifs de Clovis, en épousant cette princesse, étoit d'avoir un prétexte pour faire la guerre à Gondebaud, si jamais il étoit en état de faire valoir les droits de sa femme. C'étoit une raison pour la lui refuser; cependant il l'obtint. Arédius, ministre du roi de Bourgogne, et qui étoit alors absent, revint trop tard, et n'arriva que pour désapprouver son maître.

La joie que les catholiques conçurent de ce mariage augmenta, lorsque Clovis permit de baptiser les enfans qu'il eut de Clotilde. Il paroît que ce prince songeoit dès-lors à se convertir; mais il ne vouloit pas aliéner les Français, pour s'attacher les Gaulois. Je vous écouterois volontiers, disoit-il à Clotilde et à S. Remi qui l'en pressoient; mais il y a une chose fort importante à considérer: c'est que je suis chef d'une nation qui ne souffre pas qu'on abandonne ses dieux. *On commence à espérer sa conversion.*

Peu de temps après, les Allemands ayant pris les armes, Clovis marcha contre eux, et les joignit près de Tolbiac, aujourd'hui *Bataille de Tolbiac. Vœu de Clovis.*

Zulpich. Mais Sigebert, roi des Français établis à Cologne, ayant été blessé, le désordre se mit dans l'armée, et la déroute devint générale. En vain Clovis tentoit de rallier ses troupes; en vain il invoquoit ses dieux. Il eut enfin recours à celui de Clotilde, et il fit vœu d'embrasser le christianisme, s'il remportoit la victoire. Aussitôt la fortune change : le roi des Allemands est tué; ils fuient. Le vainqueur soumet tout le pays qu'ils habitoient; et il étend sa domination jusqu'au Danube, ou même au-delà.

Sa conversion. Clovis, empressé d'accomplir son vœu, assembla les Français pour leur communiquer le dessein et les motifs de sa conversion. Non seulement ils l'approuvèrent, mais trois mille reçurent le baptême avec lui. Ce roi fut baptisé par Saint Remi, évêque de Reims, dans l'église de S. Martin; et son exemple fut peu-à-peu suivi de tous les Français.

Elle met les catholiques dans ses intérêts, et les Ariens jusqu'alors reconnoissent pour roi. Cette démarche, agréable à une partie de ses sujets, et approuvée de l'autre, mit dans ses intérêts tous les catholiques des Gaules. Ils auroient voulu dès-lors passer sous sa domination; et ils en souffrirent plus impatiemment les persécutions des Bourguignons et des Visigoths. Clovis étoit trop ambitieux pour n'avoir pas prévu ces dispositions, et pour négliger d'en tirer avantage. Il commença par ouvrir une négociation avec les Armoriques, qui, jusqu'alors avoient refusé toute alliance avec une nation idolâtre. Il leur fit part de son baptême; il leur fit sentir la nécessité de s'allier avec les Français; et enfin il leur persuada de le reconnoître pour roi.

Outre Chilpéric, Gondebaud avoit encore fait périr Gondemar, un autre de ses frères. Cependant il lui en restoit encore un troisième dans Godégisile, et il formoit le projet de lui ravir ses états. Clovis, appelé par ce dernier, saisit l'occasion de faire la guerre à Gondebaud. Il le défit ; et lorsqu'il étoit sur le point de le forcer dans Avignon, il lui rendit ses états, et ne lui imposa qu'un tribut. *Vainqueur de Gondebaud, il lui rend ses états.*

Pour comprendre ce traité, auquel on ne s'attend pas, il faut considérer deux choses : l'une que Clovis, autant qu'on peut conjecturer, avoit déclaré ne prendre les *Pourquoi ?*

armes qu'en faveur de la religion ; prétexte qui s'évanouit, parce que Gondebaud s'engagea à cesser de persécuter les catholiques, et à s'instruire de leurs dogmes, ce qu'il exécuta. L'autre chose à considérer est que, pour s'assurer l'alliance de Godégisile, il lui avoit promis toute la Bourgogne. Or il n'étoit pas de son intérêt de réunir ce royaume entier sur une seule tête : il lui importoit, au contraire, d'y laisser deux rois, qui, étant ennemis, seroient moins à redouter pour lui : il se crut donc heureux de pouvoir dire à Godégisile, que, Gondebaud promettant de faire cesser la persécution, on n'étoit plus en droit de le dépouiller.

Gondebaud se rend maître de toute la Bourgogne.
Cependant ce qu'il avoit cru empêcher arriva : toute la Bourgogne n'eut qu'un maître. Car à peine se fut-il retiré, que Gondebaud enleva les états de son frère, et lui fit ôter la vie. Clovis auroit dû prendre des mesures pour affermir Godégisile.

Clovis allié de Théodoric-le-Grand, la lui enlève.
La réunion des deux royaumes de Bourgogne engagea le roi de France à reprendre les armes ; d'autant plus qu'il ne manquoit pas de raisons pour mettre la justice de son

côté. Mais il crut devoir se liguer avec Théodoric-le-Grand. Le traité portoit, que les deux rois partageroient entre eux les états de Gondebaud ; et que celui qui ne se trouveroit pas à la conquête, auroit néanmoins la part qui devoit lui revenir, pourvu qu'il payât une certaine somme à son allié. On accuse Théodoric d'avoir agi de mauvaise foi, n'ayant paru qu'après avoir laissé les Français combattre et vaincre seuls. Clovis tint sa parole.

Théodoric, qui étoit alors le roi le plus puissant de l'Europe, n'avoit d'autre intérêt que d'être l'allié des Visigoths. C'étoit donc un voisin dangereux pour les Français, et un obstacle aux projets que Clovis méditoit contre Alaric. Le roi de France se repentit de l'avoir approché de lui. Sa faute étoit sensible : mais il la répara, en rendant à Gondebaud la portion de la Bourgogne qui lui étoit échue, et en persuadant à Théodoric de rendre aussi celle qu'il lui avoit livrée. Il aima mieux voir tout ce royaume entre les mains d'un prince foible, que de le partager avec un prince puissant.

Il fit sagement : car il étoit au moment *Clovis fait la guerre à Alaric,*

<small>sous prétexte de religion.</small> de faire éclater ses desseins contre Alaric. Il y avoit déjà long-temps que ces deux rois se menaçoient : Théodoric n'avoit rien négligé pour maintenir la paix entre eux ; et ils paroissoient l'un et l'autre négocier de bonne foi dans la vue de l'établir ; mais chacun n'attendoit qu'une conjoncture favorable. Clovis la trouva le premier, et la religion fut son prétexte. Je souffre impatiemment, disoit-il, que ces ariens aient un établissement dans les Gaules.

<small>Il fait la conquête des Aquitaines.</small> Ce qui rendoit la circonstance favorable pour le roi de France, c'est que Théodoric avoit alors la guerre avec Anastase : guerre, à la vérité, peu considérable par ses suites ; mais qui ne permettoit pas d'abandonner l'Italie, pour aller au secours des Visigoths. Clovis d'ailleurs avoit lié des intrigues avec les évêques catholiques, sujets d'Alaric ; et il entraînoit dans son parti Gondebaud, dont l'intérêt cependant n'étoit pas de détruire la seule puissance des Gaules, qui pouvoit balancer celle des Français. Alaric ayant été vaincu et tué dans la plaine de Vouillé, près de Poitiers, Clovis conquit les trois Aquitaines.

C'est alors qu'il fit de Paris la capitale de son royaume.

Gondebaud s'étoit chargé de la conquête des deux Narbonnoises, défendues par Gésabric, fils naturel d'Alaric; et il assiégeoit la ville d'Arles, lorsqu'une armée de Théodoric passa dans les Gaules. Clovis se hâta d'aller au secours de son allié : mais ils furent défaits. La déroute fut même si grande, qu'ils perdirent presque toutes leurs conquêtes; et Théodoric joignit à ses états la plus grande partie du pays que les Visigoths avoient occupé dans les Gaules. *Défait à Arles, il les reperd.*

La bataille d'Arles fut le terme de la gloire de Clovis. Je vous ai représenté la conduite politique de ce conquérant, d'après une dissertation que vous lirez dans les mémoires de l'Académie des Belles-lettres (1), et qui sera plus instructive pour vous, que tous les faits que les historiens accumulent et narrent longuement. *Il n'est plus qu'injuste, cruel et perfide.*

Clovis vécut trop long-temps pour sa

---

(1) Tome 20, page 147.

gloire. Ce n'est pas la bataille d'Arles qui me fait porter ce jugement : c'est plutôt la conduite qu'il tint depuis cette malheureuse journée ; car on ne vit plus en lui qu'un prince injuste, cruel, perfide. Son ambition, resserrée du côté des Goths, se porta sur les rois de sa nation et de son sang. Politique, courageux et juste, au moins en apparence, quand il tourna ses armes contre des ennemis redoutables, il n'employa plus contre des ennemis foibles, que les moyens des ames lâches et sans foi. Il fit assassiner Sigebert par son propre fils Clodoric; et feignant de venger la mort du père, dans le sang du fils parricide, il se rendit maître des états de Cologne.

Cararic, surpris avec son fils, tomba entre les mains de Clovis. On ne sait où il régnoit. Le père fut ordonné prêtre, et son fils diacre. C'est ainsi que les barbares, à l'exemple des Romains, prostituoient le sacerdoce à l'ambition : mais bientôt le roi de France sacrifia à ses soupçons ces victimes qu'il avoit consacrées à Dieu.

Ranacaire, roi de Cambrai, lui fut ensuite livré par trahison avec son frère

Richiaire, et il les poignarda de sa propre main. Les traîtres, qu'il récompensa avec de faux or, se plaignirent de cette fraude : mais il leur reprocha leur trahison, se jouant tout-à-la-fois de la justice et de la perfidie. Dans le même temps Renomer, roi du Maine, un autre frère de Ranacaire, fut assassiné par des gens que Clovis avoit subornés; et tous les rois qui restoient encore, périrent bientôt après par des voies semblables. Alors, se trouvant seul maître de tous les royaumes des Français, il bâtit des églises et fonda des monastères pour effacer ses crimes. Telle étoit la religion des ces ames plus barbares que chrétiennes. On voit bien que de pareils idolâtres avoient été convertis par des moines ignorans. Se croyant chrétiens par le baptême seul, ils ne songeoient point à changer de mœurs : il semble, au contraire, que la religion les rendît plus vicieux. En effet, pouvoit-elle ne pas enhardir à toute sorte d'attentats, lorsque ceux qui l'enseignoient assuroient le pardon aux criminels qui les vouloient enrichir ? Nous n'en verrons que trop d'exemples.

Clovis convoqua un concile à Orléans, pour régler la discipline ecclésiastique. Vous voyez, par ce que je viens de dire que les ministres de la religion avoient grand besoin de se réformer, et même de s'instruire. Mais ce prince pouvoit il se douter de ce qu'il y avoit à faire; et les moines qu'il consultoit, étoient-ils intéressés à le savoir eux-mêmes? Ce concile est le premier qui s'est tenu sous la domination des Français. Clovis mourut quelques mois après, et n'eut pas le temps d'en faire exécuter les réglemens.

Erreur de Grégoire de Tours. En 510, dix-huit mois avant sa mort, Clovis reçut d'Anastase, dit Grégoire de Tours, le titre et les ornemens de patrice, de consul, ou même d'auguste et d'empereur; car cet historien accumule ces termes, dont il n'avoit que des idées confuses. Cependant, sur des expressions aussi peu exactes, quelques écrivains ont avancé que les premiers roi de France ont été dans la dépendance de l'empire ; et que Clovis n'a eu des droits légitimes sur les Gaules, que depuis son prétendu consulat : comme si les empereurs pouvoient donner des droits qu'ils avoient perdus depuis long-temps, et que le consulat eût jamais été un titre de souveraineté. Mais cette opinion a été parfaitement réfutée par le même écrivain, qui a développé la politique de Clovis (1).

───────────

(1) Tome 20, p. 162.

CHAPITRE V.

Depuis la mort de Clovis jusqu'au temps où les Maires du Palais s'emparèrent de toute l'autorité.

<small>Partage des états de Clovis.</small> LA France étoit alors divisée en orientale, qu'on nommoit Austrasie ; et en occidentale, qu'on nommoit Neustrie. La première comprenoit le pays qui est entre le Rhin et la Meuse ; et la seconde étoit bornée par la Meuse, la Loire et l'Océan. Thiéri, que Clovis avoit eu d'une concubine, eut en partage l'Austrasie, les provinces au-delà du Rhin, et tout ce que les Français avoient conservé des conquêtes faites sur les Visigoths. Trois princes, nés de Clotilde, régnèrent dans la Neustrie ; Childebert à Paris, Clodomir à Orléans, et Clotaire à Soissons.

<small>Leurs voisins ou ennemis.</small> Les puissances voisines ou ennemies des Français ; (car ces mots presque synonymes

aujourd'hui, l'étoient encore plus dans un temps où l'on n'avoit aucune idée du droit public) ces puissances, dis-je, étoient le roi de Thuringe, celui de Bourgogne, et Théodoric qui gouvernoit le royaume des Visigoths, au nom de son petit-fils Amalaric, fils d'Alaric.

Aucun de ces peuples n'avoit su donner encore à son gouvernement la forme qui convenoit à sa situation. Attachés par habitude à des usages qui ne leur suffisent plus depuis qu'ils sont fixés, ils n'en adoptent de nouveaux, qu'autant qu'ils y sont forcés par des circonstances; ou ils prennent sans discernement, dans les codes romains, des lois qui, n'ayant pas été faites pour eux, produisent nécessairement de nouveaux abus. Quand on réfléchit sur ce désordre, il n'est pas facile d'imaginer comment les peuples de l'Europe s'arrangeront enfin pour se gouverner avec quelque sagesse; et on a lieu de craindre qu'ils ne conservent toujours quelques traces de leur première barbarie.

On ne prévoit pas comment ces peuples pourront se bien gouverner.

En vous rappelant les dissentions que des intérêts opposés ont fait naître parmi

On ne prévoit que des perfidies et des guerres.

les Romains, vous prévoyez que l'histoire de l'Europe ne va plus vous offrir que des guerres et des révolutions. La scène est la même qu'à Rome ; mais le théâtre plus vaste sera plus ensanglanté. Ce sont des barbares, qui, sans idée de justice, d'équité, de bonne foi, ne connoissent que la force. Il semble qu'on soit transporté dans un amphithéâtre, pour être spectateur des combats de bêtes féroces. Vous faire prévoir ces guerres dans leurs causes, c'est vous en faire connoître la partie la plus essentielle : il ne me reste qu'à remarquer les principales révolutions, et je négligerai les détails.

Thiéri en lève la Thuringe à Hermanfroi, &c.

Les quatre frères furent quelques années sans se faire la guerre, parce qu'ils tournèrent leurs armes contre des ennemis étrangers. Thiéri conquit la Thuringe sur Hermanfroi, qu'il fit périr, quoiqu'il lui eût promis la vie ; et il tendit des embûches à Clotaire qui l'avoit aidé dans cette conquête.

Les trois autres fils de Clovis font Sigismond fils de Gondebaud.

Sigismond, fils et successeur de Gondebaud, fut vaincu par Clodomir, Childebert et Clotaire ; et ayant été fait prisonnier, il perdit la vie par la cruauté de Clodomir, qui fit encore tuer sa femme et ses enfans.

On peut conjecturer que la mésintelligence ne permit pas aux vainqueurs de recueillir le fruit de leur victoire : car Godemar, frère de Sigismond, reconquit toute la Bourgogne. Childebert et Clotaire renoncèrent même à se mêler de cette guerre; et Clomodir, qui la continua avec le secours de Thiéri, fut tué lorsqu'il poursuivoit les ennemis. Les Français, une seconde fois vainqueurs, ravagèrent toute la Bourgogne, tuant indistinctement les vieillards, les femmes et les enfans. Godemar cependant ne perdit pas sa couronne.

Les Français ravagent la Bourgogne.

Thiéri, Clotaire et Childebert se partagèrent le royaume de leur frère. Mais Clotilde ne cessant de leur représenter les droits de leurs neveux, Clotaire en poignarda deux lui-même; un troisième, nommé Clodoalde, lui échappa, se fit couper les cheveux, entra, quand il fut en âge, dans les ordres sacrés, et mourut en odeur de sainteté dans un village près de Paris, qui a pris de lui le nom de S. Cloud.

Clotaire poignarde deux de ses neveux.

Le grand Théodoric étant mort, Chil-

Les Français font la conquête de la

Bourgog. deberi marcha contre Amalaric, roi des Visigoths, qui fut défait et tué. Les trois frères se réunirent ensuite contre les Goths et les Bourguignons, et se rendirent maîtres de plusieurs places. Thiéri étant mort avant la fin de cette guerre, Théodebert, son fils, lui succéda sur le trône d'Austrasie, et la continua avec ses oncles, quoiqu'ils eussent tenté de lui enlever sa couronne. Elle se termina par la conquête de la Bourgogne, que les trois conquérans partagèrent entre eux. Par-là ces rois ajoutèrent à leurs états, non seulement ce qu'on nomme aujourd'hui la Bourgogne, mais encore le Nivernois, la Savoie, le Dauphiné, une partie de la Provence, et les bords du Rhin, depuis Bâle jusqu'au-delà de Constance.

Les rois français s'allient tous à la fois de Justinien et des Ostrogoths. L'empereur Justinien, qui faisoit alors la guerre aux successeurs de Théodoric, envoya une ambassade aux rois français, et les engagea dans son alliance par des présens considérables. Les Ostrogoths, de leur côté, tentèrent d'écarter ces nouveaux ennemis, ou même de les mettre dans leur parti, en leur offrant de grandes sommes et tout ce que les rois d'Italie possédoient encore dans les Gaules. Les Français acceptèrent, et firent un traité secret par lequel ils promirent des secours.

Les Grecs et les Goths étoient campés près de Tortone, à peu de distance les uns des autres, lorsqu'ils apprirent que les Français étoient entrés en Italie. Les deux armées les attendoient avec la même impatience, comptant chacune sur eux, comme sur des alliés. Théodebert, profitant de cette sécurité, les surprit toutes deux et les défit l'une après l'autre. Il pilla toute la Ligurie ; et ne trouvant plus de quoi subsister dans un pays ruiné, il fut contraint de repasser les Alpes.

Le perfide Théodebert défait les Grecs et les Goths.

Les rois de France commencèrent alors une guerre civile, parce qu'ils n'avoient point d'ennemis au-dehors. Clotaire porta le ravage fort avant dans les états de son frère. Mais Théodebert et Childebert s'étant réunis, il se trouva engagé trop avant pour reculer, et il fut forcé de se retrancher dans une forêt. On ne concevoit pas comment il pourroit échapper, lorsque ses ennemis, croyant voir le courroux du ciel dans un orage dont ils furent épouvantés,

Guerre civile terminée par un prodige.

firent des propositions de paix, que Clotaire n'eut garde de refuser. Les historiens on dit que cet orage miraculeux avoit été accordé aux prières de Clotilde. Cette sainte princesse étoit bien malheureuse d'avoir à prier pour de pareils enfans: car, sans vouloir pénétrer dans les voies de Dieu, il étoit bien difficile d'obtenir un miracle pour des princes usurpateurs, perfides et parricides.

<small>Childebert et Clotaire en danger de périr avec leur armée.</small> Childebert et Clotaire marchèrent ensuite contre Theudis, roi d'Espagne : ils eurent d'abord des succès; mais une défaite entière, et les passages des Pyrénées fermés à leur retour, les auroient mis dans la nécessité de périr avec leur armée, si l'avarice du général ennemi ne leur eût ouvert un passage.

<small>Clotaire s'empare de l'Austrasie.</small> Théodebert fut plus heureux en Italie; où son général Bucelin conquit la Ligurie et la Vénétie. Ce roi formoit le projet de porter la guerre jusques dans la Thrace, lorsqu'il mourut; et les Français furent chassés de l'Italie, pendant le règne de son fils Théodebalde. Celui-ci étant mort six ans après son père, Clotaire s'empara du royaume d'Austrasie, et Childebert, alors

<small>548.</small>

malade; ne fut pas en état de faire valoir ses droits.

Cette injustice devoit renouveler la guerre entre les deux frères, et en effet elle la renouvela. Cramne, fils de Clotaire, se joignit même à Childebert, qui engagea les Saxons à se révolter contre le roi d'Austrasie. Mais Childebert étant mort en 558, Cramne eut recours à la clémence de son père, qui lui pardonna ; et Clotaire réunit sous sa domination tout l'empire des Français.

Ce qu'occasionne une guerre Clotaire avec le roi des Français.

558.

Cramne se révolta une seconde fois, fut vaincu par son père, et brûlé par son ordre dans une chaumière, où il s'étoit retiré avec sa femme et ses enfans. Le roi mourut l'année suivante, laissant quatre fils, Chilpéric, Caribert, Gontran et Sigebert.

Cruauté de ce prince envers Cramne, son fils.

562.

La France fut divisée en quatre royaumes jusques en 567, que mourut Caribert, roi de Paris. Gontran, roi d'Orléans et de Bourgogne, Sigebert, roi d'Austrasie, et Chilpéric, roi de Soissons, se partagèrent la succession de leur frère : mais ils convinrent de posséder Paris par *indivis*, et

La France partagée entre ses autres fils.

qu'aucun des trois n'y pourroit entrer sans le consentement des deux autres.

<small>Ce ne sont que forfaits jusqu'en 613, que Clotaire II règne seul.</small>

Vous lirez dans les historiens les horreurs qui se commirent sous ces règnes. Les forfaits s'y multiplièrent, et la France fut déchirée par des guerres civiles, jusqu'en 613, que Clotaire, second fils de Chilpéric, régna seul.

<small>La France en proie à la jalousie de Frédegonde et de Brunehaut.</small>

A l'ambition des princes, qui suffisoit pour faire le malheur des peuples, se joignit une source intarissable de crimes et de désordres, par la jalousie de deux femmes hardies, entreprenantes et capables de tout oser. Deux rois, Sigebert et Chilpéric, et plusieurs princes, périrent par leurs intrigues ou par leurs assassins; et elles survécurent pour de nouveaux forfaits. L'une étoit Frédegonde, femme de Chilpéric, et l'autre Brunehaut, femme de Sigebert. La France et toute la famille royale furent en proie à l'ambition de ces deux furies, et à la haine qu'elles se portoient.

<small>597
Brunehaut soulève les grands, arme ses petits fils et cause des guerres.</small>

Frédegonde mourut en 597. Sigebert avoit été assassiné en 575; et son fils Childebert, qui avoit réuni après la mort de

Gontran, la Bourgogne à l'Austrasie, ayant été empoisonné en 596, avoit laissé deux fils, Théodebert, roi d'Austrasie, et Thiéri, roi de Bourgogne.

Après la mort de Frédegonde, Brunehaut, sans rivale, gouverna quelque temps l'Austrasie ; mais les grands ayant conspiré contre elle, Théodebert consentit à son exil, et elle se réfugia chez Thiéri.

Elle gagna la confiance de ce jeune prince par des complaisances criminelles; et elle ne jouit de l'autorité que pour armer ses deux petits-fils, ou contre Clotaire, ou l'un contre l'autre. Théodebert, fait prisonnier par Thiéri, vit égorger à ses yeux son fils Mérovée ; et ayant ensuite été enfermé lui-même, il perdit la vie par les ordres de sa grand-mère.

Lorsque, l'année suivante, Thiéri marchoit contre Clotaire, il fut attaqué d'une maladie dont il mourut. Sigebert, l'un de ses fils, entreprit de conserver la couronne : mais il fut livré par l'armée avec ses deux frères Corbe et Mérovée. On ignore le sort d'un troisième, qui échappa, par la fuite, au vainqueur.

Clotaire accorda la vie à Mérovée, parce qu'il l'avoit porté sur les fonts. Il fit mourir Corbe et Sigebert, et il livra la reine aux bourreaux. Après avoir souffert toutes sortes de tourmens pendant trois jours, elle fut conduite, montée sur un chameau, dans toute l'armée ; et ayant été attachée à un cheval furieux, elle fut traînée et mise en pièces à la vue des soldats. Si elle a mérité de pareils supplices, Frédégonde en avoit mérité de plus grands encore. Mais Clotaire, héritier de la haine de sa mère, assouvit sa vengeance et celle des Leudes, que Brunehaut avoit aliénés, chargeant cette reine coupable de bien des crimes qu'elle n'avoit pas commis.

Clotaire régna seul, avec plus de douceur qu'on ne pouvoit espérer, depuis 613 jusqu'en 628 qu'il mourut. Il aima la paix ; il fit rendre la justice ; il rétablit la tranquillité, et il fut regretté de ses sujets. Mais la douceur de son gouvernement ne fut peut-être que l'effet de la foiblesse de son autorité.

Dagobert, que le dernier roi son père avoit associé au trône, et qui étoit roi d'Austrasie, se fit reconnoître pour seul souverain, à l'exclusion de son frère Caribert, auquel il céda seulement une partie de l'Aquitaine. Il recouvra même cette province à la mort de son frère, qui arriva peu de temps après; et il n'en laissa rien à ses neveux.

Ce prince gouverna sagement, tant que des ministres, zélés pour le bien de l'état, conservèrent quelque ascendant sur son esprit : mais bientôt gouverné lui-même par toutes les femmes dont la coquetterie avoit de quoi le séduire, il ne fut plus que l'instrument de l'avarice et de la vanité d'un sexe, qui a fait si souvent la honte des rois et le malheur des peuples. Il foula ses sujets pour fournir à ses débauches, à l'avidité de ses courtisans, aux caprices de ses maîtresses, et aux aumônes avec lesquelles il croyoit devoir effacer ses péchés.

Il mourut en 636, après avoir partagé ses états entre ses deux fils, Sigebert, qui eut le royaume d'Austrasie, et Clovis qui eut ceux de Neustrie et de Bourgogne. Ces deux princes étant encore enfans, Pepin et Ega, maires du palais, gouvernèrent,

636.
Sous ses deux fils, les maîtres du palais gouvernent.

le premier sous Sigebert, et le second sous Clovis; et après leur mort, qui arriva dans la troisième année de leur ministère, Pepin fut remplacé par son fils Grimoalde, et Ega par Evchinoalde, autrement nommé Archambaud.

Le règne de ces princes n'est remarquable que par la sagesse de leurs ministres, qui s'occupoient des soins du gouvernement, tandis que Sigebert fondoit des monastères, et que Clovis ne faisoit rien. Ils moururent l'un et l'autre vers l'an 656.

656.

Les Austrasiens chassent le fils de Grimoalde.

Grimoalde, maire du palais, fit conduire secrettement en Hibernie Dagobert, fils de Sigebert; ayant fait courir le bruit de sa mort, il mit la couronne d'Austrasie sur la tête de son propre fils, qu'il disoit avoir été adopté par Sigebert : mais les Austrasiens chassèrent bientôt l'usurpateur.

Troubles sous les fils de Clovis II.

Clovis II avoit laissé trois fils : Clotaire, roi de Neustrie et de Bourgogne, Childeric, roi d'Austrasie, et Thiéri, qui n'eut d'abord aucune part à la succession. Mais quatorze ans après, ayant succédé à Clotaire III, il prit la couronne pour la perdre presque aussitôt. On le fit raser, et on l'enferma dans un monastère, ainsi qu'Ebroin, maire du palais, et son ministre, dont la hauteur avoit soulevé les grands du royaume. Alors Childéric régna seul, jusqu'en 673, qu'il fut assassiné.

Cet événement rendit la liberté et la couronne à Thiéri III. Ebroin sortit aussi de son monastère, et ayant soulevé une partie de l'Austrasie, il força Thiéri à le reprendre pour maire du palais.

673.

Cependant Dagobert II, alors revenu d'Irlande, et reconnu dans une partie de l'Austrasie, profita de ces troubles pour se rendre maître de tout ce royaume; et Thiéri, après une guerre sanglante, fut obligé de le lui abandonner; mais ce prince en jouit peu, ayant été assassiné en 679.

Les Austrasiens craignant de tomber sous la tyrannie d'Ebroin, refusèrent de reconnoître Thiéri; ils choisirent pour les gouverner Martin et Pepin Héristel, petit-fils de celui dont j'ai déjà parlé.

Martin et Pepin Héristel gouvernent l'Austrasie.

Ebroin, car Thiéri n'avoit plus que le nom de roi, déclara la guerre aux gouverneurs d'Austrasie. Ils furent battus, et

Ils sont défaits par Ebroin, qui est assassiné.

Martin périt par la perfidie d'Ebroin, qui fut assassiné peu d'années après.

<small>Pepin Héristel a toute autorité dans les trois royaumes.

690.</small>

Pepin seul maître de l'Austrasie, continua la guerre, vainquit le roi, le poursuivit jusqu'à Paris, se rendit maître de sa personne et de la ville, et le devint de tout l'état.

Ce sommaire sur l'histoire de deux siècles ne suffit pas pour vous faire imaginer comment les maires parviennent à se saisir de toute la puissance : mais il suffira pour vous mettre en état d'étudier le gouvernement qui s'établit dans tout cet espace ; et à mesure que vous connoîtrez ce gouvernement, vous découvrirez dans ses vices les causes de la ruine des successeurs de Clovis. Je ne me propose pas cependant d'approfondir cette matière. Je vais seulement vous en donner une idée générale, afin de vous préparer à la lecture d'un ouvrage qui m'a été communiqué (1).

---

(1) Observations sur l'Histoire de France, par M. l'abbé de Mably, *imprimées en 1765 ; mais mon frère m'en communiqua le manuscrit plusieurs années auparavant. C'est d'après cet ouvrage que je traiterai du gouvernement des Français, toutes les fois que j'aurai occasion d'en parler.*

CHAPITRE VI.

Du gouvernement des Français jusqu'au temps où Pepin Héristel se saisit de toute l'autorité sous le titre de Maire du Palais.

QUELLE que soit l'origine des Français, il est au moins certain qu'avant de s'établir dans les Gaules, ils ont habité la Germanie pendant plusieurs siècles. Nous pouvons donc juger d'eux comme des Germains, que toutes leurs richesses consistoient dans leurs troupeaux, dans les esclaves auxquels ils en confioient le soin, et dans le butin qu'ils enlevoient par les armes. Toujours armés, toujours en état de guerre, ils faisoient gloire de ravir par la force ce qu'ils croyoient indigne d'eux d'acquérir par le travail. Ils ne refusoient point de s'engager dans une entreprise, lorsqu'ils avoient un chef dont le courage leur étoit connu.

Leurs chefs, que nous nommons rois,

ment étoit une démocratie. n'avoient qu'une autorité bornée. Ils pouvoient décider seuls des affaires de peu de conséquence : mais lorsqu'elles étoient plus importantes, c'est dans l'assemblée de la nation qu'on en délibéroit ; c'est-à-dire, dans un camp de soldats, qui traînoient après eux leurs femmes, leurs enfans, leurs troupeaux et leurs esclaves. Un pareil gouvernement étoit une démocratie, où les membres n'agissoient de concert, que parce qu'ils étoient forcés de se réunir contre des ennemis communs, qui les pressoient de toutes parts. Telle est l'idée qu'on se fait des Germains d'après Tacite, et telle est celle qu'on doit se former encore des Français lorsqu'ils s'établirent dans les Gaules. Malgré l'espace qui s'étoit écoulé depuis cet historien, on ne doit pas présumer qu'ils fussent beaucoup changés. C'est le luxe qui, faisant naître continuellement de nouveaux besoins, introduit aussi continuellement de nouveaux usages, force le gouvernement à prendre sans cesse de nouvelles formes ; et lorsque le luxe n'est pas connu, il y a peu de changemens d'une génération à l'autre.

En effet, dès l'origine de la monarchie française, nous trouvons une assemblée générale, appelée le *champ de Mars*, parce qu'elle se tenoit au commencement de ce mois. C'est-là que résidoit la puissance législative : le chef et son conseil n'avoient que le pouvoir exécutif, et le droit de décider des affaires les moins importantes. Il n'y a là proprement ni roi, ni sujets. On y voit, d'un côté, des soldats, qui ne sont autre chose que la nation armée ; et de l'autre, un général qui les commande, parce qu'ils l'ont choisi pour les conduire.

La puissance législative résidoit dans le champ de Mars.

Mais le pouvoir exécutif exige, de la part du soldat, une obéissance prompte, et de celle du général, une autorité absolue dans tout ce qui concerne la discipline. Sans cela, la démocratie ne pourroit pas subsister : vérité que l'expérience apprenoit aux Français. Toutes les fois donc qu'il s'agissoit du service militaire, l'autorité du général étoit absolue ; mais hors ce cas, il n'avoit d'influence dans les délibérations, qu'autant qu'il avoit le talent de persuader. Il ne disposoit de rien : le

A la guerre, le général avoit une autorité absolue.

butin appartenoit à l'armée ; il se contentoit de la part que le sort lui donnoit.

<small>Dans l'assemblée il n'avoit que son suffrage.</small> Lorsqu'après la bataille de Soissons, Clovis, voulant rendre un vase qui avoit été enlevé à l'église de Reims, supplia son armée de le lui accorder ; un soldat déchargea sur ce vase un coup de sa francisque, lui disant de se contenter de ce qui lui tomberoit en partage. Toute l'armée désapprouva la brutalité de ce soldat. Cependant Clovis n'osa le punir pour lors, mais il l'observa ; et l'ayant convaincu, l'année suivante, de n'avoir pas eu assez de soin de ses armes, il lui fendit lui-même la tête d'un coup de sa francisque. Bien loin de causer un soulèvement, cette action, conforme aux mœurs de ces temps barbares, et d'ailleurs dans l'ordre de la discipline, fit respecter le général qui savoit punir. Vous voyez, par ce fait, quelles étoient les bornes et l'étendue de l'autorité de Clovis.

<small>Des usages grossiers tenoient lieu de lois aux Français.</small> On peut au moins juger qu'avant ce prince, les Français ne connoissoient encore de subordination, qu'autant qu'ils sentoient que la victoire dépend de l'obéis-

sance des soldats au général. Dans tout le reste, ils se jugeoient égaux : ils ne vouloient plus de lois, parce qu'ils vouloient être libres ; et le gouvernement ne pouvoit réprimer l'avidité de ces ames féroces, qui commençoient à connoître le prix des richesses. Il s'étoit seulement introduit quelques usages grossiers pour défendre les foibles contre les violences, auxquelles cette indépendance enhardissoit les plus forts : car enfin les hommes les plus sauvages sont forcés de se forger des freins ; et s'ils ne savent pas se donner des lois, ils cherchent au moins dans quelque espèce d'équivalent, les moyens de contenir la licence dans de certaines bornes. Vous verrez, en détail, dans l'ouvrage dont j'ai parlé, quels furent les usages des Français.

Les circonstances changèrent pour eux, lors de leur établissement dans les Gaules. Ils eurent de nouveaux besoins ; leurs premiers usages ne suffirent plus, à leur situation ; ils le sentirent souvent, quelque penchant qu'ils eussent à s'aveugler, et ils furent forcés à chercher, dans de nou-

Lors de leur établissement ces usages ne leur suffisaient plus.

velles lois, un remède aux abus qui naissoient d'une trop grande liberté.

C'est dans les circonstances et dans celles des Gaulois, qu'il faut chercher la raison de leur gouvernement.

Les circonstances ne changèrent pas moins pour les Gaulois. Or c'est dans la situation de ces deux peuples, que nous devons chercher les causes de la forme que prit d'abord le gouvernement; et nous rendrons raison des variations, par lesquelles il passera encore, si nous observons, dans le cours des règnes, la variété des circonstances.

Les Gaulois étoient vils à leurs yeux.

Les Gaulois, après avoir été exposés à toute la brutalité des vainqueurs, furent regardés comme des hommes vils, parce qu'ils avoient été vaincus. Cela se voit par les lois saliques, qui condamnent à une amende de deux cents sous (1) celui qui tue un Français, et à cent sous seulement celui qui tue un Gaulois. Ainsi le sang de celui-ci étoit estimé une fois moins, dans ce temps où l'on ne punissoit que d'une amende pécuniaire, même pour les plus grands crimes.

---

(1) C'étoient des sous d'or, dont chacun valoit environ huit livres de notre monnoie.

Malgré cette différence, les Gaulois con- *Obligations communes aux Gaulois et aux Français.*
servèrent une partie de leurs biens, parce
qu'il ne fut pas possible aux Français de
tout ravir : ils en jouirent même d'abord
sans payer d'impôts ; seulement ils étoient
obligés de faire la guerre à leurs dépens,
de loger les officiers qui marchoient pour
le service de l'état, de les défrayer et de
leur fournir des voitures. Mais cette obligation étoit commune aux Français.

Clovis leur laissa encore leurs lois, soit *Les Gaulois conservent leurs lois, et sont juges de leurs différens.*
par politique, soit parce qu'il ne lui étoit
pas possible de leur en donner de nouvelles.
Mais comme ces lois n'étoient pas connues
des Français, ce premier avantage qu'on
leur accordoit, mit dans la nécessité de
leur en accorder encore un autre : ce fut
de les établir eux-mêmes juges des différens qui naîtroient parmi eux. On traita,
dans la suite, de la même manière les
peuples qui furent soumis à la domination
française.

Les provinces étoient gouvernées par des *Gouvernement des provinces et des villes.*
ducs, les villes par des comtes, et les di-
visions subordonnées du territoire l'étoient
par des vicaires, des centeniers et des

dizeniers ou doyens. Ces noms, centeniers et dizeniers, marquoient le nombre de familles comprises dans les districts de ces officiers subalternes.

<small>Les ducs et les comtes commandoient leur unes, et rendoient la justice avec des assesseurs.</small>

Les ducs, les comtes, etc., étoient en même temps capitaines et magistrats, comme autrefois les proconsuls dans les provinces romaines. Il est vraisemblable qu'ils furent d'abord tous choisis parmi les Français. Ils étoient donc trop ignorans pour juger d'après l'autorité des lois romaines; et d'ailleurs il n'eût pas été raisonnable de confier la fortune des citoyens aux lumières et aux caprices d'un seul juge. Il fut donc ordonné que celui qui commandoit dans un district, soit duc, soit comte, etc., ne porteroit un jugement qu'avec le concours d'un certain nombre d'assesseurs, pris dans la nation de celui contre qui le procès seroit intenté; et c'est proprement ce tribunal qui faisoit la sentence. Voilà comment les Gaulois partagèrent la magistrature avec les Français, et eurent la plus grande influence dans les causes qui intéressoient leur nation.

<small>Pourquoi la jurisprudence des</small>

Les Français n'adoptèrent pas les lois

romaines, comme avoient fait les Goths. *Français+ toujours vicieuse.*
Mais ils se gouvernoient par leurs lois, qu'on nomme saliques et ripuaires. Cela avoit son avantage et son inconvénient. L'avantage est que cette distinction mettoit, entre les deux peuples, une barrière qui empêchoit les Français de se confondre avec les Gaulois, d'en prendre les mœurs et de s'amollir comme eux. Mais cette multitude de lois toutes différentes avoit aussi l'inconvénient de répandre beaucoup de confusion, et de donner, par conséquent, naissance à bien des désordres ; abus qui s'accrut encore, à mesure que les Français étendirent leur empire. Pour former un code moins défectueux, il eût fallu, ou que les vaincus eussent été aussi barbares que les vainqueurs, ou que les vainqueurs eussent été aussi policés que les vaincus. Car si les lois, pour être bonnes, doivent être adaptées au peuple, pour qui elles sont faites, il est évident qu'il n'étoit pas possible de rien faire en ce genre, qui fût, en même temps, bon pour les Français et pour les Gaulois. Ainsi, par la nature des circonstances, on se trouva

dans la nécessité de ne faire qu'un peuple de plusieurs nations, qui ne pouvoient pas être gouvernées par les mêmes lois. C'étoit allier les contradictoires, et je crois que Solon même ne se seroit pas tiré de là. Vous pouvez donc prévoir que la jurisprudence des Français sera long-temps vicieuse ; aussi l'est-elle encore.

<small>Pourquoi le corps des lois est un chaos.</small> Bacon voyant que les abus de la philosophie venoient de ce qu'on raisonnoit sur des notions confuses, a dit, avec raison, il faut refaire les idées. Je suis étonné, qu'ayant été chancelier d'Angleterre, il n'ait pas dit, il faut refaire les lois, il faut refaire les gouvernemens, il faut tout refaire. La chose eût été certainement d'une exécution difficile : mais on ne l'a pas senti, car on n'y a seulement pas pensé. On a toujours travaillé sur de mauvais fondemens ; on a étayé au jour le jour, et comme on a pu, un bâtiment qui menace ruine, et le corps des lois n'a jamais été qu'un édifice informe.

<small>Les évêques ont sur les Français convertis, la même autorité qu'avoient eu les prêtres payens sur les Français de là rea.</small> Vous avez vu de quelle autorité les prêtres jouissoient chez les Germains. Or il étoit naturel que les Français, après

leur conversion, eussent, pour les prêtres du christianisme, la même soumission qu'ils avoient eue auparavant pour les prêtres idolâtres. C'est ce qui arriva : les évêques occupèrent la première place dans les assemblées de la nation; ils travaillèrent avec les Français, sous Clotaire I, à corriger les lois saliques et ripuaires; et ils obtinrent des priviléges particuliers, avec une sorte de surintendance sur tous les tribunaux. En l'absence du roi, on appeloit à eux des jugemens des ducs et des comtes.

Plus éclairés, c'est-à-dire, moins ignorans que les Français, ils eurent sans doute une grande influence dans les délibérations ; et comme dans les commencemens ils étoient tous Gaulois, ils se servirent de leur crédit, pour adoucir la condition de leurs compatriotes et de leurs parens. Ils y réussirent; car le sort des Gaulois fut si changé, qu'il ne tint plus qu'à eux d'être naturalisés français. Quand ils avoient déclaré devant un juge, qu'ils renonçoient à la loi romaine pour vivre sous les lois saliques et ripuaires, ils jouissoient aussitôt des priviléges propres aux vainqueurs; ils

Leur influence dans le champ de Mars est avantageuse aux Gaulois.

avoient leur place au champ de Mars ; ils entroient en part de la souveraineté, et de sujets ils devenoient citoyens. Une chose leur fut encore favorable, c'est que le roi cherchant à s'attacher les principaux d'entre eux, les rapprocha de sa personne, et leur donna des emplois dans sa maison.

<small>Les Français ont moins d'autorité, à mesure que les Gaulois en acquiérent.</small>

A mesure que les Gaulois acquéroient de l'autorité, les Français en perdoient, et parce qu'ils partageoient la puissance avec de nouveaux citoyens, et parce qu'ils n'étoient plus dans une position à pouvoir l'exercer comme auparavant. Répandus de côté et d'autre dans les pays conquis, ils se trouvèrent trop séparés pour avoir encore les mêmes intérêts. Quelquefois l'éloignement ne leur permettoit pas de venir aux assemblées, et d'autres fois ils négligeoient de s'y rendre ; chacun d'eux étant moins occupé du bien public que de son établissement particulier. On commença donc à ne pas tenir le champ de Mars si régulièrement ; bientôt on ne le convoqua plus, et alors les nouveaux citoyens, depuis long-temps accoutumés à la servitude, servirent à forger des fers aux anciens.

Ceux qui n'avoient eu jusqu'alors que le puissance exécutive, c'est-à-dire, le roi et les grands qui composoient son conseil se saisirent de la puissance législative qui leur étoit abandonnée, et le gouvernement, de démocratique, devint aristocratique. Mais cette aristocratie ne pouvoit pas subsister, et ne subsista pas. *Le gouvernement devient aristocratique.*

Il y avoit eu un temps où un Français n'étoit admis à prêter le serment de fidélité au prince, que lorsqu'il s'étoit distingué par quelque action éclatante. « Par cette
» cérémonie, on étoit tiré de la classe
» commune des citoyens, pour entrer dans
» un ordre supérieur, dont les membres, re-
» vêtus d'une noblesse personnelle, avoient
» des priviléges particuliers ; tels, que d'oc-
» cuper, dans les assemblées générales,
» une place distinguée, de posséder seuls
» les charges publiques, de former le con-
» seil toujours subsistant de la nation, ou
» cette cour de justice dont le roi étoit
» président, et qui réformoit les jugemens
» rendus par les ducs et par les comtes». *Privilége des leudes ou fidelles.*

Ceux qui jouissoient de ces avantages, se nommoient *leudes* ou *fidelles* : c'étoient les grands de la nation.

{Les rois, pour étendre leur autorité, font leudes des Gaulois.} Or, lorsque toute l'autorité fut concentrée dans le conseil des grands, les rois peu satisfaits de n'être que les chefs de l'aristocratie, créèrent de nouvaux leudes, afin d'avoir, dans ce conseil souverain, un plus grand nombre de membres dévoués à leurs volontés. Ils admirent donc, au serment, des Gaulois; ils élevèrent même des affranchis aux premières dignités.

{En effet les préjugés des Gaulois étoient favorables à ce dessein.} Les Gaulois, accoutumés depuis long-temps au joug, n'avoient garde de disputer au prince l'autorité absolue, qu'il vouloit s'arroger. Ils se représentoient la royauté d'après la puissance qu'ils avoient vue dans les derniers empereurs ; et ils croyoient qu'un roi, parce qu'on le nomme roi, est au-dessus des lois.

{La façon de penser des évêques l'étoit encore plus.} Si cette façon de penser étoit encore contredite par quelques français, c'étoit un motif de plus pour les Gaulois, de la défendre et de l'appuyer par toute sorte de moyens, soit préjugé, soit flatterie de leur part. Les évêques, qui n'avoient pas des idées plus saines sur cette matière, cherchèrent dans l'écriture, et ils trouvèrent qu'elle recommande l'obéissance la plus entière aux puissances. Cela veut dire, qu'il faut obéir aux lois, et, par conséquent, aux rois et aux magistrats, qui en sont les interprètes. Mais on en conclut que l'autorité des rois est absolue, arbitraire, et qu'ils ont le droit de disposer de tout sans consulter les lois. Cette application aux rois de France, étoit d'autant plus fausse, qu'alors ces rois n'étoient pas encore monarques, mais seulement les chefs de l'aristocratie.

Enfin l'opinion se répandit que les rois tiennent immédiatement de Dieu toute leur puissance, parce qu'on oublia comment les rois se sont faits chez tous les peuples, et qu'on se souvint seulement que Dieu avoit lui-même donné aux juifs Saül et David. Si, rapportant tout à Dieu, comme à la première cause, on eût dit qu'il fait les rois, parce qu'il fait tout, cela eût été vrai; mais parce que d'un pareil principe, on ne peut rien conclure en faveur du despotisme, on supposera que Dieu fait les rois comme

^{Opinion favorable au despotisme.}

s'il les choisissoit immédiatement lui-même, et qu'il ne permît pas aux causes secondes d'y concourir. En prenant cette expression, *Dieu fait les rois*, dans le premier sens, elle a été, avec fondement, l'opinion de tous les temps; mais si nous la prenons dans le second, c'est une absurdité, dont il n'est plus possible de marquer l'époque. Elle se trouve établie, sans qu'on sache comment; et c'est ce qui arrive toujours, lorsque les opinions s'établissent par l'abus des mots. C'est sur-tout au commencement de la seconde race, que les esprits seront tout-à-fait disposés à l'adopter. Plusieurs causes y concourront : l'ignorance, qui s'est répandue avec les barbares, la servitude à laquelle les nations policées étoient accoutumées, et l'ambition d'un usurpateur qui, abusant de la simplicité des peuples, voudra paroître avoir été choisi par Dieu même.

<small>Sous les fils de Clovis l'aristocratie tendoit à la monarchie.</small> Toutes les circonstances étant favorables à l'ambition des rois, il n'y avoit déjà plus d'idée de liberté sous les fils de Clovis. Les droits de la nation avoient insensiblement disparu; et l'aristocratie, affoiblie

d'un jour à l'autre, ne se retrouvoit plus qu'en apparence dans le conseil des grands.

Si les rois trouvèrent encore des obstacles, ils achevèrent de les lever, en donnant, à titre de bénéfice, des domaines qu'ils se réservoient le droit de reprendre, lorsqu'ils étoient mécontens. Tous les grands furent alors subjugués : car les uns desiroient d'obtenir des bénéfices, et les autres craignoient de perdre ceux qu'ils avoient obtenus. *Bénéfices donnés par les rois pour hâter cette révolution.*

Les guerres civiles, qui commencèrent sous les fils de Clovis, ouvrirent la porte à de nouveaux désordres et à de nouvelles usurpations. Car les habitans de la campagne ne pouvant échapper au pillage et à la servitude, qu'en se réfugiant dans les châteaux de quelques leudes puissans ou dans les églises dont l'asyle étoit respecté ; ils cherchèrent, par des présens, la protection des leudes et des évêques, qui les pouvoient défendre contre le brigandage des soldats. Or ces présens devinrent, avec le temps, la dette d'un sujet à son seigneur ; et c'est ainsi que s'établit ce que nous nommons *seigneurie*. *Comment s'établirent les seigneuries.*

Comment les seigneurs deviennent seuls juges de leurs sujets.

Cependant les ducs, les comtes et les autres juges profitant des troubles pour faire un commerce scandaleux de l'administration de la justice, les citoyens qui avoient des procès, furent forcés d'avoir recours à l'arbitrage des seigneurs qui les protégeoient. Peu-à-peu ces arbitres furent reconnus pour seuls juges; et les magistrats publics n'eurent plus de jurisdiction dans les terres des seigneurs.

La France se remplit de tyrans.

Ces circonstances furent encore favorables aux entreprises des souverains : car pendant que les citoyens puissans songeoient à se faire des seigneuries, ils se mettoient peu en peine des usurpations que le roi faisoit lui-même. Ils en firent, au contraire, à son exemple, et la France se remplit d'une multitude de petits tyrans.

Mauvaise politique des rois qui changent continuellement de parti, et reprennent inconsidérément les bénéfices qu'ils ont donnés.

Mais plus la puissance du prince s'élevoit à la faveur des troubles, moins elle étoit affermie. Le roi, pour dominer au milieu de ces tyrans, dont les intérêts étoient opposés, n'avoit plus que la ressource de se mettre tour-à-tour à la tête des différens partis; c'est-à-dire, de les fortifier l'un après l'autre, et de s'affoiblir tous les jours lui-même. On enlevoit un bénéfice à un grand qu'on ne craignoit plus, pour le donner à un grand qui commençoit à se faire craindre ; ou même on faisoit périr un leude riche, pour enrichir plusieurs autres de ses dépouilles. C'est en cela que Gontran, petit-fils de Clovis, faisoit consister l'art de régner.

Cette politique ne pouvoit pas réussir long-temps. Aussi les leudes ouvrirent-ils les yeux ; et voyant qu'ils étoient les dupes du prince, qui donnoit et reprenoit à son gré les bénéfices, ils songèrent aux moyens de rendre leur fortune plus assurée. Étant donc assemblés à Andeli pour traiter de la paix entre Gontran et Childebert II, ils les forcèrent à convenir, dans leur traité, qu'ils ne seroient plus libres de retirer les bénéfices qu'ils avoient conférés ou qu'ils conféreroient, dans la suite, aux églises et aux leudes ; et on rendit même les bénéfices à ceux qui en avoient été dépouillés à la mort des derniers rois.

Mais les leudes qui n'avoient point de bénéfices, se déclarèrent contre un traité qui leur ôtoit l'espérance d'en obtenir ; et

Traité d'Andeli, qui leur ôte la liberté de les reprendre.

La partie des leudes qui n'avoient pas de bénéfices, enhardit les rois à violer le traité, ce qui occasionne bien des troubles.

ils se réunirent aux princes qui, n'ayant contracté que par foiblesse, étoient déterminés à n'y avoir point d'égards, aussitôt qu'ils seroient les plus forts. Ainsi il y eut deux partis ; et suivant qu'ils prévalurent tour-à-tour l'un sur l'autre, ce traité fut aussi tour-à-tour violé ou exécuté. Les grands d'Austrasie ne se soulevèrent contre Brunehaut, que parce qu'elle agit comme si le traité d'Andeli n'eût jamais été fait. Ceux de Bourgogne furent ensuite aliénés, parce qu'elle tint encore avec eux la même conduite. C'est pourquoi, lorsque Thiéri fut mort, ils refusèrent de reconnoître les fils de ce prince, craignant que Brunehaut n'exerçât encore l'autorité, et ils donnèrent la couronne à Clotaire II, qui étoit l'ennemi de cette princesse (1) et qui la livra au ressentiment des leudes qu'elle avoit voulu dépouiller.

Assemblée de Paris dans laquelle Brunehaut est condamnée, et les leudes cessent declarés héréditaires. C'est en 614 que les évêques et les leudes, ennemis de Brunehaut tinrent à Paris l'assemblée où ils condamnèrent cette prin-

─────────

(1) Il étoit fils de Chilpéric et de Frédegonde.

cesse. Son plus grand crime, à leurs yeux, fut sans doute d'avoir voulu disposer des bénéfices à son gré. Aussi ne négligèrent-ils rien pour prévenir de pareilles entreprises. C'est alors qu'il fut décidé irrévocablement, que les bénéfices seroient héréditaires dans les familles, et que les seigneurs jouiroient, dans leurs terres, de tous les droits qu'ils avoient acquis.

Cependant les leudes et les seigneurs craignoient qu'il n'en fût un jour des réglemens faits dans l'assemblée de Paris, comme du traité d'Andeli. Clotaire II étoit encore trop puissant pour ne leur être pas suspect : ils travaillèrent donc tous les jours à diminuer son autorité; ils lui enlevèrent successivement la plupart de ses droits; ils ne lui laissèrent pas la disposition des principales charges; ils le réduisirent à donner la mairie à celui qu'ils avoient eux-mêmes choisi.

Clotaire II se trouve évêque sans autorité

Avant que les bénéfices fussent héréditaires, la noblesse n'étoit que personnelle, et les enfans d'un leude restoient dans la classe commune, jusqu'à ce qu'ils eussent prêté le serment de fidélité. Mais lorsque

Origine de la noblesse héréditaire.

les bénéfices furent héréditaires, les prérogatives, qu'on n'acquéroit auparavant que par la prestation du serment, passèrent aux enfans avec les bénéfices, et on s'accoutuma insensiblement à penser que les fils d'un leude naissoient leudes. Telle est l'origine de la noblesse héréditaire parmi les Français.

<small>Pour acquérir cette noblesse, on imagine de recevoir du roi, en bénéfice une terre qu'on lui donne.</small>

Cette révolution dans la façon de penser parut dégrader les familles illustres, qui pour lors n'avoient point de bénéfices. Elles cherchèrent donc à se mettre de pair avec les leudes bénéficiers : rien n'est plus singulier que le moyen qu'on imagina; ce fut de donner au roi une terre, pour la recevoir ensuite de lui en bénéfice.

<small>Dans la suite on aima mieux être noble par une terre que par un bénéfice.</small>

Mais dans la suite on n'eut pas besoin d'avoir recours à un artifice aussi bizarre. Comme les droits seigneuriaux étoient ce qu'il y avoit de plus réel dans les bénéfices, les familles qui possédoient des seigneuries, passèrent bientôt pour aussi nobles que les bénéficiaires. On ne se mit plus en peine de prouver qu'une terre étoit un bénéfice. Il arriva même dans la suite qu'on aima mieux tenir la noblesse d'une seigneurie qu'on s'étoit faite, que d'un bénéfice qu'on avoit reçu du prince.

Les seigneurs étoient les seuls juges et les seuls capitaines des hommes de leurs terres; c'est-à-dire, qu'ils s'étoient rendus maîtres des lois et des forces de l'état. Avec d'aussi grands priviléges, qu'ils tenoient uniquement de la naissance, ils devinrent extrêmement redoutables, et ils portèrent les derniers coups à la puissance des Mérovingiens.

Les seigneurs étoient les seuls juges et les seuls capitaines des hommes de leurs terres.

Les seigneuries que les évêques et les abbés s'étoient faites, donnèrent encore naissance à une nouveauté. Il y avoit sans doute alors, dans le clergé, beaucoup de français qui connoissoient peu les canons, et qui, remplis des préjugés de leurs pères, ne faisoient cas que des armes. Ces évêques et ces abbés pensèrent donc qu'ils dérogeroient, si, comme les seigneurs laïques, ils ne commandoient pas eux-mêmes les hommes de leurs seigneuries. En conséquence, ils crurent qu'il étoit de leur dignité d'aller à la guerre, et ils devinrent capitaines : abus qui a été funeste à l'église et à l'état.

Les abbés et les évêques crurent aussi devoir être capitaines.

<small>Tout tend à l'anarchie sous les successeurs de Clotaire II.</small>

Tel étoit le gouvernement sous les successeurs de Clotaire II. Vous voyez combien de révolutions il a essuyées en peu de temps, et combien les princes assurent mal leur autorité, lorsqu'ils pensent l'établir sur des troubles qu'ils entretiennent, ou qu'ils font naître.

Il n'y eut jamais plus de désordres que sous les successeurs de Clotaire II. Il eût fallu, pour les réprimer, réunir trois choses dans un chef, la puissance, l'amour du bien public et les lumières nécessaires. Mais l'autorité royale, déjà méprisée, s'avilissoit tous les jours. On pouvoit tout impunément sous des rois enfans, lâches ou vicieux. Les maires du palais, moins occupés de l'état que de leur fortune, ne songeoient qu'à s'élever sur un trône d'où les Mérovingiens sembloient tomber d'eux-mêmes. Enfin les grands ne travailloient qu'à se faire des états indépendans. Les seigneuries se multiplièrent. Chaque gentilhomme, chaque évêque, chaque monastère devint le tyran de ses voisins, dès qu'il fut assez puissant pour s'arroger des droits sur eux. Il n'y eut plus de lois, la force décida de tout, et les usurpations furent des titres.

Il semble que les ducs et les comtes auroient dû s'opposer à ces entreprises ; car leur jurisdiction diminuoit, à mesure que celle des seigneurs augmentoit. Mais eux-mêmes ils avoient des terres, et ils se dédommageoient, en qualité de seigneurs, de ce qu'ils perdoient en qualité de ducs ou de comtes, préférant leurs seigneuries, qui étoient héréditaires, à des dignités qui n'étoient encore que personnelles, et qui pouvoient leur être enlevées. *Les ducs et les comtes favorisent les usurpations des seigneurs.*

Vous voyez que les gentilshommes s'établissent chacun séparément dans leurs terres. Ils ne font point un corps, ils n'ont point de lien commun : ils ont, au contraire, des intérêts opposés ; et leurs vexations leur font nécessairement des ennemis au-dedans, et au-dehors de leurs possessions. Toute cette noblesse sera donc facilement asservie, si l'autorité, détruite dans les rois, se retrouve toute entière en d'autres mains. *Mais les seigneurs ne peuvent s'assurer leurs usurpations.*

Les maires, qui n'étoient originairement que les chefs des officiers domes- *Comment les maires se sentent utiles à l'administration.*

tiques du prince, obtinrent, dans la suite, l'intendance générale du palais, et furent les juges de toutes les personnes qui l'habitoient. Ils avoient donc, par leurs fonctions, beaucoup d'accès auprès des rois; et cet accès, comme il arrive presque toujours, leur en acquit la confiance. Ils les flattèrent, ils les occupèrent de plaisirs, d'amusemens frivoles; et sous prétexte de les délasser, par zèle, des soins pénibles du gouvernement, ils se saisirent peu-à-peu de toute l'autorité. Ils régirent les finances; ils commandèrent les armées; enfin ils présidèrent dans le tribunal suprême, où le roi devoit rendre la justice aux leudes, et ils jugèrent définitivement les procès, qu'on y portoit de toutes les provinces.

Ils sacrifient les intérêts de leur maître, et deviennent les ministres des bénéficiers et des seigneurs.

De pareils ministres sembloient devoir tomber avec la royauté, et cela fût arrivé sans doute, s'ils eussent été fidelles à leur maître; mais ils s'en séparèrent adroitement, à mesure qu'ils virent le mécontentement des bénéficiers et des seigneurs. Ils flattèrent les mécontens; ils s'offrirent pour être leurs protecteurs contre les entreprises du souverain; ils devinrent les ministres des leudes, des évêques et des seigneurs.

Il étoit aisé de prévoir que de pareils protecteurs pourroient, un jour, se rendre redoutables; mais les grands étoient dans l'habitude de craindre les rois, et l'ombre de la royauté les effrayoit encore. Ils ne prirent donc aucune précaution contre des magistrats, qu'ils choisissoient eux-mêmes, ne devinant pas que l'autorité qu'ils abandonnoient, pourroit s'essayer sur eux, après avoir humilié le prince. *Confiance aveugle des grands pour les maires.*

Ils eurent d'abord lieu de s'applaudir: car après la mort de Dagobert, fils de Clotaire II, les maires n'usèrent de leur puissance que pour maintenir la tranquillité, et conserver à chacun les droits dont il jouissoit. Ils achevèrent, par cette conduite, d'attirer à eux toute l'autorité; révolution à laquelle l'enfance et l'incapacité des rois ne contribuèrent pas peu. *Les maires achèvent d'attirer à eux toute l'autorité.*

Cependant plus les grands se croyoient protégés, plus ils se rendirent odieux par leurs vexations; et les maires parurent *Alors ils commandent aux grands, qu'ils humilient.*

d'abord fermer les yeux sur ces désordres ; mais ils cessèrent de dissimuler, et ils sévirent, lorsqu'enfin ils se furent fait un parti de tous les mécontens, et de tous ceux dont ils pouvoient faire la fortune. Le peuple, qui ne gagnoit rien à ces révolutions, et qu'on ne caressoit que par des vues ambitieuses, applaudissoit à la chûte des grands, qui étoient tout étonnés de se voir un maître. C'est ainsi qu'Ebroin gouverna despotiquement la Neustrie sous Clotaire III, et Thiéri III ; si Thiéri fut détrôné, c'est que la noblesse offensée des hauteurs du maire, se souleva pour se donner à Childéric II, roi d'Austrasie.

Usurpation trop précipitée de Grimoalde, qui en est puni.

Auparavant, à la mort de Sigebert II, Grimoalde avoit tenté d'usurper le royaume d'Austrasie, mais par une révolution brusque, à laquelle les esprits n'étoient pas encore préparés, les Austrasiens se soulevèrent. Archambaud, maire de Neustrie, vint à leur secours, et punit l'usurpateur.

Conduite plus sage de Pepin Héristel.

Pepin Héristel, qui fut maire après Grimoalde, eut assez de sagesse pour cacher son ambition. Il ménagea la noblesse et le clergé ; et il fit si fort aimer son gouvernement, qu'après la mort de Dagobert II, les Austrasiens le choisirent pour les gouverner; ayant ensuite paru en Neustrie comme un libérateur, il en réunit la mairie au duché d'Austrasie, et se saisit de toute l'autorité.

CHAPITRE VII.

Du gouvernement de Pepin Héristel et de celui de Charles-Martel.

<small>Pourquoi Pepin Héristel remedie aux abus, sans vouloir en tarir la source.</small>

PEPIN, maître de l'Austrasie, de la Neustrie et de la Bourgogne, continua de gouverner avec la même modération : il signala même les premiers jours de sa puissance, en pardonnant à tous ceux qui avoient porté les armes contre lui. On commença donc à jouir de la paix. Tout étoit tranquille, au moins au-dedans. La discipline se rétablissoit dans les troupes, l'ordre dans les finances, et plusieurs abus se corrigeoient ; mais la source ne s'en tarissoit pas, parce que l'intérêt de Pepin n'étoit pas de la tarir. En effet, il eût fallu donner des lois à un peuple qui n'en avoit jamais eu, et assurer le gouvernement, en déterminant les droits de la royauté et ceux des sujets. Or c'eût été fixer sur la tête des Mérovingiens la couronne qu'il ambitionnoit, et dont il n'osoit encore se saisir : il aima mieux se rendre nécessaire, en faisant dépendre le bonheur de la nation, de sa conduite plutôt que des lois.

Il cacha le pouvoir le plus absolu sous les apparences de l'amour du bien public, et il gagna la noblesse et le clergé en rétablissant les assemblées presque abolies par les derniers maires : mais il ne les convoqua pas assez souvent pour porter atteinte à son autorité.

Sa modération apparente.

On l'aimoit et on le respectoit : cependant il importoit de distraire les esprits qui auroient pu démêler ses vues, s'ils ne se fussent occupés que de ce qui se passoit dans l'intérieur du royaume. Or il n'y avoit rien de plus propre à ce dessein que la guerre, qui pouvoit d'ailleurs ajouter un nouvel éclat à sa gloire.

Il occupe les Français de guerres étrangères.

Pendant les derniers troubles, les Saxons, les Frisons, les Allemands, les Suèves, les Bavarois, les Bretons et les Gascons qui s'étoient emparés d'une partie de l'Aquitaine, avoient secoué le joug, et refusoient de payer les tributs qu'on leur avoit imposés. Il fit rentrer successivement ces peuples sous l'obéissance; il ajouta de

Il achève de les gagner par l'éclat de ses armes et il dispose de l'Austrasie et des deux mairies.

nouvelles conquêtes à l'empire des Français; presque toutes les années de son gouvernement furent marquées par des victoires; et, sa réputation s'étant répandue dans toute l'Europe, les principales puissances recherchèrent à l'envi son alliance. Il mourut après avoir gouverné l'Austrasie en qualité de duc, pendant trente-quatre ans, et les royaumes de Neustrie et de Bourgogne, pendant vingt-quatre en qualité de maire. Alors son autorité se trouvoit si bien établie, qu'on regardoit le duché d'Austrasie, et les mairies des deux autres royaumes, comme héréditaires dans sa famille. Il revêtit de ces dignités son petit-fils Théodoald.

Théodoald, encore enfant, lui succède sous la tutelle de Plectrude, sa grand-mère.

Théodoald n'étoit qu'un enfant, ainsi que le prince auquel on laissoit encore le nom de roi; et Plectrude sa grand-mère, veuve de Pepin, avoit la régence. Rien n'étoit plus extraordinaire que de laisser pour ministre à un enfant, un autre enfant, sous la tutelle d'une femme; et Pepin sembloit déclarer, par cette disposition, qu'après lui, comme de son vivant, il ne restoit d'autre règle que sa volonté.

Plectrude, croyant assurer son autorité, fit arrêter Charles, que Pepin avoit eu d'une autre femme. Mais les grands de Neustrie se soulevèrent, firent alliance avec le duc de Frise, et choisirent Rainfroi pour maire du palais; et les Austrasiens, qui étoient venus au secours de Plectrude, ayant été défaits, Théodoald put à peine échapper par la fuite.

Les grands de Neustrie donnent la mairie à Rainfroi.

Charles, qui, pendant ces troubles, recouvra sa liberté, parut en Austrasie, où il fut aussitôt reconnu pour duc. Heureusement pour lui il eut le temps de s'affermir, parce que la mort du roi, qui survint dans cette conjoncture, ne permit pas à Rainfroi de penser à l'Austrasie.

Charles Martel est duc d'Austrasie.

Le dernier roi laissoit un fils en bas âge, auquel on préféra Daniel, fils de Childéric II, roi d'Austrasie. Ce prince avoit échappé aux assassins de son père, et s'étoit retiré dans un monastère, où il portoit l'habit de clerc. En montant sur le trône, il prit le nom de Chidpéric II. Je le nomme, parce qu'il mérite d'être nommé. Il montra de l'activité et du courage.

Chilpéric II règne en Neustrie et en Bourgogne.

Cependant Charles regardoit la mairie

Charles lui laisse la couronne, mais

<small>Il se rend maître des deux mairies.</small> des royaumes de Neustrie et de Bourgogne comme une dignité qui lui étoit due ; et Chilpéric ne songeoit qu'à se soustraire à la domination d'une famille sous laquelle ses prédécesseurs avoient été sans autorité. On arma donc de part et d'autre : on se livra plusieurs combats. Mais enfin Chilpéric vaincu se réfugia chez Eudes, duc d'Aquitaine, son allié, et fut presque aussitôt livré à Charles. Cet Eudes venoit par Boggis de Caribert, à qui Dagobert Ier. avoit cédé une partie de l'Aquitaine ; et sa famille a subsisté jusqu'à 1503, qu'elle s'est éteinte dans Louis d'Armagnac, duc de Nemours.

Charles laissa la couronne à Chilpéric, donna dans la suite le comté d'Angers à Rainfroi, et se contenta d'être reconnu pour maire de Neustrie et de Bourgogne. Le roi ne survécut pas long-temps à son malheur.

<small>L'audace de Charles est soutenue par des succès.</small> Charles étoit l'homme le plus audacieux, et avoit toutes les qualités qui peuvent justifier l'audace. Grand général, il se fit adorer de ses soldats, et ne ménagea qu'eux. Les Français plièrent sous le joug : les nations voisines furent domptées. En un mot,

tout trembla au-dedans et au-dehors, sous les ordres d'un capitaine vigilant, actif, qui, marchant de victoire en victoire, paroissoit se trouver par-tout en même temps. La défaite entière des Sarrasins, entre Tours et Poitiers, le fit regarder comme le sauveur de la France ; et on prétend que c'est à cette occasion qu'on lui donna le surnom de Martel. Les Sarrasins, qui ont franchi les Pyrénées, vous font juger qu'il s'est passé de grandes révolutions en orient : nous en parlerons bientôt.

Les Mérovingiens avoient donné des bénéfices, sans imposer aucune obligation expresse. Il arriva de-là qu'ils crurent toujours avoir à se plaindre de l'ingratitude des bénéficiers, et que les bénéficiers de leur côté trouvèrent qu'on exigeoit trop d'eux. Ces reproches furent une source de haines, d'injustices et de révolutions.

Il donne des bénéfices, qui n'ont pas les inconvéniens de ceux des Mérovingiens.

Charles se proposa de s'attacher la noblesse par des bénéfices, et d'éviter cependant la faute où étoient tombés les Mérovingiens. Il donna donc, comme eux, des portions de ses domaines ; mais ce fut à charge de lui rendre des services militaires et domestiques, qu'il n'oublia pas de déterminer. Cette nouvelle forme donnée aux bénéfices lui attacha la noblesse, et eut l'avantage de prévenir tout sujet de plainte, parce que les bénéficiers savoient à quoi ils s'engageoient. Si d'un côté les obligations n'étoient pas remplies, Charles pouvoit, sans injustice, ôter ce qu'il avoit donné; et de l'autre, si les bénéficiers remplissoient toutes les conditions de leur engagement, ils étoient sûrs de ne jamais perdre les domaines qu'ils avoient reçus. Cette politique réussit parfaitement; elle acheva de mettre dans les intérêts du maire les nobles, qu'il lui importoit sur-tout de ménager. Les bénéfices de Charles Martel sont ce qu'on appela dans la suite des fiefs.

<small>Il jouit d'une autorité absolue.</small> Charles gouverna la France pendant plus de trente ans; et sa conduite prouve combien son autorité étoit affermie. Il ne fit aucune mention du roi dans le traité, par lequel il assujettit Hunald, fils d'Eudes, à lui faire hommage de l'Aquitaine à lui et à ses deux fils, Carloman et Pepin. Lorsque le roi fut mort, il n'eut pas besoin

de chercher un fantôme de royauté parmi les Mérovingiens : il gouverna seul, et le trône fut cinq années vacant. Enfin lorsqu'en mourant il voulut faire connoître ses dernières volontés, il se contenta de déclarer, en présence de ses capitaines et des officiers de son palais, qu'il laissoit l'Austrasie à Carloman, et la Neustrie avec la Bourgogne à Pepin.

L'église romaine étoit alors sous la tyrannie des Lombards, et n'attendoit aucun secours des empereurs. Charles - Martel pouvoit seul la protéger ; mais deux ambassades du pape Grégoire III avoient été sans effet, parce que le maire avoit un traité d'alliance avec le roi des Lombards. Cependant il se détermina sur la troisième et il faisoit ses préparatifs pour passer en Italie, lorsqu'il mourut.

Il est à propos de reprendre actuellement l'histoire de l'empire et celle de l'Italie, parce qu'elles vont bientôt se mêler avec l'histoire de France.

Il se préparoit à passer en Itali à la sollicitation de Grégoire III.

CHAPITRE VIII.

Des révolutions arrivées depuis la mort d'Anastase jusqu'à celle de Léon l'Isaurien.

<small>Justin empereur d'orient.</small> Le grand chambellan Amance avoit donné de grosses sommes à Justin, afin qu'il fît des partisans à Théocrite. Justin travailla pour lui-même, et fut proclamé empereur. Né d'un pauvre laboureur, sur les confins de la Thrace et de l'Illyrie, il étoit si ignorant qu'il ne savoit pas lire. Il avoit pris le parti des armes, et il étoit alors capitaine des gardes.

<small>Justinien, fils de sa sœur, lui succède.</small> Il se déclara pour le concile de Chalcédoine, rendit la paix à l'église, et rappela ceux qui avoient été exilés pour la foi catholique. Vitalien, qui avoit pris, contre Anastase, la défense des catholiques persécutés, eut même beaucoup de part à sa confiance, et partagea l'autorité avec Justinien. Celui-ci qui étoit fils de la sœur

de Justin, vit avec jalousie le crédit de Vitalien, et feignit d'être de ses amis pour le faire assassiner plus sûrement. Associé ensuite à l'empire, il succéda à son oncle, après avoir été son collègue pendant quatre mois. Justin a vécu soixante-dix-sept ans, et en a régné neuf.

Le règne de Justinien parut florissant. Léon avoit épuisé l'orient contre les Vandales et avoit échoué : Bélisaire, général de Justinien, avec cinquante vaisseaux et cinq mille soldats, conquit toute l'Afrique. C'étoit un capitaine, qui eût été grand dans les beaux temps de la république ; et les Vandales étoient alors tels que j'ai dépeint les barbares, établis depuis long-temps dans leurs conquêtes. Cette révolution n'a donc rien qui doive étonner.

Après cette conquête, Bélisaire tourna ses armes contre l'Italie, où, depuis le grand Théodoric, il n'y avoit eu que des désordres. Il conquit d'abord la Sicile, se rendit maître de la mer, et affama les Goths, qui, ayant négligé l'agriculture, avoient encore négligé la marine, sans prévoir que leurs ennemis pourroient intercepter le transport des blés. Tout ensuite se soumit à lui depuis Rhège jusqu'à Rome. Enfin il défit le roi Vitigès, le força dans Ravenne, et l'emmena captif à Constantinople, où il avoit déjà conduit Gélimer, roi des Vandales. Il eût achevé la conquête de l'Italie, si Justinien ne l'eût pas rappelé sur de faux soupçons. Cet empereur lui accorda cependant les honneurs du triomphe, usage qui étoit aboli depuis long-temps. Ce fut pendant cette guerre que Théodebert Ier. trahit tout-à-la-fois les Grecs et les Goths ; mais il ne défit qu'un des lieutenans de Bélisaire.

Les Goths reconquièrent presque toute l'Italie.

Dans l'espace de quinze mois, les Goths firent deux rois, et les assassinèrent. Enfin ils donnèrent la couronne à Totila, qui reconquit presque toute l'Italie. L'empereur y avoit cependant envoyé des généraux; mais lorsque les princes ne savent pas conserver leur confiance à un homme en place, ils lui donnent d'ordinaire des successeurs sans mérite.

Bélisaire est renvoyé en Italie, mais les Sclavons forcent à le rappeler.

Il fallut venir une seconde fois à Bélisaire ; mais on lui donna si peu de troupes, qu'il ne lui fut pas possible d'arrêter entiérement les progrès des Goths. On fut même dans la nécessité de le rappeler, pour l'envoyer en Germanie contre les Sclavons, peuple Sarmate, qui, après avoir fait plusieurs courses au-delà et en-deçà du Danube, s'établira dans le pays qu'on nomme aujourd'hui Esclavonie. Dans le même temps l'empire eut encore la guerre avec les Perses.

Totila, profitant de l'absence de Bélisaire, acheva de soumettre l'Italie. Alors Justinien chercha, parmi ses eunuques, un conquérant, et fut assez heureux pour le trouver. Narsès, c'est ainsi que se nommoit ce capitaine, mit fin à la domination des Goths, environ soixante ans après que Théodoric l'avoit fondée.

<small>Narsès met fin à la domination des Goths.</small>

<small>553.</small>

Voilà le côté brillant du règne de Justinien. Ses succès étoit dûs aux talens de deux grands généraux, et à la foiblesse des Vandales et des Goths, mal gouvernés. L'empire étoit sans force dans les provinces où Bélisaire et Narsès ne se trouvoient pas. Les Perses ravagèrent l'Orient à quatre reprises; et les Sclavons, ayant passé le Danube, pénétrèrent jusques dans la Grèce:

<small>L'empire étoit sans force par tout où Bélisaire et Narsès ne se trouvoient pas.</small>

d'autres barbares firent aussi des irruptions.

Les factions vertes et bleues causent des troubles.

Il y avoit long-temps que dans les jeux du cirque; les cochers, habillés les uns de bleu et les autres de verd, partageoient le peuple en deux factions, qui portoient les nom de verte et de bleue. Ces factions en venoient aux mains, causoient souvent des émeutes, sur-tout dans les grandes villes et à Constantinople. Ce désordre étoit au comble. Justinien, ayant fait saisir quelques mutins, ne fit qu'augmenter le soulèvement. Les séditieux s'ameutèrent, prirent pour nom de ralliement *vainquez*, rendirent la liberté aux prisonniers, et mirent le feu à la ville. L'empereur, n'osant plus sévir, n'osant même se montrer, déposa du fond de son palais, un préfet du prétoire et un questeur, qui étoient odieux au peuple: mais les séditieux, enhardis par cette démarche pusillanime, se déchaînèrent en invectives contre un prince qui ne savoit pas se faire craindre, et parlaient déjà de lui ôter l'empire. Justinien délibéra s'il ne sortiroit pas de Constantinople; et je ne sais ce qu'il auroit fait, si Bélisaire, Narsès et Mundus ne s'étoient pas trouvés à propos pour dissiper les rebelles. On prétend qu'il périt en un jour plus de trente mille hommes. Comme l'empereur retira dans cette occasion de grands services de la faction bleue, il crut devoir, par reconnoissance, la soustraire aux lois : dès-lors ce fut assez d'en être, pour pouvoir commettre impunément toutes sortes de crimes. Vous pouvez donc juger ce que c'étoit que Constantinople, et le gouvernement de Justinien.

Ce prince, si tolérant pour des factieux, *Justinien persécuteur et hérétique.* exterminoit des nations entières, parce qu'elles ne professoient pas la même religion que lui. La Palestine, par exemple, devient déserte par la destruction des Samaritains. Cependant il toléroit dans sa femme, l'impératrice Théodora, qu'elle favorisât les Eutychéens, quoiqu'il se fût lui-même déclaré pour le concile de Chalcédoine. Enfin, il embrassa l'hérésie des incorruptibles, qui pensoient que le corps de Jésus-Christ avoit été impassible, ce qui détruisoit le mystère de la passion. Il fit un édit pour ordonner de croire comme lui sur ce sujet, et il persécuta : preuve *565.*

que dans son zèle indiscret, ce n'est pas à la vérité, mais à ses passions, qu'il immoloit les peuples. Il mourut âgé de 84 ans, après un règne de 38. Des jurisconsultes ont fait, pendant ce règne, un code auquel on a donné de grands éloges, et qui, pour être meilleur que ceux qu'on avoit publiés jusqu'alors, n'en est pas moins vicieux par les fondemens.

<small>Sous Justin II les Lombards s'établissent en Italie.</small>

Le règne de Justin II, neveu et successeur de Justinien, n'est remarquable que par la révolution qui fit tomber une partie de l'Italie sous la domination des Lombards en 570. On ne sait pas trop quelle est l'origine de ces barbares ; mais alors ils étoient établis en Pannonie, où Justinien leur avoit accordé des terres. Ils furent invités à cette conquête par Narsès, qui étoit offensé de ce que l'empereur lui avoit ôté le gouvernement de cette province, et de ce que l'impératrice Sophie avoit dit qu'elle le destinoit à filer avec ses femmes.

<small>570.</small>

<small>Longin avoit alors changé la forme du gouvernement.</small>

Longin, qui commandoit alors en Italie, avoit changé toute la forme du gouvernement. Le sénat ne subsistoit plus ; les consuls étoient tout-à-fait supprimés ; les principales villes étoient gouvernées par des ducs, et il y avoit à Ravenne un exarque, duquel relevoient les magistrats des autres villes. L'Italie, ainsi divisée, fut moins capable de résister, et Alboin, roi des Lombards, conquit, non seulement ce qu'on nomme aujourd'hui Lombardie, mais encore l'Ombrie et la Toscane.

Justin mourut après un règne de treize ans. Ce qu'il fit de plus agréable au peuple, fut de rétablir le consulat que Justinien avoit aboli, et que le peuple regrettoit à cause des spectacles, dont il étoit privé par la suppression de cette magistrature. Ce prince régla cependant que les seuls empereurs pourroient être consuls.

778. Justin II rétablit le consulat.

Toute l'autorité se trouva entre les mains de Tibère, que Justin avoit associé à l'empire quelques années avant sa mort. Cet empereur, voyant la foiblesse de sa santé, se hâta de prendre pour collègue Maurice, qui avoit acquis de la réputation dans la guerre contre les Perses ; et il mourut dans la quatrième année de son règne, étant fort regretté, parce qu'il travailloit au bonheur des peuples.

Tibère, qui avoit été collègue de Justin, s'associe Maurice.

582.

L'empire a la guerre avec les Perses et avec les Abares.

Maurice ne répondit point à l'idée qu'on avoit conçue de lui. L'empire avoit alors la guerre avec la Perse et les Avares ou Abares, dont on prétend que le vrai nom étoit Ogors. Ce peuple, Tartare d'origine, parut pour la première fois sur les frontières de l'empire pendant le règne de Justinien; il obtint ensuite des terres en Pannonie, força les empereurs à lui payer un tribut, et se rendit redoutable à Sigebert Ier., roi d'Austrasie.

Phocas usurpe l'empire.

La guerre avec les Perses duroit depuis près de vingt ans, lorsque Cosroés II fut forcé, non-seulement à faire la paix, mais encore à demander des secours contre un sujet rebelle, qui l'avoit détrôné. L'armée de l'empire le rétablit, et ce fut le seul succès de Maurice dans le cours d'un règne de vingt ans. Il périt avec toute sa famille par la cruauté de Phocas, simple centurion, à qui l'armée, qu'on avoit opposée aux Avares, donna l'empire.

Autharis roi des Lombards, fait de nouvelles conquêtes.

Les Lombards avoient été dix ans sans chefs: et le pays qu'ils avoient conquis étoit divisé en plusieurs petits états, dont les ducs avoient fait autant de souverainetés indépendantes. Maurice négligea de profiter d'une conjoncture aussi favorable, ou du moins il parut ne songer à l'Italie, que pour donner occasion aux Lombards de se réunir. Ils choisirent pour roi Autharis qui soumit, par sa conduite, tous les ducs à sa souveraineté, fit repasser trois fois les Alpes à Childébert II, roi d'Austrasie, allié de Maurice, et agrandit son royaume par de nouvelles conquêtes.

Cosroés prit les armes sous prétexte de venger la mort de Maurice. Il remporta plusieurs victoires, ravagea la Mésopotamie, la Syrie, l'Arménie, la Cappadoce, la Calatie, la Paphlagonie, et vint jusqu'auprès de Chalcédoine. *Cosroés a de grands avantages sur Phocas.*

Cependant Phocas répandoit le sang, et la cruauté n'étoit qu'un des vices de ce monstre. Le peuple attendoit avec impatience qu'un nouveau maître vînt le délivrer de ce tyran, lorsque la flotte du patrice Héraclius, gouverneur d'Afrique, parut à la vue de Constantinople. Phocas fut aussitôt livré et perdit la tête. *Phocas perd l'empire et la vie.*

Maurice étoit vengé, mais Cosroés ne quitta pas les armes. Il ne trouvoit point *610. Cosroés a de nouveaux succès.*

de résistance. Un de ses généraux prit Alexandrie, soumit toute l'Egypte; et après avoir parcouru tout l'orient, vint mettre le siége devant Chalcédoine.

L'empire a encore d'autres guerres. Vers le même temps, les Goths d'Espagne enlevoient ce que les Romains avoient conservé jusqu'alors dans la Lusitanie, dans l'Andalousie, et sur le détroit de Gibraltar. Enfin les Avares faisoient des courses jusqu'aux portes de Constantinople.

Grands avantages d'Héraclius sur les Perses. Héraclius, ne pouvant faire face de tous côtés, abandonna l'Espagne, acheta la paix des Avares, et marcha contre les Perses. Il les défit dans plusieurs combats, ravagea leurs provinces, reconquit tout ce que l'empire avoit perdu, et fit une paix glorieuse. Mais l'orient et la Perse étoient également ruinés.

Constantinople assiégée par les Avares. Pendant qu'Héraclius remportoit de si grands succès, Constantinople n'échappa qu'avec peine aux Avares, qui, ayant repris les armes, contre la foi des traités, profitèrent de l'absence de l'empereur, et assiégèrent cette capitale.

Soulèvement des Sarrasins au service de l'empire. 633. Peu d'années après, en 633, les Sarrasins, qui servoient depuis long-temps dans les armées de l'empire, se révoltèrent, sur le refus qu'on fit de leur donner leur paye ; et ce soulèvement fut le commencement d'une révolution aussi grande que rapide.

Les succès et les pertes se balançoient de part et d'autre, lorsqu'Aboubecre, beau-père et successeur de Mahomet, prit le parti des Sarrasins. Mahomet venoit de mourir en 632, après avoir fondé, dans l'Arabie, sa religion et son empire. Il avoit d'abord formé son projet par hasard ; il le soutint par la hardiesse de ses impostures ; il l'acheva, parce que les circonstances lui furent favorables. Comme il étoit sujet aux attaques d'un mal épileptique, Cadhige, sa femme, l'ayant surpris en cet état, s'imagina qu'il étoit en extase. Mahomet profita de cette crédulité, assura qu'il avoit des visions, et que, dans ses extases, Dieu l'entretenoit par le ministère de l'ange Gabriel. Cadhige confia bientôt à d'autres femmes, que son mari étoit prophète : le bruit s'en répandit ; les prophéties se multiplièrent, à mesure qu'on en parla davantage, et la populace suivit

Commencement du mahométisme. Comment Mahomet se fait passer pour prophète.

l'homme inspiré, qui acheva de la convaincre par des largesses.

Il fait de ses prosélytes autant de soldats.

Cependant les magistrats de la Mecque ayant résolu de le faire arrêter, il s'enfuit (1) et vint, avec plusieurs de ses disciples, à Yatreb, nommé depuis *Nedina Alnabi*, c'est-à-dire, ville du prophète. Là, le nombre de ses sectateurs étant considérablement augmenté, il imagina que ce n'étoit pas assez d'avoir des visions, et il fit de ses prosélytes autant de soldats. Il essaya leur courage contre une caravanne : le butin, qu'il leur abandonna, les affermit dans leur foi; ce succès grossit son armée d'une partie des brigands dont l'Arabie étoit pleine, et il se rendit maître de la Mecque.

Devient souverain de l'Arabie. Maximes qu'il inculque à ses disciples.

Ayant ensuite fait une trêve avec les Arabes, qui s'opposoient encore à ses desseins, il tourna ses armes contre les Grecs. Khaled, son général, étonna par sa valeur, battit vingt mille hommes avec trois

---

(1) C'est au temps de cette fuite que les mahometans fixent leur époque, qu'ils nomment *hegire*, c'est-à-dire, *fuite* ou *retraite*.

mille, et prouva de la sorte, aux yeux des Arabes, la vérité de la doctrine de Mahomet. Ce prophète fut alors souverain de toute l'Arabie. Sa religion n'est qu'un monstrueux assemblage de judaïsme et de christianisme défigurés. Mais il eut soin de persuader à ses disciples, que quiconque refuse de la recevoir est digne de mort; qu'on obtient le paradis en égorgeant les incrédules; qu'on gagne la couronne du martyre, en mourant de leur main; et qu'enfin on éviteroit en vain de combattre dans l'espérance de prolonger ses jours, parce que la durée de notre vie, et le moment de notre mort sont arrêtés de toute éternité.

Le brigandage, auquel les Arabes avoient été adonnés de tout temps, devint alors, pour eux, un prétexte de religion. Or vous pouvez juger quels seront les effets d'un fanatisme, qui va concourir avec les mœurs de ces barbares; si vous considérez que l'empire et la Perse sont épuisés, que l'Egypte et l'Afrique ont toujours été faciles à conquérir, et que les Goths d'Espagne étoient déjà regardés, du temps de

Combien il étoit facile aux sarrasins de faire des conquêtes.

Clovis, comme les plus lâches des hommes.

Conquêtes d'A-boubecre, et d'Omar. Aboubecre entra dans la Palestine, que Justinien avoit dépeuplée, et s'empara de Bostra et de Damas. Ce khalif (c'est ainsi que se nommoient les successeurs de Mahomet, d'un mot qui signifie héritier ou successeur, parce qu'en effet ils succédoient au sacerdoce et à l'empire) ce khalif, dis-je, mourut en 634, après un règne de deux ans. Omar, qu'il avoit fait reconnoître, continua d'avancer dans la Syrie, qui, étant divisée par les sectes des Ariens, des Nestoriens et des Manichéens, fit peu de résistance : Jérusalem, Antioche, et d'autres villes, ouvrirent leurs portes au vainqueur qui, bientôt après, joignit la conquête de l'Egypte à celle de la Syrie.

Cependant Héraclius s'occupe de monothelisme, et pour protéger cette hérésie, il abandonne des provinces aux mahométans. Cependant Héraclius, dont les armées avoient été taillées en pièces, et qui avoit inutilement tenté de faire assassiner Omar, s'occupoit, à Constantinople, des disputes des monothélites. C'étoient de nouveaux hérétiques, qui n'admettoient, dans Jésus-Christ, qu'une seule volonté et qu'une seule opération. L'empereur donna un édit, connu sous le nom d'Ecthese, dans lequel il se déclara pour cette hérésie, et ordonna à tout l'empire d'être monothélite. A la vérité il se rétracta, lorsqu'il vit cette erreur condamnée par les papes ; mais les patriarches de Constantinople ayant continué de la soutenir, il en naquit bien des troubles dans l'église.

Héraclius, après un règne de trente ans, mourut dans la soixante-sixième année de son âge, laissant l'empire à deux de ses fils, Constantin, surnommé Héraclius, et Héracléonas. Le règne de ces princes ne fut pas long : car le premier mourut dans le cours du quatrième mois, et le second fut déposé après neuf. Une sédition fit passer l'empire à Constant, fils de Constantin-Héraclius. Ce prince protégea les monothélites, se rendit odieux par sa tyrannie, abandonna Constantinople, vint à Rome, d'où il enleva tous les bronzes, passa en Sicile, où il vouloit fixer son séjour, et fut assassiné à Syracuse. Il laissa trois fils. Constantin Pogonat, associé à l'empire depuis plusieurs années, régna seul.

Omar étoit mort, comme il venoit d'achever la conquête de l'Egypte, peu d'années après Héraclius; ce fut lui qui ordonna de brûler la bibliothèque d'Alexandrie, décidant que tous ces livres étoient inutiles, s'ils ne renfermoient que la doctrine de Mahomet, et qu'il ne les falloit pas conserver, s'ils en renfermoient une contraire.

Ier la bibliothèque d'Alexandrie.

Pendant le règne de Constant, les Sarrasins soumirent l'Afrique, depuis l'Égypte jusqu'au détroit de Gibraltar, se rendirent maîtres des îles de Chipre et de Rhodes, et mirent fin à la monarchie des Perses, qui avoit duré 426 ans. Alors leurs progrès furent quelque temps suspendus par des guerres civiles.

Les Sarrasins mettent fin à la monarchie des Perses.

Cependant, dès le commencement du règne de Constantin, ils firent une descente en Sicile, pillèrent Syracuse, et vinrent assiéger Constantinople, par terre et par mer. Cette capitale dut son salut au feu grégeois, trouvé par le célèbre Calsinique, né à Héliopolis en Syrie. On fit une trêve de trente ans, et les Sarrasins s'obligèrent à payer un tribut de trois mille livres d'or chaque année. Ce traité glorieux

Constantinople, où ils assiégent, doit son salut au feu grégeois.

intimida les autres barbares; ils demandèrent la paix: et ils furent quelque temps sans oser remuer, jugeant de la puissance de l'empire par un succès passager.

Constantin Pogonat, ne pensant pas comme son père, profita de cet intervalle de tranquillité, pour pacifier l'église. Le monothélisme fut condamné dans un concile, qu'il fit tenir à Constantinople, en 680, et qui est le sixième des œcuméniques.

Tout étoit encore tranquille, lorsque des séditieux s'assemblèrent tumultuairement aux environs de Chalcédoine, et demandèrent qu'il y eût trois empereurs, parce qu'il y a trois personnes dans la trinité. L'empereur se rendit maître des chefs par ruse, les fit pendre, et fit couper le nez à ses deux frères, qu'il soupçonna d'avoir part à cette révolte. Il mourut quelques années après.

Justinien II, son fils et son successeur, perdit l'Arménie, et ce que l'empire possédoit encore en Afrique, pour avoir rompu, sous des prétextes frivoles, le traité fait avec les Sarrasins. Devenu ensuite odieux par ses cruautés et par les vexations de ses ministres, il fut détrôné par Léonce, qui lui fit couper le nez, et le relégua dans la Chersonèse : mais Léonce eut aussi le nez coupé, et Tibère Absimare, qui s'étoit emparé du trône, l'enferma dans un monastère.

Justinien II les foule aux pieds l'un et l'autre, et a la tête tranchée.

Cependant Justinien recouvra l'empire, parut dans l'Hippodrome, foulant aux pieds Léonce et Tibère, se vengea cruellement de tous ses ennemis, perdit une seconde fois l'empire, et eut la tête tranchée.

On crève les yeux à Bardane Philippique.

Bardane, surnommé Philippique, qui avoit été le chef de la révolte, régna, en dissipant les revenus de l'empire, pendant que les Bulgares et les Sarrasins le dévastoient. On lui creva les yeux.

Artémius se fait moine. Théodose se fait prêtre. Léon l'Isaurien commence à régner.

Son successeur Artémius, qui prit le nom d'Anastase, se fit moine; ayant été forcé de céder le trône à Théodose, receveur des impôts publics, qui avoit été forcé par des soldats, à y monter lui-même, et qui se fit moine encore, ou du moins prêtre, pour le céder à son tour à Léon dit l'Isaurien. Vous pouvez juger des désordres que causoient ces révolutions, et de ceux qu'elles préparoient.

Nous sommes en 717. Il ne s'étoit écoulé que trente-deux ans depuis la mort de Constantin Pogonat, et quatre-vingt-cinq depuis celle de Mahomet. Cependant les Sarrasins, quoique souvent divisés par des guerres civiles, avoient déjà poussé leurs conquêtes d'un côté jusqu'au Gange, et de l'autre jusqu'aux Pyrénées.

717. Étendue des conquêtes des Sarrasins.

Profitant des troubles de l'empire, ils s'étoient avancés jusqu'à Constantinople, et ils en firent le siége la première année même du règne de Léon. Mais le feu grégeois ruina leur flotte, qui étoit de dix-huit cents vaisseaux; et ils furent obligés de se retirer. Ce siége dura un an. Peu après, Basile, surnommé Tibère, que le gouverneur de Sicile avoit fait proclamer empereur, et Artémius Anastase, qui avoit tenté de remonter sur le trône, eurent l'un et l'autre la tête tranchée.

Constantinople est encore sauvée par le feu grégeois.

Léon, n'ayant plus d'ennemis, entreprit de détruire le culte des images, qu'il regardoit comme un reste d'idolâtrie, et il causa de nouveaux soulèvemens. Cosmas, proclamé empereur par les peuples de la Grèce et des Cyclades, arma une flotte,

Léon veut détruire le culte des images, ce qui cause de grands troubles.

et s'avança jusqu'à la vue de Constantinople ; et Tibère prit la pourpre en Toscane ; mais l'un et l'autre furent vaincus et décapités. Les troubles cependant ne cessèrent pas, parce que Léon s'irritoit par les contradictions, et que le zèle des peuples pour le culte des images, croissoit à proportion qu'on étoit plus scandalisé et plus persécuté. Le soulèvement, qui fut sur-tout grand en Italie, devint favorable à Luitprand, roi des Lombards, qui sut en profiter.

Grégoire II tente inutilement d'empêcher les Romains de se soustraire à l'empereur.

Le pape Grégoire II ne négligea rien pour engager Léon à changer de sentiment et de conduite. Mais ce prince lui répondit qu'il étoit empereur et pontife, continua de sévir, et tenta de le faire assassiner. Grégoire néanmoins fit tout ses efforts pour empêcher l'Italie de se soustraire à l'empereur, et de tomber sous la puissance des Lombards. Car alors les papes ne pensoient pas que la souveraineté fût incompatible avec l'hérésie, et qu'un prince perdît ses droits aussitôt qu'il embrassoit l'erreur. Mais ses efforts ayant été rendus inutiles par l'obstination de

Léon, il consentit enfin que les Romains prissent le parti auquel il s'étoit jusqu'alors fortement opposé. Ils déclarèrent, dit-on, qu'ils ne dépendroient plus de l'empereur, qu'ils ne lui payeroient plus aucun tribut, et qu'ils se gouverneroient eux-mêmes. Rome, en ce cas, seroit redevenue une république indépendante : cependant la suite de l'histoire démontre que l'empereur continua d'en avoir la souveraineté. Nous ne savons pas exactement quel fut le parti que prirent les Romains. Nous voyons bien que dès-lors ils songeoient à se soustraire aux empereurs; mais nous voyons aussi qu'ils les ménageoient encore, parce qu'ils craignoient les Lombards.

Léon se proposoit de passer en Italie pour punir les Romains, et pour se venger du pape. Ce fut alors que Grégoire III, successeur de Grégoire II, implora la protection de la France contre les persécutions de l'empereur et contre l'ambition des Lombards. Mais, Charles-Martel, Léon et Grégoire moururent tous trois la même année.

Grégoire III implore la protection de Charles Martel contre Léon, et contre les Lombards.

CHAPITRE IX.

Pepin, surnommé le Bref, premier roi de la seconde race.

<small>Pepin ne trouve pas dans les Neustriens des dispositions aussi favorables que Carloman dans les Austrasiens.</small>

CARLOMAN, avec le seul titre de duc, gouverna souverainement l'Austrasie : il ne craignit pas que son autorité lui fût contestée, parce que les Austrasiens avoient oublié, depuis long-temps, les droits que les fils de Clovis pouvoient avoir sur eux. Pepin étoit dans une position toute différente. Les cinq années, pendant lesquelles le trône avoit été vacant, n'avoient pas fait perdre aux Neustriens le souvenir de leurs rois. Le despotisme de Charles-Martel avoit rendu la mairie odieuse : l'esprit du peuple étoit disposé à se tourner du côté des Mérovingiens, parce qu'ils étoient malheureux : et les grands du royaume auroient voulu pour maîtres des princes foibles, sous qui l'on pouvoit tout oser. Ils voyoient à regret qu'au lieu de détruire la puissance royale, ils avoient eu l'imprudence de la conférer toute entière aux maires.

Le clergé qui, avant Charles - Martel, possédoit la plus grande partie des biens de l'état, avoit des raisons particulières pour haïr le nouveau gouvernement. Charles n'ayant pas craint de le dépouiller pour enrichir ses soldats, on publioit qu'il étoit damné. On disoit même que sa damnation avoit été révélée à plusieurs saints de ce temps-là; et on ajoutoit qu'il étoit puni pour avoir pris les biens du clergé; mais on ne lui faisoit pas un aussi grand crime des usurpations faites sur les Mérovingiens.

Le clergé damnit Charles Martel.

Pepin contenta le peuple, en lui donnant, dans Childéric III, un fantôme de roi. Il caressa la noblesse; il donna des espérances au clergé: en un mot, il parut s'éloigner tout-à-fait du despotisme de Charles-Martel. Mais il n'eut garde d'aliéner les soldats, en les forçant de rendre ce qui avoit été pris aux églises : il crut que c'étoit assez pour son salut de désapprouver en cela la conduite de son père.

Pepin s'appliqua à gagner les différens ordres.

Guerre à l'occasion ou le Grippon, que Pepin et Carloman ont dépouillé.

Carloman et Pepin se réunirent contre Grippon, leur frère, et lui enlevèrent des états que Charles-Martel lui avoit laissés, et qui étoient un démembrement de l'Austrasie et de la Neustrie. Les ducs de Bavière, d'Allemagne, de Saxe et d'Aquitaine, se liguèrent en faveur de ce prince, charmés de trouver un prétexte pour se soustraire au joug de la France; mais Carloman et Pepin sortirent vainqueurs de cette guerre, quoique Sergius, prêtre en-

Le pape ordonne de mettre bas les armes, entreprise qui aura des suites.

voyé du pape auprès du duc de Bavière, leur eût ordonné, de la part du souverain pontife, et au nom même de S. Pierre, de mettre bas les armes. Cette entreprise de Sergius, la première de cette espèce, mérite d'être remarquée, parce qu'elle ne sera pas la dernière : il en naîtra des abus, qu'on auroit de la peine à comprendre, si l'on ne savoit pas comment ils ont commencé. Vous vous rappelez l'insolence de Léonce, évêque arien, avec l'impératrice Eusébie; la menace que faisoit S. Ambroise à Théodose le Grand, s'il ne pardonnoit pas à des incendiaires qu'il devoit punir; les espions qu'il avoit dans le conseil de ce prince; les soulèvemens que causoient les moines, pour empêcher l'exécution des sentences portées contre les criminels ; le moine qui excommunie Théodose le jeune ; Nestorius qui lui dit : *j'exterminerai les Perses avec vous ;* Euphème qui s'oppose à l'élection d'Anastase; et le sénat, qui ne croit pas pouvoir faire un empereur, sans le consentement de l'évêque de Constantinople. Vous voyez que le sacerdoce forme peu-à-peu des prétentions : toujours moins contredit, il en formera toujours de nouvelles, et il se fondera des droits sur l'ignorance des peuples, et sur l'aveuglement des souverains.

Au milieu des succès, Carloman prit le parti de renoncer au monde; et de s'enfermer dans un cloître, après avoir régné cinq à six ans. Il bâtit d'abord un monastère près de Rome, sur le mont Soracte, aujourd'hui S. Oreste; et quelque temps après, il se retira dans celui du mont Cassin, de l'ordre de Saint Benoît. Quant à Grippon, il eut un apanage : mais n'en étant pas content, il fit des tentatives qui lui coûtèrent enfin la vie.

Carloman se fait moine.

Guerres.

Je ne m'arrêterai point sur les guerres qu'eut Pepin contre les Bretons, les Sarrasins, le duc d'Aquitaine et les Saxons ; il suffit de dire qu'il fut toujours vainqueur, et que ces guerres étoient nécessaires pour porter l'attention des Français hors du royaume. Je vous prie même de vous souvenir que, dans la suite, je ne remarquerai les événemens, qu'autant qu'ils doivent avoir quelque influence sur l'avenir, ou qu'autant qu'ils seront nécessaires pour vous faire saisir le fil de l'histoire.

Pepin veut être roi.

Après la retraite de Carloman, Pepin avoit joint l'Austrasie à ses états ; il ne lui manquoit que le titre de roi ; il l'ambitionnoit. La manière dont il l'acquit va nous faire voir quel étoit l'esprit de ce siècle, et nous préparer à l'esprit des siècles suivans.

Décision du pape Zacharie.

On demanda qui de Childéric ou de Pepin avoit des droits sur le trône ? et on proposa cette question au pape Zacharie, comme un problême à résoudre. On savoit bien quelle seroit la réponse ; car Zacharie, successeur de Grégoire III, étoit dans la même position que ses prédécesseurs. Dans le besoin qu'il avoit de la France, il attendoit tout de Pepin, et rien de Childéric. Il décida donc que le maire pouvoit prendre le titre de roi, puisqu'il en faisoit les fonctions. Si cette décision eût passé en principe, elle eût, dans la suite, fait perdre la couronne à bien des souverains. Pepin étoit un usurpateur, et Zacharie, au lieu de consulter la justice, n'a consulté que ses intérêts. Le père Daniel voudroit excuser le pape et S. Boniface, évêque de Mayence, surnommé l'apôtre d'Allemagne, et qu'on prétend avoir été chargé de cette négociation.

Toutes les grandes affaires, dit-il, ont toujours deux faces; et de tout temps on a vu, même dans les schismes de l'église, des saints prendre différens partis, selon les diverses manières dont ils envisageoient les choses.

Mauvaise justification de ce pape et de S. Boniface.

Cette réflexion, qui tend à faire d'un abus une maxime, est vague, fausse, et capable d'autoriser les plus grands désordres. Les affaires n'ont qu'une face pour quiconque veut éviter l'erreur et l'injustice. Si de saints personnages se sont trompés, il faut les excuser, parce qu'ils sont hommes. Mais ce n'est pas un titre pour nous tromper nous-mêmes, et pour nous autoriser à ne considérer les choses que par les côtés qui nous intéressent. Cependant ce jésuite continue ainsi.

Le danger où Rome étoit de succomber sous la puissance des Lombards; le déchaînement de l'empereur de Constantinople contre la religion catholique; les Sarrasins maîtres de l'Espagne, et sur la frontière de France, où Charles-Martel les avoit arrêtés; les églises de Germanie exposées de toutes parts aux incursions des nations voisines, qui étoient encore idolâtres; la puissance et la réputation de Pepin, qui seul pouvoit éloigner ou prévenir tant de maux, dont l'église étoit menacée; les suites fâcheuses de son mécontentement; les grands biens que produiroit encore, dans la suite, la bonne intelligence entre lui et le saint siége; le peu qu'on ôtoit à un roi, indigne de l'être, et à une famille qui, depuis près de cent ans, n'en possédoit plus que le nom, tout cela représenté au saint prélat (Boniface) d'une manière aussi forte et aussi persuasive, que celle dont Pepin savoit se servir quand il le vouloit, l'ébranla et le mit dans son parti. Il crut y voir, par toutes ces raisons, le bien de l'église, celui de l'état, et la plus grande gloire de Dieu.

La plus grande gloire de Dieu, dans une injustice : il se trompa. Il ne pouvoit pas craindre pour la religion; car il savoit bien que ni les empereurs, ni les Sarrasins, ni les idolâtres ne pouvoient la détruire. Il est vrai que les biens temporels des papes étoient en danger : c'est aussi ce qui les touchoit; et nous verrons bientôt comment ils confondront ce vil intérêt avec l'intérêt sacré de la religion. Il me semble que le père Daniel eût mieux fait de ne pas chercher à justifier Boniface.

Childéric fut conduit dans le monastère de Sithieu, aujourd'hui S. Bertin, à S. Omer; et Thiéri, son fils, dans celui de Fontenelle, à présent S. Vandrille en Normandie. C'est ainsi que la race de Clovis perdit tout-à-fait la couronne, après plus de deux cent cinquante ans.

<small>Les derniers Mérovingiens sont renfermés dans des cloîtres.</small>

Jusqu'alors l'inauguration des rois de

<small>Pepin, au lieu d'être élevé sur un</small>

bouclier veut être sacré comme David.

France n'avoit été qu'une cérémonie purement civile. Le prince, élevé sur un bouclier, recevoit l'hommage de son armée, et étoit ainsi revêtu de toute l'autorité de ses pères. Cette cérémonie prouvoit que le peuple donnoit lui-même la couronne ; mais Pépin, qui vouloit paroître la tenir immédiatement de Dieu, n'omit rien pour faire regarder son élection comme un ordre du ciel. Il voulut être sacré par Boniface, et recevoir de sa main l'onction royale, comme David l'avoit reçue de Samuel, lorsqu'il fut choisi de Dieu à la place de Saül. Cette comparaison lui plaisoit, et on s'en servit alors pour lui faire sa cour : ce sont les expressions même du père Daniel.

Cette cérémonie trompe le peuple.

Une comparaison est une démonstration pour le peuple qui ne raisonne pas. Ce fut donc assez de lui représenter Samuel dans Boniface, et David dans Pepin. Il ne distingua pas les choses que la flatterie confondoit, et il reçut comme un principe incontestable, que les rois sont, comme David, immédiatement établis par l'ordre exprès de Dieu.

Cependant Constantin Copronyme, fils et successeur de Léon l'Isaurien, continuoit de favoriser les Iconoclastes, c'est ainsi qu'on nommoit ceux qui brisoient les images; et ce prince persécutoit les catholiques avec plus de violence encore que son père. Astolphe, alors roi de Lombardie, profita des troubles, pour s'emparer de l'exarchat de Ravenne, et entreprit de faire valoir les droits que cette conquête lui donnoit sur Rome; car cette ville dépendoit de cet exarchat.

<small>Pendant que Constantin Copronyme favorise les Iconoclastes, Astolphe s'empare de l'exarchat de Ravenne.</small>

Etienne II (1), successeur de Zacharie, avoit en vain demandé du secours à l'empereur. Constantin se contentoit de négocier avec un roi qui marchoit à la tête d'une armée ; et Rome étoit en danger de tomber sous la puissance des Lombards : le pape, voyant que Pepin seul pouvoit le défendre, vint en France implorer sa protection.

<small>Etienne II. vient implorer la protection de Pepin.</small>

---

(1) Quelques-uns le nomment Etienne III; mais l'Etienne qui l'avoit précédé peut n'être pas compté, parce qu'il ne vécut pas assez long-temps pour être sacré.

On lui rend en France de grands honneurs.

Pepin lui rendit les plus grands honneurs ; car il lui devoit des respects comme au chef de l'église, et il lui en devoit encore par politique. Ce prince, qui ne négligeoit rien pour autoriser son usurpation, quoique déjà sacré, vouloit l'être encore par les mains du vicaire de Jésus-Christ ; et dans cette vue, il lui importoit d'inspirer au peuple la plus grande vénération pour le souverain pontife.

Etienne II sacre Pepin, sa femme et ses deux fils.

Etienne se prêta volontiers aux desseins de l'usurpateur. Le sacre se fit dans l'église de S. Denis. La reine Bertrade, et les deux fils de Pepin, Charles et Carloman, reçurent aussi l'onction royale. Le pape, au nom de S. Pierre, conjura les Français de maintenir la couronne dans la famille de Pepin, et les menaça de toutes les censures de l'église, s'ils se départoient jamais de la fidélité qu'ils devoient à des princes que Dieu, par une providence toute particulière, avoit choisis pour la défense de l'église et du saint siége apostolique.

Cette intrigue, qu'on ne peut justifier aura de grandes suites.

Quoiqu'on ne puisse pas justifier cette intrigue, l'ignorance du siècle peut l'excuser en partie ; car je suis persuadé qu'on ne sentoit pas combien on abusoit de la religion. On ne prévoyoit pas non plus de quelle conséquence cet exemple pouvoit être un jour; et qu'il viendroit un temps où les papes prétendroient avoir le droit de disposer des couronnes au nom de Saint Pierre. Etienne conféra encore à Pepin et à ses deux fils le titre de patrice de Rome : je ne vois pas de quel droit ; car cette ville étoit encore sous la puissance de l'empereur, et le pape étoit un sujet de l'empire.

Le roi de France passa en Italie. Astolphe, forcé d'entrer en négociation, promet, par serment, d'évacuer l'exarchat, et d'abandonner toutes ses prétentions sur Rome. Néanmoins à peine ses ennemis se sont retirés, que bien loin de remplir ses engagemens, il met le siége devant cette capitale. Il falloit que Pepin fût bien pressé, puisqu'il n'avoit point pris de mesures pour assurer l'exécution du traité ; mais nous savons très-mal l'histoire de ce temps.

Astolphe, après avoir promis d'évacuer l'exarchat, assiége Rome.

Etienne écrivit au roi pour l'instruire de ce qui se passoit, et pour l'inviter à venir au secours de Rome. Je rapporterai le

Etienne demande des secours au roi de France et fils.

précis de ses lettres, d'après l'abbé Fleuri, et j'y joindrai les réflexions de ce sage écrivain.

<small>Première lettre à ce sujet.</small>

Je vous conjure, par le seigneur notre Dieu, sa glorieuse mère, toutes les vertus célestes, et S. Pierre qui vous a sacrés rois (car la lettre est aussi adressée aux princes ses enfans) *de faire tout rendre à la sainte église de Dieu, suivant la donation que vous avez faite à S. Pierre votre protecteur; et de ne vous plus fier aux paroles trompeuses de ce roi et de ses grands; car nous avons remis entre vos mains les intérêts de la sainte église, et vous rendrez compte à Dieu et à S. Pierre, au jour du terrible jugement, comment vous les aurez défendus. C'est à vous que cette bonne œuvre a été réservée depuis tant de temps: aucun de vos pères n'a été honoré d'une telle grace. C'est vous que Dieu a choisis pour cet effet, par sa prescience, de toute éternité; car ceux qu'il a prédestinés, il les a appelés; et ceux qu'il a appelés, il les a justifiés.* C'est ainsi que le pape Etienne applique les paroles de S. Paul à des affaires temporelles.

Dans une autre lettre il ajoute de nouveaux tours d'éloquence, en disant : *c'est pour cela que le roi des rois vous a soumis tant de peuples, afin que vous releviez la sainte église; car il pouvoit la défendre d'une autre manière, s'il lui eût plu : il a voulu éprouver votre cœur. C'est pourquoi il nous a commandé d'aller vers vous, et de faire un si grand voyage au travers de tant de fatigues et de périls.* Et ensuite : *sachez que le prince des apôtres garde votre promesse ; et si vous ne l'accomplissez, il la représentera au jour du jugement. Là seront inutiles les excuses les plus ingénieuses.*

Enfin le pape usant, en cette extrémité, d'un artifice sans exemple, écrivit au roi et aux Français une lettre au nom de S. Pierre, le faisant parler lui-même, comme s'il eût encore été sur la terre. Le titre, imité des épitres canoniques, commence ainsi : *Pierre appelé à l'apostolat par Jésus-Christ, fils du Dieu vivant.* Il fait parler avec lui la vierge, les anges, les martyrs et tous les autres saints, afin

Seconde lettre.

Lettre de S. Pierre, dans laquelle la vierge, les anges, les martyrs et les saints parlent.

que les Français viennent promptement au secours de leur régénération et de leur mère spirituelle. *Je vous conjure*, dit-il, *par le Dieu vivant, de ne pas permettre que ma ville de Rome et mon peuple soient plus long-temps déchirés par les Lombards, afin que vos corps et vos ames ne soient pas déchirés dans le feu éternel, ni que les brebis du troupeau que Dieu m'a confié, soient dispersées, de peur qu'il ne vous rejette et ne vous disperse, comme le peuple d'Israël.* Et ensuite : *Si vous m'obéissez promptement, vous en recevrez une grande récompense en cette vie ; vous surmonterez tous vos ennemis, vous vivrez long-temps, mangeant les biens de la terre, et vous aurez sans doute la vie éternelle. Autrement, sachez que par l'autorité de la sainte trinité, et la grace de mon apostolat, vous serez privés du royaume de Dieu et de la vie éternelle.* Cette lettre est importante pour connoître le génie de ce siècle-là, et jusques où les hommes les plus graves savoient pousser la fiction, quand ils la croyoient utile. Au reste, elle est pleine d'équivoques, comme les précédentes. L'église y signifie, non l'assemblée des fidelles, mais les biens temporels consacrés à Dieu : le troupeau de Jésus-Christ sont les corps, et non pas les ames. Les promesses temporelles de l'ancienne loi, sont mêlées avec les spirituelles de l'évangile; et les motifs les plus saints de la religion, employés pour une affaire d'état.

Voilà les réflexions judicieuses de l'abbé Fleury; et voici le jugement que le père Daniel porte de la lettre de S. Pierre. Rien n'étoit plus pressant, dit-il, plus pathétique et plus glorieux à la nation. En effet, il étoit bien glorieux pour les Français d'être traités comme les plus simples, les plus ignorans et les plus crédules des hommes. *Jugement que le pere Daniel porte de cette derniere lettre.*

Quoi qu'il en soit, Pepin repassa les Alpes, et força le roi des Lombards à tenir le traité qui avoit été fait. Mais on demande s'il donna l'exarchat en souveraineté au saint siége. On le dit communément sur la seule autorité d'Anastasius, qui écrivoit plus de cent ans après. Cepen- *Pepin donne l'exarchat de Ravenne au saint siege.*

dant il est plus vraisemblable qu'il ne donna que le domaine utile, et qu'il réserva la souveraineté pour lui. Mais cette question nous mèneroit trop loin.

Ses précautions pour assurer la couronne dans sa maison.

Les enfans de Pepin pouvoient être un jour humiliés. Un grand, élevé sur leur ruine, pouvoit être sacré, comme un nouveau David, par un nouveau Samuel : car les biens temporels des papes pouvoient encore être confondus avec les biens spirituels de l'église, et avoir plus besoin des secours d'un usurpateur, que de ceux d'un prince légitime. Aussi Pepin ne se servit-il de Zacharie, de Boniface et d'Etienne que pour couvrir son usurpation d'un titre respectable; d'ailleurs, il ne négligea rien pour faire aimer son gouvernement. Il convoqua souvent les assemblées des évêques et des seigneurs, les consultant sur les choses qui intéressoient le corps de la nation, corrigeant les abus qu'on chérissoit, et écartant jusqu'aux apparences du despotisme. Il l'affecta si peu, que voyant approcher sa fin, il assembla les grands, et demanda leur consentement pour partager ses états entre ses fils, Charles et Carloman. Il reconnut par-là que c'étoit au moins aux grands du royaume à disposer de la couronne ; et il fit voir qu'il ne comptoit pas beaucoup sur les droits que lui avoient donnés les papes Zacharie et Étienne. Ce qui se passa dans cette assemblée parut arrêter que le trône seroit héréditaire dans la famille de Pepin, mais électif par rapport aux princes de cette maison. C'est ainsi que les ménagemens d'un souverain, qui ne se sent pas assez affermi, décident souvent de la nature du gouvernement. Vous vous rappelez Auguste. Pepin mourut âgé de cinquante-trois ans, après en avoir régné vingt-sept, en comptant depuis la mort de Charles-Martel.

CHAPITRE X.

Charlemagne.

<small>Ce n'est pas comme conquérant qu'il faut admirer Charlemagne.</small> CARLOMAN, jaloux de son frère, eût causé une guerre civile : mais il mourut quatre ans après Pepin ; et Charles fut reconnu seul roi des Français. Dans le cours d'un règne de quarante-cinq ans, ce prince recula ses frontières bien au-delà du Danube et de la Theisse, soumit la Dace, la Dalmatie et l'Istrie, rendit tributaires les nations barbares jusqu'à la Vistule, conquit une partie de l'Italie, et se rendit redoutable aux Sarrasins.

La guerre la plus longue et la plus opiniâtre, fut celle qu'il fit aux Saxons. Elle dura trente ans. Ces peuples avoient pour général le fameux Vitikind, d'où les principales maisons de l'empire prétendent tirer leur origine. Ils étoient idolâtres, comme tous les peuples du Nord, et formoient une multitude de petites républiques, dont les forces se réunissoient au besoin.

Charlemagne, car le nom de grand devoit être inséparable de celui de Charles, mérite d'être compté parmi les plus grands hommes : mais ce n'est pas dans ses conquêtes que vous devez l'admirer davantage. S'il les a dues à ses talens, il les a dues encore plus à l'ignorance et à la foiblesse des peuples conquis. Il a même besoin de quelque indulgence ; car faisant servir la religion à son ambition, il a cru pouvoir étendre la foi par la voie des armes; et il a quelquefois traité ses ennemis avec une barbarie dont un prince cruel useroit à peine envers des sujets rebelles. Mais écartons de ce grand homme les défauts des temps où il vivoit; et considérons-le dans les choses où il est supérieur à son siècle.

Il est arrivé que les désordres ont fait sentir le besoin des lois, et vous avez vu les peuples de la Grèce en demander, à l'envi, aux citoyens les plus sages. Ce spectacle ne pouvoit pas se produire dans un empire tel que la France : il étoit trop

<small>Etat de la France lors de l'avénement de Charlemagne.</small>

vaste ; les grands avoient trop d'intérêt à maintenir les troubles; les foibles, abrutis par l'oppression, ne savoient pas former des desirs; en un mot, les Français étoient trop barbares et trop vicieux. Il falloit donc qu'il naquît sur le trône un roi législateur ? Devoit-on s'y attendre ?

Le peuple étoit également opprimé par le clergé et par la noblesse, deux corps qui ne tendoient qu'à leur ruine mutuelle. Il n'y avoit ni loi, ni coutume fixées. Chacun se conduisoit d'après les conjonctures, ne consultant que sa force ou sa foiblesse.

e les deux
Pepin avoit commencé la réforme, en se faisant une règle de convoquer, tous les ans, au mois de mai, les évêques, les abbés et les chefs de la noblesse, pour conférer sur la situation et les besoins de l'état ; Charlemagne voulut que ces assemblées fussent convoquées deux fois l'an, au printemps et à la fin de l'automne; et la première loi qu'on publia fut de s'y rendre avec exactitude.

Objet de celle ui se tenoit en ..tomne.
L'assemblée qui se tenoit à la fin de l'automne, étoit composée des hommes les plus expérimentés dans les affaires

Elle discutoit les intérêts du royaume relativement aux puissances voisines, recherchoit les causes des abus, proposoit des remèdes, et préparoit les matières sur lesquelles l'assemblée suivante devoit délibérer.

Celle-ci qu'on nommoit le champ de Mai, faisoit seule les lois. Elle n'étoit pas seulement composée des grands. Charlemagne y fit entrer le peuple; persuadé que la puissance du prince ne se mesure pas par le nombre des esclaves, il vouloit que ses sujets fussent tous citoyens.

<small>Objet de celle qui se tenoit au mois de mai.</small>

Cependant comme il n'étoit pas possible de rassembler toute la nation, que d'ailleurs une assemblée trop nombreuse peut difficilement se passer sans trouble, il fut réglé que chaque comté députeroit douze représentans du peuple.

<small>Comment elles se tenoient.</small>

Comme l'assemblée étoit composée de trois corps, le clergé, la noblesse et le peuple, elle étoit aussi divisée en trois chambres. Ces chambres discutoient chacune séparément des affaires qui la concernoient; et elles se réunissoient, lorsqu'elles vouloient se communiquer leurs réglemens, ou délibérer sur des affaires communes. Le prince ne paroissoit qu'autant qu'elles l'appeloient ; c'étoit toujours ou pour servir de médiateur, lorsque les contestations étoient trop vives, ou pour donner son consentement aux arrêtés de l'assemblée. Quelquefois il proposoit ce qu'il jugeoit avantageux : mais il ne commandoit pas, et la nation faisoit les lois. Il est beau de voir un souverain, qui a toute la puissance, se prescrire des bornes à lui-même, et respecter la liberté publique au point de ne pas se trouver aux délibérations de ses sujets.

Comment Charlemagne étoit l'ame des assemblées.

Il est vrai que, par le ministère des hommes les plus éclairés et les mieux intentionnés, il étoit l'ame de ces assemblées. Mais les Français auroient-ils pu se conduire d'eux-mêmes ? Il les guidoit, en leur faisant connoître le prix de l'union, et en apprenant à chacun en particulier que son avantage se trouvoit dans le bien de tous.

Nécessité de donner des lumières aux Français.

Ce n'étoit pas assez que le champ de Mai fît des lois, il falloit les faire respecter. Or comment la multitude les respectera-t-elle, si elle ne connoît pas le besoin qu'elle en a ? Et comment connoîtra-t-elle ce besoin, si elle est trop peu éclairée, pour juger de ses vrais intérêts ? Il étoit donc nécessaire de répandre des lumières. C'est à quoi ne suffisoient pas les assemblées générales, parce qu'on n'y pouvoit pas examiner en détail tout ce qui concernoit chaque province.

Charlemagne partagea tout le pays de sa domination en différens districts ou légations, dont chacun contenoit plusieurs comtés; et renonçant à l'usage ancien, il n'en confia pas l'administration à un duc. Il sentit qu'un magistrat unique, à la tête de chaque province, négligeroit ses devoirs, ou abuseroit de son autorité. Des officiers, au nombre de trois ou quatre, choisis dans l'ordre des prélats et de la noblesse, et qu'on nomma *envoyés royaux*, furent chargés du gouvernement de chaque légation, et obligés de la visiter exactement de trois en trois mois.

Outre les assises, qui ne regardoient que l'administration de la justice entre les citoyens, ces espèces de censeurs tenoient

tous les ans, dans leurs provinces, des
états particuliers, où les évêques, les abbés,
les comtes, les seigneurs, les avoués des
églises, les vicaires des comtes, les centeniers, et les rachimbourgs étoient obligés
de se trouver en personne, ou par leurs
représentans, si quelque cause légitime les
retenoit ailleurs. On traitoit, dans ces assemblées, de toutes les affaires de la province : tous les objets y étoient vus dans
leur juste proportion : on examinoit la
conduite des magistrats, et les besoins des
particuliers. Quelque loi avoit-elle été
violée ou négligée ? on punissoit les coupables. Les abus, en naissant, étoient ré-
primés, ou du moins ils n'avoient jamais
le temps d'acquérir assez de force, pour
lutter avec avantage contre les lois. Les
envoyés, faisant leur rapport au prince et
à l'assemblée générale, de tout ce qu'ils
avoient vu, l'attention publique, quelque
vaste que fût l'empire français, se fixoit,
en quelque sorte, sur chacune de ses parties. Rien n'étoit oublié, rien n'étoit négligé. La nation entière avoit les yeux continuellement ouverts sur chaque homme

public. Les magistrats, qu'on observoit, apprirent à se respecter eux-mêmes : les mœurs, sans lesquelles la liberté dégénère toujours en une licence dangereuse, se corrigèrent ; et l'amour du bien public, uni à la liberté, la rendit de jour en jour plus agissante et plus salutaire.

Ces assemblés particulières rapprochoient les citoyens : elles faisoient connoître l'ordre : elles le faisoient aimer, et dissipoient peu-à-peu cet esprit d'anarchie, qui avoit été la source de tant de maux. Elles avoient encore un autre avantage. Quoique Charlemagne, peu jaloux d'être le maître de ses sujets, n'ambitionnât que l'honneur de rendre la justice à tous, il n'étoit pas possible que ceux qui avoient été lésés, pussent toujours avoir recours à lui : mais par les assemblées provinciales, auxquelles ses envoyés présidoient, il étoit présent par-tout ; la justice se rendoit promptement et facilement, et les citoyens apprenoient à se juger eux-mêmes.

Combien elles étoient utiles.

C'est sous ce grand roi que les Français connurent la liberté, eux qui jusqu'alors n'avoient connu que la licence. Ils eurent

Effets qu'elles produisent.

une patrie, ils devinrent citoyens, et parurent presque dignes d'être gouvernés par un Charlemagne. Rien ne prouve mieux l'étendue et la sagesse des vues de ce prince, que les changemens qui se firent dans les mœurs : car la noblesse et le clergé cessèrent de se haïr le peuple cessa d'être foulé, et tous les ordres concoururent au bien général. Vous verrez, dans l'ouvrage qui m'a été communiqué, et d'où j'ai tiré ces détails, comment les assemblées produisoient cette révolution surprenante.

Les successeurs de Charlemagne ruineront cet édifice.

Mais ce bonheur n'étoit que passager. Le règne de Charlemagne, quoique long, ne le fut pas assez pour apprendre aux Français à se gouverner. Ses successeurs auront trop peu de génie pour sentir, comme lui, qu'un prince n'est puissant, qu'autant qu'il sait modérer son autorité. En voulant commander en maîtres, ils ruineront l'édifice que Charlemagne avoit fondé ; et vous verrez ce qu'ils deviendront eux-mêmes.

Combien l'entreprise de ce prince étoit au-dessus de son siécle.

Quand on se représente l'étendue qu'avoit alors l'empire français, et la confusion dans laquelle Charlemagne trouva tous les ordres de l'état, on est étonné qu'il ait osé former le projet d'une réforme générale, et d'apprendre à un peuple qui n'avoit jamais connu de lois, non seulement à obéir à des lois, mais à s'en donner lui-même. On est encore plus étonné qu'il ait exécuté ce projet dans le cours d'un règne, qui n'est qu'une suite de guerres, et où on le voit toujours à la tête de ses armées.

Après cette exposition superficielle, qui n'est propre qu'à vous donner la curiosité d'étudier le gouvernement de Charlemagne, je vais passer aux révolutions qui se sont faites en Italie.

Astolphe étoit mort en 756 : mais l'exarchat et Rome, ayant, dans Didier, son successeur, un ennemi tout aussi redoutable, le pape Adrien Ier. invita Charlemagne à la conquête de l'Italie. Ce prince passa les Alpes en 773, vainquit, soumit toute la Lombardie, à la réserve de Pavie où Didier se renferma ; et après avoir mis le siége devant cette place, il se rendit à Rome pour la fête de pâques.

Il fit son entrée au milieu des acclamations du peuple, fut salué roi de France

Il soumet toute la Lombardie,

756.

773.

Et met fin la domination des Lombards.

et des Lombards, et reçut les hommages qu'on devoit au patrice de Rome. En reconnoissance, il confirma la donation faite au souverain pontife par Pepin. Il revint ensuite au siége de Pavie, mit Didier dans la nécessité de se livrer à sa discrétion, le fit conduire en France avec sa femme et ses enfans, et les enferma dans l'abbaye de Corbie, où ils finirent leurs jours. Ce fut la fin de la domination des Lombards. Elle a duré 206 ans, à compter de 568 qu'ils entrèrent en Italie, sous la conduite d'Alboin.

<small>Il achève de soumettre ceux qui vouloient secouer le joug.</small>

Cependant Adalgise, un des fils de Didier, s'étoit retiré à la cour de Constantinople. Il avoit, dans son parti, les ducs de Frioul, de Spolette et de Bénévent; Constantin Copronyme lui promettoit des secours; et il se flattoit d'autant plus de réussir, que Charlemagne, qui s'étoit éloigné, paroissoit devoir être arrêté par la guerre qu'il faisoit alors aux Saxons. Mais Adrien découvrit la conspiration, et en instruisit le roi de France, qui, après quelques ravages, se hâta de faire la paix avec les Saxons, et reparut en Italie plutôt qu'on ne l'attendoit. Il en coût a la tête au duc de Frioul : les deux autres obtinrent leur grace.

Sur ces entrefaites mourut Constantin Copronyme. Léon Chazare, son fils, parut d'abord promettre un règne plus heureux que celui de Constantin qui, par son avarice, avoit ruiné l'empire, et qui l'avoit troublé par ses persécutions. Il gagna si fort l'affection des peuples, qu'ils voulurent que son fils fût associé à l'empire, quoique cet enfant n'eût encore que cinq ans. Mais bientôt il cessa de dissimuler, persécuta les catholiques, et mourut odieux.

775.
Règne de Léon Chazare.

Constantin son fils, n'ayant que neuf ans, Irène, mère de ce prince, gouverna, non comme régente, mais comme impératrice. Elle dissipa des conspirations, qui se formèrent contre elle : cependant, lorsqu'elle se voyoit tranquille au-dedans, elle étoit alarmée de la puissance de Charlemagne. Elle entreprit donc de la contenir par une négociation, en faisant proposer au roi le mariage de l'empereur avec la princesse Rotrude, fille aînée de France. Mais ce mariage ne se fit point, parce

780.
Irène demande pour son fils, Rotrude, fille aînée de France.

qu'Irène, jalouse de commander, craignit que Constantin ne trouvât, dans un beau-père tel que Charlemagne, un protecteur trop puissant.

<small>Charlemagne fait sacrer Pepin, roi de Lombardie, et Louis, roi d'Aquitaine.</small>

Le roi de France accepta la proposition. Il étoit alors en Italie, où il étoit revenu pour soumettre le duc de Bénévent, qui avoit encore remué. Il avoit amené avec lui ses fils Pepin et Louis; et dans ce voyage, il déclara le premier roi de Lombardie, le second roi d'Aquitaine, et les fit sacrer par le pape.

<small>Il est blâmable de ne s'être pas borné à policer les Français.</small>

Cependant le duc de Bénévent, ayant repris les armes, Charlemagne revint en Italie pour la quatrième fois. Ce prince traversoit continuellement ses états : car il portoit à peine la guerre d'un côté, qu'on se soulevoit de l'autre. On pouvoit déjà prévoir que ce vaste empire ne subsiste-roit pas après lui. L'ambition aveugle les plus grands princes. Falloit-il répandre des flots de sang pour avoir la gloire d'as-sujettir des barbares, qui ne se soumet-toient pas, et qu'il falloit toujours conqué-rir de nouveau ? Quel avantage revenoit-il au roi de France de compter les Saxons parmi ses sujets? Le projet de policer les Français étoit un objet plus grand et plus digne de lui : il eût dû s'y borner.

Charlemagne fit encore, en 800, un cinquième et dernier voyage en Italie, pour défendre le pape Léon III, contre des ennemis qui le calomnioient. Léon lui en témoigna bientôt sa reconnoissance; car le roi étant, le jour de noël, dans la basilique de S. Pierre, le pape lui mit une couronne sur la tête, et le peuple s'écria : *vive Charles - Auguste, couronné de la main de Dieu, vie et victoire au grand et pacifique empereur des Romains.* De ce jour, Charlemagne se crut empereur, lui qui, jusqu'alors, n'avoit osé prendre que le titre de patrice de Rome. Ceci demande quelques réflexions.

Il est couronné empereur.

Les Romains ne voulant pas tomber sous la puissance des Lombards, et ne recevant point de secours de Constantinople, avoient certainement le droit de se donner à Charlemagne. Ainsi c'est à des titres légitimes que ce roi acquit la souveraineté sur Rome, et c'est aussi tout ce que les Romains pouvoient donner.

Les Romains pouvoient donner la souveraineté sur Rome.

Ils ne pouvoient pas donner l'empire.

Charlemagne pouvoit se faire appeler Auguste ou empereur par ses sujets; mais pour jouir véritablement de ces titres, il falloit encore qu'ils lui fussent accordés par les puissances étrangères, et que sur-tout Constantinople ne les lui refusât pas. Ni le pape, ni ceux qui étoient dans l'église de S. Pierre, ne pouvoient les lui donner; car enfin, quels qu'aient été les cris du peuple, ce n'est pas Dieu, c'est le pape qui mettoit la couronne impériale sur la tête du roi de France.

Charlemagne n'acquiert qu'une dénomination, mais elle paroît lui transférer des droits.

D'ailleurs qu'acquéroit Charlemagne? Une nouvelle dénomination, et rien de plus. Il est vrai qu'une dénomination est quelque chose aux yeux du vulgaire, qui ne juge que par les noms. Le peuple voyoit confusément dans le titre d'Auguste, quelque chose de plus que dans celui de roi; et comme la grandeur des princes est souvent moins dans la réalité que dans l'opinion, Charlemagne devenoit lui-même quelque chose de plus. De ces idées confuses, il naissoit même des droits: car, pour peu qu'on raisonnât conséquemment, on voyoit bien que, dès que le roi de France étoit Auguste, il devoit au moins posséder tout ce qui avoit appartenu aux empereurs d'occident. Voilà vraisemblablement pourquoi Charlemagne ambitionna ce titre. Il savoit bien qu'on ne demanderoit pas, si le pape pouvoit ou ne pouvoit pas le donner; et il savoit aussi que, dès qu'il l'auroit reçu, il paroîtroit autorisé à faire valoir les prétentions que ce titre portoit avec lui. Aussi jugea-t-il dès-lors, que toute l'Italie lui appartenoit, et il crut devoir songer aux moyens d'en achever la conquête.

On ne raisonnoit pas mieux à Constantinople qu'à Rome ! Mais on avoit intérêt de raisonner différemment, et le nouvel empereur d'occident ne fut pas reconnu. Irène alors régnoit seule. Cette femme ambitieuse, dénaturée et dévote aux images jusqu'à la superstition, avoit ôté la vie à l'empereur son fils unique. Trop foible pour résister à Charlemagne, elle négocia. Elle lui fit proposer de l'épouser : mais pendant qu'elle faisoit traîner cette négociation, dans la crainte de se donner un maître, elle fut déposée et reléguée dans l'île de

Irène, qui feint de le vouloir épouser, est détrônée.

Lesbos, où elle mourut l'année suivante.

Charlemagne règle les limites des deux empires avec Nicéphore.

Les ambassadeurs de Charlemagne étoient alors à Constantinople. Nicéphore, qui avoit détrôné Irène, essaya de se justifier auprès d'eux ; et lorsqu'ils partirent, il envoya des ambassadeurs pour faire alliance avec leur maître. On régla les limites des deux empires. Charlemagne mourut à Aix-la-Chapelle, dans la soixante-douzième année de son âge.

814.

LIVRE SECOND.

CHAPITRE PREMIER.

Considérations sur le clergé.

Tous les peuples connus étoient dans un désordre qu'on a peine à se représenter. On ne respectoit aucune puissance, on ne connoissoit aucune loi ; tout étoit usurpation, et on obéissoit seulement à la force. Désordre dans toute la chrétienté.

Vous avez vu comment l'empire grec étoit gouverné, quelle a été la rapidité des conquêtes des Sarrazins, et les désordres que l'anarchie a produits en France sous les successeurs de Clovis. La même confusion avoit régné en Espagne, en Afrique, en Italie, sous la domination des Visigoths, des Hérules, des Ostrogoths, des Grecs et des Lombards. Quant aux nations de Germanie, elles ne nous sont connues que par les guerres qu'elles ont eues avec la France ou avec l'empire : mais nous pouvons bien ignorer sans regret ce qu'une histoire plus détaillée auroit pu nous apprendre. Nous savons même en général ce qui leur est arrivé : il suffit d'imaginer des troupes de barbares, qui se poussent, qui s'égorgent, et qui ne s'établissent jamais solidement.

C'est dans ces temps de troubles que parut Charlemagne : mais lorsque ce grand homme ne fut plus, les lois cessèrent de régner, et les désordres furent plus grands que jamais.

Les Sarrazins cherchent à s'éclairer. Pendant que les chrétiens devenoient tous les jours plus ignorans et plus barbares, les Sarrazins s'éclairoient et se policoient. Les Abbassides ayant enlevé le Khalifat aux Ommiades en 749, avoient établi le siége de leur empire à Bagdad au-delà de l'Euphrate. Le khalife Haroun-Raschild, contemporain de Charlemagne, et respecté dans toute l'étendue de sa domination, avoit fait fleurir les arts et les sciences, pendant que ses généraux conquéroient de nouvelles provinces. Ses successeurs continuèrent de protéger les lettres :

mais je parlerai des progrès des Arabes en ce genre, lorsque je traiterai du renouvellement des sciences en Europe, et j'en aurai occasion, puisqu'ils seront nos maîtres: nous avons encore plusieurs siècles d'ignorance à étudier.

Comme le clergé aura désormais une grande influence dans la plupart des révolutions, il faut connoître quel étoit ce corps vers le temps de Charlemagne. Sans cela, nous verrions, arriver bien des événemens, dont nous ne pourrions pas rendre raison. *Nécessité de connoître le clergé vers le temps de Charlemagne.*

Il y auroit de l'injustice à reprocher au clergé le relâchement de la discipline, la corruption des mœurs, l'ignorance, les prétentions et les usurpations : ce seroit rejeter sur lui seul des vices qui étoient ceux du temps, et qui appartenoient à tous les ordres. Il eût fallu des miracles pour le garantir de la contagion générale; car à mesure qu'il se composoit de barbares, il étoit naturel qu'il en prît les mœurs; et que, jugeant que pour être chrétien c'est assez de croire aux dogmes, il fit un mélange monstrueux de la foi et des vices. Jésus-Christ, qui a promis que les portes *Au milieu des vices qui sont ceux du temps et dont le clergé ne se garantit pas, la foi se conserve.*

de l'enfer ne prévaudront pas contre son église, n'a pas promis de ne la conduire jamais que par des chefs éclairés et vertueux. Elle a été persécutée, elle a été triomphante; il falloit encore qu'elle fût humiliée, afin qu'elle sortît victorieuse de toutes ces épreuves, qui l'auroient détruite, si elle étoit l'ouvrage des hommes. Elle subsiste au milieu des barbares, qui ont renversé l'empire d'occident : elle règne sur eux. Dans le même temps qu'elle fait des pertes en orient, elle fait des conquêtes dans le nord. Elle a toujours des saints, souvent même des martyrs; et par une suite non interrompue de pasteurs, la foi se conserve au milieu des ténèbres, et la tradition la transmet jusqu'à nous.

Doctrine des huit premiers siècles sur les deux puissances. De tout temps on avoit reconnu que les évêques sont soumis aux princes dans le temporel, comme les princes sont soumis aux évêques dans le spirituel. C'étoit même encore la doctrine du huitième siècle; on la trouve dans une lettre du pape Grégoire III, à Léon l'Isaurien : cependant tout tendoit à confondre enfin les deux puissances, ce qui devoit produire un jour de grands maux.

En orient les évêques, que l'esprit de parti rendoit habiles dans les intrigues, influoient quelquefois, au moins indirectement, dans le choix des empereurs. On peut présumer que dans ces circonstances aucune secte n'oublioit ses intérêts, et que chacune remuoit sourdement, à moins qu'elle ne fût dans l'impossibilité d'agir. Les évêques parurent avoir une influence plus directe, depuis que les empereurs eurent introduit l'usage de se faire couronner par le patriarche de Constantinople. En effet, on voit dès-lors se répandre, comme une maxime, qu'un hérétique ne peut pas être élevé à l'empire.

Comment cette doctrine s'altèrce en orient.

On pouvoit conclure delà qu'un prince, qui persiste dans l'hérésie, ne doit plus être reconnu pour empereur; et que l'excommunication seule le prive de tous ses droits. Il est même vraisemblable que le peuple tiroit quelquefois cette conséquence, puisque la religion a servi de prétexte aux révoltes. Mais les évêques d'orient n'ont point enseigné cette doctrine, soit qu'ils aient vu le principe, sans appercevoir les conséquences ; soit qu'ils aient été retenus par la crainte.

En orient les empereurs avoient usurpé sur le sacerdoce, en occident les évêques de roient usurper sur l'empire.

Il y avoit long-temps que les deux puissances se confondoient en orient, parce que les empereurs usurpoient sur le sacerdoce : Constantin lui-même en avoit donné l'exemple. Elles se confondront en occident, parce que les évêques usurperont sur l'empire. La raison de cette différence, c'est que, chez les Grecs, les évêques n'ont jamais été que sujets, et que chez les Latins, au contraire, ils seront souverains.

Raison de la puissance du clergé dans les commencemens de la monarchie française.

En France le clergé étoit le premier corps, les évêques et les abbés se trouvoient aux assemblées générales de la nation et aux assemblées particulières des provinces, ils entroient dans le conseil du prince ; il y en avoit toujours un grand nombre à la suite de Charlemagne ; on ne nommoit jamais des envoyés royaux, sans mettre à la tête un ou deux prélats. Enfin ils avoient des seigneuries, et ils jouissoient d'une juridiction fort étendue ; car les comtes, les juges subalternes, et tout le peuple, avoient ordre d'obéir aux évêques.

Comme ministres de l'église, ils décidoient de tout ce qui concerne la religion : comme premiers citoyens, ils avoient la plus grande part à la souveraineté : comme seigneurs, ils commandoient dans leurs terres ; et ils étoient d'autant plus puissans, que leur caractère étoit plus respecté, et qu'ils passoient pour avoir des lumières.

Les circonstances ayant réuni les deux puissances dans le clergé, les évêques et les abbés ne s'apperçurent pas combien ils s'étoient écartés de l'esprit de leur état : ils jouirent, sans scrupule, de l'autorité que l'opinion leur donnoit dans le temporel, comme ils jouissoient de l'autorité que leur caractère leur donnoit dans le spirituel, et ils ne songèrent plus qu'à les faire valoir l'une par l'autre. L'usage les autorisoit, l'ignorance étoit leur excuse.

Le clergé, parce qu'il est ignorant, jouit sans scrupule des deux puissances.

Le clergé, déjà riche, avoit des moyens pour s'enrichir encore. Faut-il s'étonner, s'il n'a pas su se modérer dans des siècles où le pouvoir de se saisir d'une chose étoit un droit pour se l'approprier ? Pouvoit-il refuser ce que la piété des fidèles sacrifioit pour le salut de leur ame ? Laisser son

Il jouit de même des richesses qui lui sont offertes.

église plus riche qu'on ne l'avoit reçue; n'étoit-ce pas avoir travaillé pour la plus grande gloire de Dieu ? Voilà les motifs qui séduisoient les plus simples, et les autorisoient à faire ce qu'ils voyoient faire aux autres. Aussi l'abbé Fleuri remarque qu'il y avoit des évêques qui, quoique saints, étoient trop occupés d'augmenter leur temporel.

Comment il en acquiert de nouvelles.

Sans doute que le clergé acquéroit souvent par des voies honnêtes : mais il est certain qu'il acquéroit encore par toutes sortes de moyens. On voit que, du temps de Charlemagne, il persuadoit aux personnes simples de renoncer au monde, et de priver leurs héritiers de leurs biens, pour les donner à des églises.

Aux pénitences canoniques, dont l'usage n'étoit plus si fréquent, on substitua des pseaumes, des génuflexions, des coups de discipline, des pèlerinages, des aumônes; toutes actions qu'on peut faire sans se convertir. Mais les aumônes étoient sur-tout la pénitence des riches : ils effaçoient leurs péchés en augmentant les richesses d'une église, ou en fondant un monastère.

Lorsque Charlemagne donna l'exarchat de Ravenne au pape, il crut travailler pour son salut. Il n'est pas étonnant que cette façon de penser se soit établie, car elle étoit conforme aux intérêts du clergé, et au préjugé d'une nation qui, pendant long-tems, n'ayant puni les plus grands crimes que par une amende pécuniaire, devoit croire que Dieu pardonne les plus grands péchés, lorsqu'on lui paye volontairement une amende. Cette doctrine étoit même ancienne en orient, au moins parmi les évêques ariens, puisque Léonce faisoit dire à l'impératrice Eudoxie, qu'en le comblant de biens, et lui bâtissant une église, elle ne travailleroit que pour le salut de son ame.

Une chose plus singulière encore, c'est que les autres pénitences devinrent un fonds de commerce pour les moines, qui se chargeoient de les faire moyennant une certaine somme. Ainsi un riche péchoit, et un moine se donnoit la discipline.

Chez les Juifs, les Lévites avoient la dixième partie des récoltes, et cela étoit juste, puisque la loi ne leur avoit point donné de terres. Leur droit étoit donc fondé sur ce qu'ils n'avoient rien : mais le clergé de France demanda la dîme, quoiqu'il fût riche par lui-même. Il se fondoit sur ce qu'il étoit le corps des prêtres de la nouvelle loi, comme les Lévites avoient été le corps des prêtres de l'ancienne. Il auroit rendu la comparaison plus exacte, s'il avoit commencé par abandonner ses possessions, mais il vouloit acquérir sans rien perdre. Il prêcha donc la dîme : il la prêcha au nom de S. Pierre, les moines firent même parler Jésus-Christ. Ils forgèrent une lettre que le sauveur écrivoit aux fidelles, et par laquelle il menaçoit les payens, les sorciers, et ceux qui ne payent pas la dîme, de frapper leurs champs de stérilité, de les accabler d'infirmités, et d'envoyer dans leurs maisons des serpens ailés, qui dévoreroient le sein de leurs femmes.

<small>Comment il défend ce qu'il a acquis.</small> Je vous laisse à juger des désordres que devoient produire la grossièreté de ceux qui trompoient, et la simplicité de ceux qui étoient trompés. Cependant ces désordres croissoient encore, parce que le

clérge défendoit ce qu'il avoit usurpé avec autant de passion que ce qu'il avoit acquis justement. Tantôt il représentoit, comme patrimoine des pauvres, les richesses qu'il consumoit lui-même; et il persuadoit, parce qu'en effet les donations avoient d'ordinaire été faites aux églises, à titre de charité, et pour le soulagement des pauvres. D'autres fois il parloit, non seulement comme s'il n'eût rien usurpé, mais encore comme s'il n'eût jamais rien reçu ni des citoyens, ni de la nation. Ses biens, sa puissance temporelle étoient de droit divin; y toucher, c'étoit un sacrilége, et l'on étoit excommunié. En conséquence, il prétendra jouir de toute sa puissance et de toutes ses richeses, sans toutefois contribuer aux charges de l'état : car peut-on mettre des impositions sur des choses consacrées à Dieu, et qui lui appartiennent ?

Cette doctrine dangereuse, portoit uniquement sur la confusion des deux puissances. Comme le même homme étoit tout-à-la-fois prêtre et seigneur, on paroissoit attaquer les droits du sacerdoce, lorsqu'on attaquoit ceux de la seigneurie. Les

Combien la confusion des deux puissances lui est favorable.

évêques et les abbés se prévaloient de cette erreur, ou même ils y tomboient de bonne foi. On auroit dit qu'ils affectoient de se montrer comme ministres de la religion, dans les choses où ils ne l'étoient pas.

<small>Il croit avoir de droit à voir les terres qu'il possede et il le persuade.</small>

L'anarchie avoit tout confondu : les Français conservoient encore des restes de cette avidité sans règles, avec laquelle ils s'étoient répandus dans les Gaules : c'est de-là que naissoient mille abus, sur lesquels l'ignorance ne permettoit pas d'ouvrir les yeux. En effet, le clergé de France ne savoit pas que, pendant trois siècles, les églises n'avoient subsisté que par la charité des fidelles ; que c'étoit, par cette même charité, qu'elles s'étoient enrichies dans les trois siècles suivans ; que les priviléges dont le sacerdoce avoit joui, étoient des bienfaits des empereurs chrétiens ; que la plupart de ces priviléges étoient des exemptions qui avoient été accordées aux prêtres, afin que n'étant pas distraits par les soins des choses temporelles, ils pussent vaquer uniquement aux devoirs de leur état : qu'après la ruine de l'empire d'occident, ils n'étoient devenus le premier corps de la nation, et n'avoient eu la plus grande influence dans le gouvernement, que parce que les barbares crurent devoir considérer le clergé chrétien, comme ils avoient considéré le clergé payen; qu'enfin ils devoient toute leur puissance à l'anarchie, qui avoit confondu tous les droits, et à la superstition, qui avoit mis tout à leurs pieds. Le clergé ignoroit tout cela : voilà pourquoi un évêque et un abbé se regardoient dans leurs terres comme des seigneurs de droit divin.

Le peuple, encore plus ignorant, croyoit à ce droit divin, et le clergé en jouissoit sans contestation. Mais si personne ne le lui disputoit, on se faisoit de la force un autre droit contre lui. De-là, naîtront des désordres sans nombre ; le clergé et la noblesse usurperont tour-à-tour l'un sur l'autre. Ils seront des siècles sans pouvoir se faire des titres légitimes, et sans savoir juger sainement de leurs prétentions réciproques.

<small>Mais la noblesse se fait de la force un droit contre lui.</small>

Pepin profita de cette ignorance. Il crut, ou feignit de croire que le pape et les évêques pouvoient lui donner un droit

<small>A l'exemple du clergé, Pepin veut acquérir un droit divin au trône qu'il usurpe.</small>

à la couronne; et il entreprit de persuader que Dieu, par un ordre exprès et immédiat, l'établissoit sur le trône, lui et sa postérité. Charlemagne se fit des titres plus solides, lorsqu'il ne se montra que comme le premier magistrat de la nation : car ce que l'ignorance fait seule, elle le défait sans scrupule; parce que se faisant toujours des idées fausses de tout, elle ne respecte jamais rien. Nous en verrons bientôt la preuve.

Doctrine fausse et pernicieuse qui s'établit alors en France.

Je vois que depuis que le christianisme étoit devenu la religion dominante, on a dit souvent que Dieu établit lui-même les empereurs et les rois; et cela est vrai, comme il est vrai qu'il m'a établi votre précepteur. Mais de prétendre qu'il les choisit immédiatement lui-même, et de juger, en conséquence, que les ministres de la religion sont en cela les seuls interprètes de sa volonté; c'est un principe absurde, extravagant, et qui ne tend pas à moins qu'à la ruine des empires. On l'a répété cependant, et on l'a répété sur-tout à tous les souverains qu'on invitoit au despotisme; on leur persuadoit qu'ils seroient plus absolus, lorsqu'ils n'auroient à rendre compte qu'à Dieu, et on ne leur laissoit pas voir le compte qu'ils auroient à rendre aux ministres qui le font parler. Ces souverains auroient dû considérer que ces maximes ont été les seuls titres d'un usurpateur, et qu'elle pouvoit redevenir des titres contre eux.

En effet, c'est pour un usurpateur que cette doctrine a commencé en France ; elle ne remonte pas plus haut que le huitième siècle ; et quoiqu'elle s'établisse rapidement, on remarque néanmoins que, pour y préparer les esprits, on l'introduit avec quelques précautions. D'abord Zacharie répond moins comme l'interprète des volontés du ciel, que comme un homme qui a été consulté. Il paroît même quelque embarras dans sa réponse : car au lieu de décider en juge, il se contente de dire que le maire peut prendre le titre de roi, puisqu'il en fait les fonctions : maxime qui autoriseroit l'usurpation de tout ministre puissant. Boniface sacre ensuite Pepin et le compare à David : flatterie qui plaît au nouveau roi, et qui en impose au peuple.

Enfin tous les esprits se trouvant bien disposés, Etienne déclare ouvertement, au nom de S. Pierre, que Dieu, par une providence toute particulière, a choisi Pepin et ses fils pour gouverner les Français, et menace des censures de l'église, si l'on se départ jamais de la fidélité qui leur est due. Cette doctrine étoit si bien établie en 800, que le peuple crut voir Dieu donner l'empire à Charlemagne, lorsque le pape mettoit une couronne sur la tête de ce prince.

<small>Un siècle auparavant, cette doctrine avoit commencé en Espagne, où le clergé disposoit souvent de la couronne.</small>

En Espagne, la même ignorance avoit produit de semblables abus dès le commencement du septième siècle. Suintila monta sur le trône en 621 : on l'appeloit le père des pauvres; on estimoit son courage, et c'est lui qui acheva la conquête des pays que les Grecs avoient conservés jusqu'alors en Espagne. Cependant une conspiration lui enleva la couronne, pour la mettre sur la tête d'un de ses fils, nommé Sisenand; et le quatrième concile de Tolède, tenu en 633, le déclara déchu de sa dignité et de ses biens, lui, sa femme, ses autres enfans et son frère.

En 635, les grands et les évêques donnèrent Chintila pour successeur à Sisenand ; mais il fallut plus d'un synode pour examiner cette élection et pour la confirmer.

Wamba, couronné malgré lui en 672, soutint la réputation qu'il s'étoit faite, et qui avoit engagé les grands à lui faire violence. Mais après un règne de huit ans, ayant été empoisonné par Ervige, et se voyant au moment de mourir, il se fit couper les cheveux, et prit l'habit monastique, selon une dévotion de ce temps-là qui subsiste encore en Espagne. Il réchappa cependant ; mais il ne recouvra pas la couronne, parce qu'une pareille cérémonie l'en avoit rendu incapable, au jugement des évêques. Il fut donc déposé, et Ervige fut reconnu pour souverain, dans le douzième concile de Tolède, en 681. Les évêques étoient seigneurs en Espagne comme en France, et ils y disposèrent de bonne heure de la couronne, parce qu'elle devint élective : ils faisoient et défaisoient les rois, et cependant ils ne cessoient, dans leurs conciles, de recommander l'obéissance aux oints du seigneur. Mais voyons comment s'est formée la puissance des papes.

Foiblesse des papes dans les huit premiers siècles.

Si l'on vous disoit que Constantin a donné aux papes, en souveraineté, la ville de Rome et toutes les provinces de l'empire d'occident, vous répondriez que Constantin n'a pas pu faire cette donation, et que d'ailleurs elle est démentie par toute l'histoire. Vous vous rappelleriez que jusques bien avant dans le cinquième siècle, l'occident a eu ses empereurs, et que depuis, Rome a été successivement sous la domination des Hérules, des Ostrogoths, des empereurs grecs et des rois de France. Il faut donc qu'on ait bien compté sur l'ignorance des peuples, puisqu'on a fabriqué l'acte de cette donation, et qu'on a entrepris de le faire valoir. Tout en décèle la supposition; mais je ne m'arrête pas sur les marques de fausseté que les critiques y découvrent.

Il n'est pas douteux que l'église de Rome n'ait été l'objet des libéralités de Constantin, et de beaucoup de fidelles, et qu'elle ne se soit enrichie en peu de temps. Il est également certain que sous un prince nouvellement converti, le chef de l'église triomphante devoit jouir d'un grand crédit. C'est ce qui faisoit dire, en 466, au consul Prétextat : qu'on me fasse évêque de Rome, et je me ferai chrétien !

Cependant tous les empereurs n'ont pas été également favorables au saint siége : les uns donnoient, les autres enlevoient, et le patrimoine de S. Pierre a souvent été saisi. La personne même des papes n'étoit pas toujours respectée : on en voit quelques-uns qui ont été exilés, et d'autres qui ont été mis en prison. Voilà comment ils ont été traités, non seulement par les rois barbares, mais encore par les empereurs grecs.

Les princes qui les ont le plus comblés de faveurs, ont été jaloux de conserver sur eux toute leur autorité. Dans la primitive église, le peuple et le clergé faisoient seuls les évêques : mais les principaux siéges attirèrent l'attention du souverain, lorsque les évêques qui les occupoient commencèrent à devenir puissans. Alors le prince, qui craignit les abus du pouvoir, voulut prendre connoissance des sujets qu'on donnoit pour chefs aux églises. Tantôt il les nomma lui-même ; d'autres fois il laissa subsister le droit de les élire ; mais il se réserva le droit de les rejeter s'ils ne lui convenoient pas, et il ne permit de les ordonner qu'avec son consentement. Rome étant la première église de l'empire, fut encore plus soumise à cet égard qu'aucune autre. On ne pouvoit ordonner l'évêque qu'après avoir reçu l'agrément du souverain. C'est ce qu'on voit sous les empereurs grecs, sous les rois goths, et sous Charlemagne. Jusqu'à ce roi de France, les papes, tantôt respectés, tantôt humiliés, et toujours sujets, n'ont joui que d'une fortune mal assurée. Les bienfaits de ce prince ont commencé leur grandeur temporelle ; les circonstances l'ont achevée ; et si, de citoyens riches, ils sont devenus souverains, c'est tout-à-la-fois l'effet de leurs vertus, de leurs intrigues et de l'ignorance des peuples.

Les évêques grecs ne pouvoient pas, comme les évêques latins, s'élever à la souveraineté : l'opinion seule y mettoit obstacle. Les deux puissances, à la vérité, se confondoient de part et d'autre. Mais en orient, les peuples étoient plus disposés à regarder la puissance spirituelle comme un attribut de l'autorité impériale, parce que les empereurs ayant été pontifes, lorsqu'ils étoient payens, et ayant conservé ce titre long-temps après leur conversion, on ne s'étoit pas encore fait une habitude de considérer l'empire et la sacerdoce comme deux choses essentiellement différentes, ou du moins on n'étoit pas en état d'en marquer les limites. En occident, au contraire, les peuples étoient plus disposés à regarder la puissance temporelle comme un attribut du sacerdoce, parce que, parmi les barbares de Germanie, les prêtres avoient toujours été différens des chefs qui les conduisoient, et que tout-à-la-fois craints et respectés, ils avoient eu beaucoup d'influence dans les affaires civiles. Voilà pourquoi d'un côté les empereurs usurpoient sur le clergé, et que de l'autre le clergé usurpoit sur les rois. Les évêques grecs pouvoient s'enrichir, étendre plus ou moins leur jurisdiction, et concourir quelquefois, directement ou indirectement, à l'élection des empereurs. Ils pouvoient briguer la faveur du prince par des complaisances ou par des flatteries ; fermer les yeux sur ses entreprises, lorsqu'il se donnoit pour juge en matière de foi ; se soumettre à ses décisions, l'inviter même à porter des jugemens ; et par une sorte d'échange, lui céder le spirituel pour le temporel. Les circonstances ne leur permettoient rien de plus.

L'ambition du patriarche de Constantinople trouve un obstacle dans l'agrandissement de celui de Rome. Mais ces circonstances étoient bien favorables à l'ambition des évêques de Constantinople. Vous avez vu comment ils étendirent leur juridiction, comment ils devinrent patriarches, et obtinrent enfin le second rang. La foiblesse des papes, depuis la décadence de l'empire d'occident, sembloit leur promettre d'arriver au premier. Ils y aspiroient ; mais ils ne l'ont point obtenu, quoique Zenon, en 477, eût entrepris de le leur donner par une loi, dans laquelle il parle de l'église de Constantinople, comme si elle étoit la mère de tous les chrétiens. Charlemagne mit lui-même un terme à l'ambition de ces patriarches ; car il ne leur étoit plus si facile de s'élever, depuis que la grandeur temporelle des papes s'étoit affermie. La foiblesse où l'empire tombera leur sera encore plus funeste ; parce que les empereurs seront dans la nécessité de ménager la cour de Rome.

Comme la rivalité entre l'église de Rome et celle de Constantinople doit enfin produire un schisme, je ne crois pas devoir passer sous silence les contestations qui se sont élevées entre ces deux siéges.

Sur la fin du sixième siècle, Jean le jeûneur, évêque de Constantinople, prit le titre de patriarche œcuménique, et s'attira de vifs reproches de la part des papes, et sur-tout de Grégoire Ier., recommandable par sa sainteté, son humilité et son zèle pour la discipline. L'empereur Maurice trouva qu'une dispute si frivole ne méritoit pas de troubler le repos des deux premières églises : mais S. Grégoire insista, croyant voir, dans ce titre fastueux, l'orgueil du précurseur même de l'antechrist : il invita les évêques à se joindre à lui pour la défense de l'épiscopat, et les exhorta à répandre leur sang, s'il le falloit.

Le titre d'œcuménique est le premier sujet de contestation entre le pape et le patriarche de Constantinople.

C'étoit trop se passionner pour un titre,

que les papes ont dans la suite souffert qu'on leur donnât, et qu'ils ont même pris d'eux-mêmes quelquefois. Mais il croyoit que le patriarche de Constantinople prétendoit par-là se donner pour le seul évêque : cependant les Grecs attachoient une idée toute différente au mot d'œcuménique. Aussi ne les trouva-t-il pas dans les dispositions qu'il souhaitoit.

Il ne se rendit pas néanmoins : il sut si mauvais gré à Maurice de ne lui avoir pas été favorable, qu'il rendit gloire à Dieu de la révolution qui avoit placé Phocas sur le trône impérial. *Que les cieux se réjouissent*, écrivoit-il à cet usurpateur, *que la terre tressaille d'allégresse : que toute la république soit dans la joie de vos bonnes actions : que les esprits accablés de vos sujets se consolent.* Il ne trouvoit point de termes capables d'exprimer la reconnoissance qu'on devoit à Dieu d'avoir déchargé l'empire du joug qui l'accabloit, pour en substituer un facile à porter, et d'avoir rendu à la république affligée la consolation dont elle avoit besoin. Il seroit à souhaiter pour l'honneur de Saint

Grégoire, dit M. de Burigny, qu'il eût été moins prodigue de louanges à l'égard d'un tyran qui étoit parvenu à l'empire par les voies les plus odieuses, et qui justifia si mal les idées trop avantageuses que ce grand pontife, d'ailleurs si judicieux, avoit si légèrement conçues de lui. Voilà comment, dans ce siècle, les personnages les plus saints et les plus éclairés se passionnoient pour un mal entendu, et se passionnoient jusqu'à louer Dieu des bonnes actions d'un monstre, dont le moindre des crimes étoit d'avoir usurpé la couronne. La question sur les images, plus funeste dans ses suites, ne fut encore qu'un mal entendu dans son origine.

C'est en orient que les images ont commencé, vers la fin du quatrième siècle, et elles devinrent fort communes dans le cinquième. On voulut par-là contribuer à l'instruction de ceux qui ne savoient pas lire, et les exciter à l'émulation des actions édifiantes qu'on mettoit sous leurs yeux. En effet, les hommes à cette vue s'accoutumèrent à témoigner, par des signes extérieurs, le respect qu'ils avoient pour les

Le culte d'images, autre sujet de contestation.

choses représentées, et le culte des images s'établit peu-à-peu. Il auroit été à craindre, dans les commencemens du christianime, que cet usage n'eût été une occasion d'idolâtrie pour les payens nouvellement convertis : mais ce danger n'étoit plus le même.

D'orient ce culte passa à Rome : mais la France, l'Allemagne et l'Angleterre ne le reçurent pas; il y avoit même plusieurs églises d'occident où les évêques ne vouloient pas souffrir des images. Cette précaution étoit sage alors, parce qu'ils voyoient parmi les fidelles beaucoup de chrétiens qui sortoient à peine du paganisme.

A la fin du sixième siècle, l'église même de Rome n'approuvoit pas encore le culte des images : car S. Grégoire loue Sérénus, évêque de Marseille, d'empêcher qu'on ne les adore, quoique, jugeant qu'elles servent à l'instruction, il le blâme de les avoir brisées.

La paix n'étoit point troublée par les différens usages que les églises suivoient à cet égard, lorsqu'en 725 Léon l'Isaurien entreprit d'abolir tout-à-fait les images.

Grégoire II en prit vivement la défense ; et les moines sur-tout s'élevèrent contre l'empereur, parce que les images et les miracles qu'on leur attribuoit, excitoient la charité des personnes dévotes envers leurs monastères.

Il n'est pas douteux que ce culte n'ait dégénéré en abus parmi les grecs, dont l'esprit étoit de tout confondre à force de subtilités, et qui étoient tombés dans une grande ignorance. Mais Léon, en ordonnant de briser les images, causa des scandales, suscita des troubles, et ne remédia à rien. Cependant cette question n'étoit qu'une pure dispute de mots. Il suffisoit de remarquer que le culte ne se rend pas à l'image, mais au saint, et qu'il est tout différent de celui qui n'est dû qu'à Dieu. Mais il faut convenir qu'un mot suffit pour jeter dans l'erreur le peuple, qui est peu accoutumé aux distinctions, et qui se contente ordinairement d'idées vagues ; et les moines, peu éclairés eux-mêmes, avoient plus d'intérêt à profiter de la crédulité, qu'à prévenir la superstition.

En 754, sous Constantin Copronyme,

çe culte, et les images mêmes, furent condamnés dans un concile tenu à Constantinople, et composé de trois cent trente-huit évêques : il fut rétabli en 787, dans le second concile de Nicée, tenu par l'ordre d'Irène. Cependant l'orient resta divisé, et la conduite peu uniforme des empereurs ralluma souvent cette dispute.

L'église de France refusa de recevoir le concile de Nicée, et prit un milieu entre les deux opinions contraires : elle permit d'avoir des images pour l'instruction, mais elle defendit de leur rendre aucune sorte de culte. Charlemagne, qui se déclara pour ce sentiment, envoya le jugement de ses évêques, au pape Adrien, et le pressa de déclarer hérétiques Constantin et Irène. Adrien tenta de rapprocher les pères de Nicée des évêques de France, pria le roi de lui permettre d'approuver ce qu'Irène et l'empereur avoient fait pour les images ; et lui promit de les déclarer hérétiques, s'ils ne restituoient pas le patrimoine de S. Pierre.

Les ouvrages qu'on écrivit sur cette question, sont un monument de l'ignorance du huitième siècle; et la conduite qu'on a tenue, décèle bien des passions et bien des intérêts qui ne se concilient pas avec l'amour de la vérité : mais enfin le culte des images a été dans la suite bien expliqué, et il est reçu dans toute l'église catholique.

Les abus que j'ai exposés seront la principale cause des révolutions dont je dois parler. C'est pourquoi j'en ai fait l'objet de ce chapitre. Vous acheverez de connoître ces temps malheureux, lorsque vous lirez le discours de l'abbé Fleuri, sur l'histoire ecclésiastique, depuis l'an 600 jusqu'à l'an 1100.

CHAPITRE II.

Louis le Débonnaire.

**814.
Louis le Débonnaire reconnu par les seigneurs, et sacré par Etienne IV.**

Louis Ier., surnommé le Débonnaire, que Charlemagne, son père, avoit associé à l'empire, fut reconnu de nouveau pour empereur et roi de France, par les seigneurs qui se trouvèrent à Aix-la-Chapelle. Deux ans après, 816, Etienne IV, élevé sur la chaire de S. Pierre, fit prêter le serment de fidélité aux Romains, au nom de l'empereur, et se rendit à Rheims, où il sacra Louis et sa femme Hermengarde.

Dans quelles circonstances Charlemagne avoit partagé ses états entre ses trois fils.

En 806, Charlemagne avoit partagé ses états entre ses trois fils, Charles, Pepin et Louis, voulant prévenir les troubles que ce partage auroit pu causer après sa mort. Lorsqu'il eut perdu les deux aînés, il donna le royaume d'Italie à Bernard fils de Pepin; et il s'associa Louis en 813.

Il faut remarquer que la puissance de Charlemagne étoit d'autant plus assurée, que toutes les volontés se réunissoient en lui, comme dans un chef qui faisoit la gloire et le bonheur de la nation. Ses victoires le rendoient redoutable aux ennemis, et ses sujets respectoient en lui le protecteur des lois qu'ils se donnoient eux-mêmes. Il pouvoit donc communiquer la souveraineté sans s'exposer au danger de la perdre : l'amour des peuples l'assuroit de l'obéissance de ses fils.

Louis se trouvoit dans des circonstances toutes différentes : cependant il crut pouvoir faire, dès les premières années, ce que Charlemagne n'avoit fait qu'après en avoir régné trente-huit. Ayant déclaré dans l'assemblée d'Aix-la-Chapelle, qu'il vouloit associer à l'empire un de ses trois fils, il ordonna un jeûne de trois jours pour obtenir les lumières du ciel. Après ce terme il choisit pour collègue Lothaire, son aîné ; il donna le royaume d'Aquitaine à Pepin, et celui de Bavière à Louis, son troisième fils ; les trois princes furent couronnés avec solemnité, et les deux rois partirent chacun pour leur royaume.

A cette nouvelle, Bernard se révolta,

<small>Bernard qui se révolte.</small> parce qu'étant roi d'Italie, et fils du frère ainé de Louis, il prétendoit avoir seul des droits à l'empire ; mais ayant été abandonné de ses troupes, il mit toute sa ressource dans la clémence de celui qu'il avoit offensé. Louis le reçut avec sévérité, lui fit avouer ses complices : et ne voulant pas être seul juge dans cette affaire, il la renvoya à l'assemblée générale de la nation. Il commua ensuite la peine de mort, à laquelle les rebelles furent condamnés ; et il ordonna de déposer ou de bannir les ecclésiastiques, et de crever les yeux aux autres. Bernard mourut des suites de cette opération.

Louis avoit trois frères encore jeunes, Drogon, Thiéri et Hugues. Pour prévenir toute révolte de leur part; il les fit raser et enfermer dans des monastères.

<small>Il s'en repent pour ne montrer que de la foiblesse. 822.</small> Cependant peu d'années après, revêtu d'un habit de pénitent, il parut dans l'assemblée d'Attigni-sur-Aisne ; confessant publiquement ses crimes, c'est-à dire, le jugement rendu contre Bernard et ses complices; la violence qu'il avoit faite à ses trois frères, en les reléguant dans des cloîtres,

et la disgrace de quelques courtisans, qui avoient eu du crédit sous Charlemagne.

Un prince se rend estimable lorsqu'il reconnoît ses fautes pour se corriger : il devient l'objet du mépris, s'il ne les avoue que par foiblesse. Louis avoit encore l'imprudence de faire une injure à la nation, puisqu'il s'attribuoit comme un crime le jugement qu'elle avoit porté.

Ce roi s'humilioit ainsi, lorsque les Français, accoutumés à vaincre sous Charlemagne, avoient été défaits plusieurs fois par le duc de la basse Pannonie, qui s'étoit révolté. Tout contribuoit donc à le faire mépriser.

Pieux, mais sans lumières, ce prince n'eut des remords, que parce qu'on lui en donna. Il fut le jouet de quelques courtisans, qui vouloient faire rappeler des évêques et des seigneurs exilés. Il les rappela donc, il leur rendit leurs biens, il demanda pardon à ses frères et il leur permit de revenir à la cour; ils aimèrent mieux leur retraite.

Hermengarde étoit morte, et Louis avoit épousé Judith, fille de Guelfe, duc de

Cependant Judith veut un royaume pour Charles, son fils.

Bavière. Il en eut un fils connu depuis sous le nom de Charles-le-Chauve. Il vit alors qu'il s'étoit trop pressé de faire le partage de ses états ; car la reine vouloit un royaume pour Charles, et il n'en pouvoit donner sans démembrer ceux des autres princes. Ils ne s'y prétoient pas ; Lothaire sur-tout y étoit opposé, parce qu'ayant, comme successeur à l'empire, la plus grande partie des provinces en partage, les états de Charles devoient être pris sur les siens.

Judith employa toute son adresse pour gagner ce prince. Elle lui fit tenir Charles sur les fonts : cérémonie qu'on regardoit alors comme un lien sacré, et qui faisoit un devoir à Lothaire de protéger cet enfant : en un mot, elle sut si bien le flatter, qu'il consentit au démembrement, et qu'il jura de lui assurer la possession de ce que l'empereur lui donneroit.

Cependant il n'y avoit encore rien de spécifié. Louis pouvoit donner plus ou moins à Charles ; et il étoit à présumer que Judith, maîtresse de l'esprit de son mari, feroit à son fils le sort le plus avantageux. Lothaire se repentit du serment qu'il avoit fait; il trouva bientôt des personnes qui approuvèrent son repentir, et qui l'enhardirent à se croire libre de tout engagement. Il dissimula néanmoins, et tout parut tranquille pendant trois ou quatre ans : mais les troubles se préparoient dans le silence.

Comme le roi étoit incapable de faire respecter son autorité, il y avoit quatre souverains qui formoient quatre partis différens. Aucun d'eux n'avoit ni assez de vues, ni assez de fermeté pour suivre un plan soutenu. On s'attachoit aux uns ou aux autres, suivant les intérêts particuliers que les conjonctures faisoient naître. Les seigneurs assez puissans pour être ménagés, ne songeoient qu'à se faire craindre; et profitant de la foiblesse du gouvernement, ils s'agrandissoient par de nouvelles usurpations. En un mot, tous les ordres se désunissoient ; les factions se formoient de toutes parts; chacun ne songeoit qu'à soi : l'anarchie succédoit au sage gouvernement de Charlemagne.

Troubles qui naissent à cette occasion.

Pendant que ce désordre se formoit dans

l'intérieur du royaume, les armées eurent de mauvais succès en Espagne, et les Bulgares. qui ravagèrent la haute Pannonie, s'établirent sur les terres des Français. Ces revers furent le signal des murmures. On se plaignit du gouvernement présent, qu'on ne cessoit de comparer à celui de Charlemagne : on vit des prodiges qui annonçoient de nouveaux désastres : on demanda la réforme de l'état. Les partisans de Lothaire profitèrent de ce mécontentement pour fortifier le parti de ce prince.

<small>Foiblesse de Louis.</small>

Le roi, touché des malheurs du peuple, et encore plus frappé des prodiges, n'eut pas de peine à reconnoître que sa mauvaise conduite étoit cause de tous les maux. Il nomma des envoyés, qui visitèrent les provinces, en observèrent les désordres, et vinrent en rendre compte à l'assemblée générale, qui se tint à Aix-la-Chapelle.

<small>828.</small>

<small>Insolence du moine Vala.</small>

Vala, chef de cette commission, étoit un de ceux que Louis avoit exilés et qu'il rappela, lorsqu'il voulut faire pénitence de ses fautes. Forcé à s'éloigner de la cour, il s'étoit fait moine pour s'en rapprocher, et il étoit alors abbé de Corbie. Cet homme, animé par un zèle aveugle et par un esprit de faction, ne se contenta pas de faire le rapport de ce qu'il avoit vu : il déclama encore sur les devoirs des princes, il apostropha plusieurs fois l'empereur, il l'accusa d'être la cause de tous les maux, et il en prit l'assemblée à témoin.

C'est ainsi que Vala jouoit insolemment le rôle d'un moine orgueilleux, tandis que Louis supportoit cette seconde pénitence avec l'humilité d'un chrétien, qui ne sait pas être prince. Il s'avoua coupable, et il convoqua quatre conciles, invitant les évêques à convenir des choses qu'il falloit réformer dans l'état, dans sa conduite et dans celle de ses fils. {.sidenote}Humiliation de Louis, qui prend les évêques pour juges de sa conduite.{.sidenote}

Cependant Judith lui donna de l'inquiétude sur la hardiesse avec laquelle on avoit parlé dans l'assemblée d'Aix-la-Chapelle; et elle lui fit craindre qu'on ne tramât quelque conspiration. En effet, Vala et les autres mécontens étoient de concert avec Lothaire, et formèrent le projet de forcer Louis à confirmer le partage fait entre ses trois fils du premier lit, sans rien innover en faveur de Charles.

Le roi ouvrit les yeux, se défia de ses ministres, chassa Vala, et donna toute sa confiance à Bernard, duc de Languedoc, que Judith lui conseilla d'appeler à la cour.

La fermeté de Bernard cause de nouveaux soulèvemens. 829.

Bernard, aussi ferme que son maître étoit foible, mit sa volonté à la place des lois, et publia un édit, par lequel le roi donnoit à Charles le pays des Allemands, c'est-à-dire, ce qui est entre le Rhin, le Mein, le Nekre et le Danube, la Rhétie, aujourd'hui le pays des Grisons, et enfin la Bourgogne transjurane, maintenant le pays des Suisses et Genève. Une pareille entreprise ne pouvoit que soulever les évêques contre un prince qui venoit de les prendre pour juges. On murmura, et le roi sévit ; on en murmura davantage ; et bientôt ce fut un déchaînement général contre le ministre, qu'on accusoit de troubler l'état, de mettre la division dans la famille royale et de plusieurs crimes vrais ou supposés.

Alors Vala sort de son monastère. Il se déclare pour les trois princes du premier lit : plusieurs évêques et plusieurs abbés se joignent à ce moine : ils s'assemblent, et ils protestent qu'ils tiendront pour rebelle à Dieu et à l'église, quiconque ne les secondera pas dans le dessein qu'ils ont de rétablir l'ordre dans l'état, de procurer la sûreté des peuples, et de pourvoir à celle de l'empereur et de toute la famille royale; car ils prétendoient armer les sujets pour défendre le roi contre le ministre. Ils paroissoient, au reste, d'autant plus redoutables, qu'ils étoient la plupart en réputation de probité, de sagesse et de doctrine. Vala, sur-tout, passoit pour un grand saint.

Lothaire et Pepin, que les factieux invitoient à se mettre à leur tête, prirent les armes contre leur père, qui marchoit contre les Bretons révoltés; et Louis, roi de Bavière, s'étant échappé de la cour, vint à Corbie trouver l'abbé Vala. Le danger étoit grand pour l'empereur, car des troupes qui avoient refusé de le suivre, s'étoient jointes à Pepin, et plusieurs seigneurs avoient abandonné son armée. *Lothaire et Pepin arment.*

L'empereur crut arrêter la révolte, en éloignant Bernard et Judith, qui en étoient les prétextes. Mais la reine ayant été en- *Judith prend le voile.*

levée, Pepin ne lui accorda la vie qu'à condition qu'elle prendroit le voile, et qu'elle persuaderoit à son mari de se retirer dans un monastère, pour le reste de ses jours.

<small>Louis assemble les seigneurs et les évêques à Compiègne, pour savoir d'eux s'il prendra le froc ou s'il conservera l'empire.</small>

Louis consentit que sa femme se fît religieuse, et demanda qu'il lui fût au moins permis de prendre l'avis des seigneurs et des évêques, avant de se faire moine lui-même. L'assemblée se tint dans le palais de Compiègne. Il y parut comme un criminel devant ses juges, n'osant monter sur le trône, ni même y porter seulement ses regards. Il avoua ses fautes, il se reprocha la trop grande complaisance qu'il avoit eue pour sa femme; il ratifia la permission qu'il lui avoit donnée de prendre le voile; il loua le zèle de ceux qui l'obligeoient à corriger sa conduite, et promit que, si on lui laissoit la couronne, il gouverneroit désormais, suivant les conseils de ses bons et fidelles sujets. Soit qu'on fût touché d'une humiliation qui ne devoit causer que du mépris, soit qu'on voulût conserver un prince qu'on se flattoit de gouverner, on le fit remonter sur le trône. Mais il n'y fut pas long-temps; car ses troupes s'étant retirées dans le camp de Pepin, où Lothaire venoit d'arriver, il fut dans la nécessité de se livrer à ses fils rebelles.

Lothaire, alors maître de l'empire, eût voulu que son père eût paru se retirer, de lui-même, dans un monastère. Il s'en ouvrit à des moines, qui promirent de l'y déterminer. Mais comme Louis, sous un froc, leur devenoit tout-à-fait inutile, ils résolurent de lui conserver la couronne, après avoir pris cependant la précaution de traiter avec lui, et de lui imposer les conditions qu'ils jugèrent à propos. *Lothaire se saisit de l'empire que l'assemblée avoit conservé à Louis.*

Gombaud, un de ces moines, fut le chef de cette intrigue. Il réveilla la jalousie des rois de Bavière et d'Aquitaine. Il leur fit voir un maître dans Lothaire, et il leur fit espérer un partage plus avantageux, s'ils rentroient dans le devoir. Ils se soumirent, et Lothaire, dont le parti s'affoiblissoit tous les jours, fut enfin contraint d'avoir recours à la clémence de l'empereur. On tint ensuite une assemblée à Nimègue, dans laquelle les chefs de la rebellion furent jugés et condamnés à mort. Louis, qui ne *Les moines rendent l'empire à Louis.*

savoit ni commander, ni punir, se contenta de les reléguer dans des cloîtres.

<small>Louis déclare Lothaire déchu de son association à l'empire.</small>

Judith, rappelée de son monastère, ne songea qu'à se venger de ses ennemis. Plusieurs furent exilés : Vala fut renfermé dans un château, sur le bord du lac de Genève; et Lothaire fut déclaré déchu de son association à l'empire.

Plus Louis étoit foible, plus il étoit imprudent. Il n'y a qu'un moment qu'il avoit pris ses sujets pour juges, et actuellement il leur commande en maître. Il défait de sa pleine autorité ce qui avoit été arrêté dans une assemblée générale de la nation, et changeant continuellement au gré d'une femme, d'un moine et d'un ministre, il ne permet plus de connoitre les lois auxquelles on doit obéir. Ce fut sur-tout en lui un attentat aux yeux des ecclésiastiques mécontens, que d'avoir voulu dispenser les Français du serment de fidélité qu'ils avoient fait à Lothaire: c'étoit, selon eux, usurper sur les droits de l'église. Il fut troublé, quand il connut combien on murmuroit: il eut de nouveaux remords; et malgré la reine, il suivit les

<small>On l'accuse d'usurper, par cette déclaration, sur les droits de l'église.</small>

conseils de quelques évêques et de quelques moines, qui lui persuadèrent de pardonner à tous les rebelles et d'accorder une amnistie générale. Vala ne voulut pas profiter de cette amnistie, parce qu'il ne se jugeoit coupable d'aucun crime. Ce qu'il y a de plus singulier, c'est que l'empereur, qui venoit de dégrader Lothaire, crut devoir négocier avec ce moine rebelle, pour l'engager à souscrire au partage fait en faveur de Charles.

Bernard, qui revint alors à la cour, trouva que Combaud avoit toute la confiance de l'empereur. Offensé de cette préférence, il engagea les princes dans une nouvelle révolte. Elle n'eut pas de suite cependant, parce qu'elle fut découverte avant qu'ils eussent réuni leurs forces. L'empereur leur pardonna, et dépouilla Bernard de ses charges et de ses gouvernemens.

Révolte qui n'a pas de suite. 831.

Ils avoient juré d'être désormais fidelles à leur père : mais ces fils dénaturés, incapables de repentir, n'attendoient qu'une circonstance, où ils pourroient violer leur serment. Pepin ayant donc repris encore

Autre révolte des fils de Louis.

les armes, Louis le déshérita, et donna l'Aquitaine à Charles; soit qu'il fût irrité de tant d'ingratitude, soit qu'il obéît aux desirs de Judith. Cependant quelque justice qu'il y eût à punir un fils si souvent rebelle, ce coup d'autorité fut presque généralement désapprouvé, tant l'empereur connoissoit peu l'art de disposer les esprits.

Grégoire IV est dans leur camp

Lothaire et le roi de Bavière vinrent au secours de Pepin, et les armées de ces trois princes marchèrent en Alsace, où elles se réunirent. Le pape Grégoire IV, que Lothaire avoit amené, venoit, disoit-on, pour excommunier l'empereur et les évêques de son parti, si l'on ne satisfaisoit pas aux prétentions des princes. Sa présence dans l'armée des rebelles, donnoit d'autant plus d'inquiétude, que le peuple pouvoit facilement se persuader que la justice étoit où il voyoit le pontife, qui sacroit ses rois au nom de S. Pierre, et qu'il respectoit comme interprète des volontés du ciel. Sujet rebelle lui-même, il vient en France sans avoir eu le consentement de son souverain. Il commande, il menace; en un mot, il parle en maître qui doit juger les rois, et qui ne connoît point de juges. C'est le premier pape qui ait osé de pareils attentats.

Il eut pour lui Vala, qui sortit encore de son monastère où il étoit revenu, beaucoup de moines et quelques évêques. Cependant la partie la plus saine du clergé lui répondit avec fermeté, lui faisant connoître ses devoirs, et menaçant de le renvoyer excommunié lui-même, s'il étoit venu pour excommunier les autres. Grégoire eût été embarrassé de répondre, si Vala et d'autres savans de ce siècle ignorant n'eussent ramassé, avec aussi peu de jugement que de critique, des passages de l'écriture et des pères, pour prouver que la puissance des papes est celle de Saint Pierre et de Dieu ; qu'elle est, par conséquent, bien supérieure à celle des rois, et qu'ils sont faits pour juger les souverains comme les sujets.

La plus saine partie du clergé ne reconnoît pas d'autorité qu'il s'arroge, et que Vala défend.

Cependant les deux armées s'approchent. Elles étoient en présence lorsque les princes, pour avoir le temps de débaucher les troupes de leur père, entament une négociation, et Grégoire qui s'en charge, passe dans le camp

Louis au pouvoir de ses fils.

de Louis : j'ignore s'il fut le complice de leur mauvaise foi ; je vois seulement, au ton dont il s'étoit annoncé, qu'il n'étoit pas fait pour être médiateur. Quoi qu'il en soit, l'empereur, abandonné, tombe entre les mains de ses ennemis, puisqu'enfin c'est ainsi qu'il faut nommer les fils de ce malheureux père.

Il est déposé. Aussitôt Vala, à la tête d'une assemblée tumultueuse, déclare le trône vacant ; Lothaire est proclamé empereur; il s'assure de ses frères, en augmentant leurs domaines : et l'attentat qu'on vient de commettre, est ensuite approuvé dans une assemblée générale tenue à Compiègne.

Cependant on pouvoit craindre encore quelque révolution. Il s'agissoit donc d'exclure Louis du trône, de manière à lui ôter toute espérance d'y remonter. Des évêques en suggérèrent les moyens à Lothaire. Ce fut de condamner le roi à la pénitence publique pour le reste de ses jours : car on pensoit alors que cette pénitence, tant qu'elle n'étoit pas finie, ne permettoit pas, à celui qui la subissoit, de se mêler des affaires civiles ; nouvelle opinion, qui certainement n'étoit pas connue du temps de Théodose le Grand.

Un concile s'assemble. On fait une liste des péchés que Louis a commis contre l'église ou contre l'état. On y fait entrer ceux qu'il avoit déjà confessés la première fois, et dont il avoit bien fait pénitence. On ajoute qu'il a fait marcher une armée en carême jusqu'aux frontières du royaume, et qu'il a tenu une assemblée le jour même du jeudi saint. Sur ces accusations, on le juge sans l'entendre; on lui fait notifier sa condamnation, et on l'exhorte à profiter de ce malheur temporel pour le salut de son ame.

On le condamne à faire pénitence dans un monastère.

On le transporte ensuite à S. Médard de Soissons; les évêques s'y rendent : ils se rassemblent dans l'église. Lothaire est sur un trône. Louis paroît; il se dépouille de ses habits; il jette son épée et son baudrier au pied de l'autel; il se prosterne sur un cilice; il confesse ses crimes : il tient à la main l'écrit où ils sont renfermés; le présente aux évêques, et il écoute leurs exhortations avec humilité. Enfin Ebbon, évêque de Reims, qui préside à ce conci-

habule, le couvre d'une espèce de sac ; on le conduit en cérémonie dans une cellule du monastère, pour y vivre en pénitence le reste de ses jours.

<small>Et ceux qui le condamnèrent sont ceux qui l'avoient déclaré l'oint du seigneur.</small>

Voilà cet oint du seigneur, ce roi donné aux Français par l'ordre exprès de Dieu. Ceux qui ont établi cette doctrine, sont ceux qui le déposent ; et il ne faut pas s'en étonner, puisqu'ils l'avoient introduite pour couronner un usurpateur. Pepin ne prévoyoit pas que son petit-fils en seroit la victime. C'est ainsi que les souverains fondent quelquefois leur puissance sur des maximes qui doivent un jour la détruire. Les hommes sont fort peu prévoyans, et sur-tout les princes, Monseigneur.

Jamais prince, dit le père Daniel, n'honora plus que Louis la dignité et la personne des évêques, ne prit plus volontiers et plus souvent leurs conseils, et ne déféra plus à leur autorité. Mais en y déférant beaucoup, ajoute-t-il, il n'eut pas assez de soin de la sienne. Cela n'est que trop vrai. Cet Ebbon, qui l'exhorte au nom des évêques, qui lui donne l'habit de pénitent, étoit un homme qu'il avoit tiré de la condition servile pour l'élever, malgré les lois, à la dignité épiscopale. Au milieu de toutes ces horreurs, on voit avec une sorte de plaisir, que Grégoire et Vala, peu considérés de ceux qu'ils ont servis, se retirent l'un à Rome et l'autre dans son monastère.

Lothaire est empereur; mais rien n'étoit moins assuré que cet empire usurpé par le plus noir des forfaits. Ignorant dans l'art de ménager les esprits, Lothaire offensa ses frères par ses hauteurs. Il aliéna ceux de son parti, qu'il ne put pas récompenser. Il entretint les désordres, ou même il en causa de nouveaux ; parce que, toujours embarrassé entre deux ministres jaloux qui ne s'accordoient pas, et qui le gouvernoient, il n'ordonnoit rien, ou il donnoit d'un jour à l'autre des ordres contraires. On se dégoûta donc bientôt du nouveau gouvernement. On plaignit le sort d'un prince trop humilié. Ce ne furent que murmures, qu'assemblées secrètes dans toute la France, et chacun, par des motifs différens, desiroit une révolution.

Lothaire aliène les esprits.

Les partisans que Louis avoit conservés, profitent de cette disposition des esprits.

Louis recouvre la couronne, ou plutôt la reçoit des évêques.

Le roi de Bavière et celui d'Aquitaine se joignent à eux : ils arment ; ils rendent la liberté à leur père ; et Lothaire, après avoir soutenu la guerre pendant quelques mois, se soumet au roi qui lui pardonne. Alors une assemblée tenue à Thionville rétablit Louis, déposa Ebbon et quelques autres évêques ; et l'empereur accorda une amnistie générale. Mais la scène qui se passa huit jours après me paroît surprenante. Tous les évêques se transportèrent à Metz, et Drogon, évêque de cette ville, lut, en présence du peuple, l'acte par lequel on rétablissoit l'empereur. Ensuite sept archevêques, tenant les mains sur la tête de ce prince, lurent les oraisons destinées pour la réconciliation des pénitens, et prenant la couronne impériale qu'on avoit mise sur l'autel, ils la lui mirent sur la tête. Pourquoi donc rétablir avec tant de cérémonie l'empereur, s'il n'a pas été déposé juridiquement ? Pourquoi ces oraisons prononcées sur lui, comme sur un pénitent qui a besoin d'être réconcilié, si la pénitence à laquelle on l'a condamné n'est que le crime de quelques rebelles ? Pourquoi la couronne avoit-elle été mise sur l'autel ? Louis n'auroit-il pas dû l'avoir avant d'entrer dans l'église ? A ces contradictions on jugeroit que les évêques se réservent encore le droit de disposer du trône.

Judith, qui avoit été envoyée à Tortone, recouvra sa liberté, reprit ses intrigues, et prépara de nouveaux troubles en faisant ajouter la Neustrie aux états déjà donnés à son fils. Les princes dissimuloient cependant, parce qu'ils pouvoient difficilement se réunir, et que les peuples étoient las de la guerre : mais ils attendoient une conjoncture favorable, lorsque Pepin mourut. *Judith revient à la cour et reprend ses intrigues.*

Alors l'impératrice, assez simple pour compter sur la reconnoissance et sur les sermens de Lothaire, imagina de le faire rentrer dans une partie de ses droits, en le faisant jurer d'être fidelle aux engagemens qu'il auroit contractés avec Charles. En conséquence deux fils, que Pepin avoit laissés, furent exclus de la succession au royaume d'Aquitaine : on décida que les états du roi de Bavière ne seroient pas augmentés ; et on partagea le reste de l'empire entre Charles et Lothaire. *Charles a l'Aquitaine au préjudice des fils de Pepin.*

<small>Nouvelles révoltes, et mort de Louis.</small> Presque aussitôt le roi de Bavière prit les armes, et les quitta avec la même promptitude à l'approche de son père qui lui pardonna. Cependant des mouvemens qui commencèrent en Aquitaine, en faveur des fils de Pepin, appelèrent l'empereur d'un autre côté; et le roi de Bavière profita de son éloignement pour se révolter encore. Louis retourna donc sur ses pas contre ce fils rebelle; mais il tomba malade, et mourut dans une île du Rhin, au-dessous de Mayence. Il étoit dans la vingt-septième année de son règne, et dans la soixante-troisième de son âge. Vous pouvez compter parmi les causes de ses malheurs, sa femme, ses fils, des évêques, des moines, ou seulement son incapacité

CHAPITRE III.

Charles le Chauve.

Louis le débonnaire a préparé les guerres et les désordres qui doivent enfin ruiner sa maison. Lothaire, qui étoit empereur, et le jeune Pepin se hâtèrent d'armer contre Charles le Chauve et Louis de Bavière. Mais ayant été défaits à Fontenai en Bourgogne, ils furent réduits à prendre honteusement la fuite. Alors plusieurs évêques et plusieurs abbés s'étant assemblés à Aix-la-Chapelle, les deux rois les prièrent de déclarer au nom de Dieu, que Lothaire méritoit d'être privé de la part que le dernier empereur lui avoit donnée dans sa succession. Les prélats, sans balancer, déclarèrent ce prince déchu de tous ses droits : mais ils déclarèrent aussi qu'ils ne les transporteroient à Charles et à Louis, qu'après qu'ils auroient répondu en présence du peuple, à une demande

Après la bataille de Fontenai, les évêques disposent des provinces de l'empire.

qu'ils avoient, à leur faire. Les deux rois comparurent donc. *Promettez-vous de mieux gouverner que Lothaire ?* C'est la question qu'on voulut leur faire publiquement. Ils promirent; sur quoi l'évêque qui présidoit leur dit : *Recevez le royaume par l'autorité de Dieu, et gouvernez-le selon sa divine volonté ; nous vous en avertissons, nous vous y exhortons, nous vous le commandons.* Voilà les évêques qui, parlant au nom de Dieu, donnent les royaumes et commandent aux rois.

<small>Bientôt ils sont forcés de consentir au partage que font les trois princes.</small>

Ce jugement n'eût fait qu'allumer encore la guerre : c'est pourquoi Charles et Louis, qui en craignoient les suites, préférèrent de s'accommoder avec l'empereur. Les évêques mêmes, accommodant les ordres du ciel aux conjonctures, consentirent qu'on laissât des états à Lothaire, quoiqu'il ne promît pas de mieux gouverner. On négocia et on fit un nouveau partage. Louis eut tout ce que les Français possédoient au-delà du Rhin, avec les villes de Spire, de Worms et de Mayence, et fut appelé roi de Germanie. Lothaire, outre l'Italie et sa qualité d'empereur, eut tout ce qui est compris entre le Rhin et l'Escaut, le Hainaut et le Cambrésis; quelques comtés en deçà de la Meuse; tout le pays qui s'étend depuis la source de cette rivière jusqu'au confluent de la Saône et du Rhône, et depuis le confluent, tout le Rhône jusqu'à la mer. Charles, qui eut tout le reste, prit le nom de roi de France.

Lothaire, déposé par les évêques de France, commandoit dans Rome parce qu'il étoit empereur, ou plutôt parce qu'il étoit trop puissant en Italie pour que le pape pût se soustraire à sa domination. Il ordonna qu'on suspendroit l'ordination des papes, jusqu'à ce qu'on lui eût donné avis de la vacance du saint siége. Louis, son fils, fut sacré roi de Lombardie par Sergius II; et ce pontife comparut devant l'empereur, et répondit juridiquement aux accusations qu'on fit contre lui. Ainsi Lothaire étoit à Rome le juge du pape, lorsque les évêques venoient de le juger lui-même en France.

Lothaire qui a été jugé en France par les évêques, juge en Italie le pape Sergius II.

Nous voici aux temps où les peuples de Scandinavie, connus sous le nom de Nor-

Ravages que font les Normands, dont Charles a chôle la rat.a.

mands, portoient la terreur sur toutes les côtes où ils se répandoient. Ils enlevoient les hommes, les femmes, les enfans, les bestiaux, dévastoient les campagnes, brûloient les villes, et détruisoient ce qu'ils ne pouvoient pas emporter. Ils avoient commencé leurs courses sur la fin du règne de Charlemagne. Les ayant faites avec plus de succès sous Louis le Débonnaire, ils furent attirés tout-à-la-fois par le butin et par le peu de résistance, et vinrent avec de nouvelles forces et à des reprises fréquentes, pendant celui de Charles le Chauve. Dès l'an 841, ils remontèrent la Seine, ravagèrent tout le pays, jusqu'à Rouen, surprirent cette ville et la pillèrent. En 843, ils surprirent encore Nantes, dévastèrent l'Anjou et la Touraine, commirent de pareils désordres en Guienne, et s'étant emparés d'une île, ils s'y établirent pour y passer l'hiver. L'année suivante, ils firent une descente en Angleterre où ils ne causèrent pas de moindres maux; ils revinrent ensuite en France, entrèrent par l'embouchure de la Garonne, et désolèrent tout le pays jusqu'aux environs de Toulouse. Delà ils entreprirent de se répandre sur les côes d'Espagne, mais ils furent repoussés par-tout.

En 845, ils remontèrent l'Elbe, pillèrent Hambourg; et leur chef, Eric, roi de Danemarck, gagna deux batailles sur les troupes germaniques. La même année Regnier, un des pirates de ce roi, entra dans la Seine avec une flotte de cent vingt voiles, pilla Rouen une seconde fois, vint jusqu'à Paris, trouva cette ville abandonnée, et la brûla. Charles, retranché à S. Denis, crut acheter la paix en donnant à ces barbares mille livres pesant d'argent : mais il n'acheta pour le moment que leur retraite; et ils ne se retirèrent que pour revenir. En effet ils ne cessèrent de porter la désolation jusques dans l'intérieur de la France; ils s'établirent en plusieurs endroits : et Pepin s'unit à eux pour ravager l'Aquitaine qu'il ne pouvoit pas conserver. Je ne m'arrête pas sur ces guerres. Il nous suffira de remarquer les principaux événemens, et de chercher ensuite, dans la conduite de Charles, la cause de la foiblesse et des malheurs de la France.

<small>Charles est sans autorité entre la noblesse et le clergé.</small>

Charles éprouvoit encore d'autres revers; car les Bretons secouèrent le joug de sa domination, et il fut obligé de céder l'Aquitaine à Pepin. Tout contribuoit donc à rendre son gouvernement odieux au peuple, qu'il ne savoit pas défendre, et méprisable aux grands, qui pouvoient se faire craindre. Il étoit en quelque sorte sans puissance entre le clergé, qui s'étoit arrogé le droit de déposer les rois, et la noblesse qui devenoit tous les jours plus indépendante. Dans la nécessité de ménager ces deux corps, il ne pouvoit ni refuser aux évêques la restitution des biens usurpés sur l'église, ni l'ordonner aux seigneurs qui les avoient envahis, ou à qui lui-même il les avoit quelquefois donnés. C'étoit cependant là une source intarissable de plaintes et de murmures. Des conciles se tenoient sans qu'on eût seulement daigné prendre son agrément; et s'il convoquoit des assem-blées, elles aigrissoient les esprits et ne terminoient rien.

Cependant les Normands continuoient leurs ravages, les Bretons eurent de nouveaux succès; l'Aquitaine, qui étoit soumise, se souleva, et Charles se vit presqu'abandonné. Il semble que l'hommage que les seigneurs rendoient encore n'étoit plus qu'une formalité qui n'obligeoit à rien : ils s'éloignoient de la cour, ils dédaignoient de venir aux assemblées, et ils refusoient le service militaire.

Le roi fut réduit à s'humilier devant ses sujets. Il tint, à Chiersi-sur-l'Oise, une assemblée où il ne vint que des évêques, des abbés, et quelques seigneurs du nombre de ceux qui étoient opprimés : tout le fruit des délibérations fut d'inviter la nation à conférer sur les changemens à faire dans le gouvernement. Le roi s'engageoit à pardonner à ceux qui avoient manqué à leur devoir, pourvu qu'ils eussent la bonne foi de reconnoître leur faute : que si quelqu'un s'étoit révolté pour n'avoir pas été récompensé, il s'offroit de le satisfaire. Il promettoit de réparer les injures qu'il pouvoit avoir faites, et qui avoient engagé des seigneurs à se retirer de la cour et du service : que s'il y en avoit qui voulussent passer sous une autre domination, il le leur permettroit, pourvu qu'en se retirant ils ne causassent aucun trouble. Il donnoit en son nom, et au nom des évêques, toute sortes de sûreté à ceux qui conservoient encore quelque méfiance. En un mot, il exhortoit tout le monde à porter des plaintes contre lui, et il assignoit Verbrie pour le lieu où les conférences devoient se tenir.

L'assemblée de Verberie fut plus nombreuse que la précédente; et ceux qui s'y trouvèrent parurent se réconcilier avec le roi. Mais on ne doit pas s'attendre à une réconciliation véritable entre un souverain qui s'avilit de la sorte, et des sujets puissans qui ne songent qu'à se rendre tout à-fait indépendans.

Lothaire met dans un [ ], et laisse trois fils.

Vers ce temps, Lothaire, frappé d'une maladie mortelle, et de la terreur des jugemens de Dieu, voulut mourir sous un froc, croyant ce vêtement propre à couvrir ses crimes. Il fut moine six jours, et laissa trois fils, Louis, Lothaire et Charles. Le premier fut empereur et roi de Lombardie. Lothaire eut tout ce que son père possédoit entre le Rhin, l'Escaut, la Meuse et la mer; royaume qui prit de lui le nom de

Lotharingia, et que j'appellerai Lorraine, quoique cette province ne soit aujourd'hui qu'une petite partie des états de ce prince. Enfin Charles eut le royaume d'Arles ou de Provence, ce qui comprenoit la Savoye, le Dauphiné, la Provence, une partie du Lionnois et du Languedoc.

En 858, comme la France étoit toujours dévastée par des payens, Louis, roi de Germanie, crut devoir venir au secours de la religion, c'est-à-dire, envahir les états de son frère. Un concile d'Attigni, auquel présidoit l'archevêque de Sens, déposa Charles, releva ses sujets du serment de fidélité, et déclara la couronne de France dévolue au roi de Germanie. Les évêques qui restèrent fidelles, excommunièrent les pères de ce concile : mais la plus grande partie des troupes ayant passé dans le parti des excommuniés, Charles fut contraint de s'enfuir en Bourgogne. {Louis de Bavière fait déposer Charles dans le concile d'Attignal.}

Louis ne conserva pas long-temps sa conquête. Comptant sur l'affection de ses nouveaux sujets, et voulant gagner leur confiance, il eut l'imprudence de renvoyer son armée en Germanie : il la suivit bientôt lui-même, parce que Charles reparut avec de nouvelles forces.

<small>Charles reconnoît les droits que le clergé s'arroge.</small>

Le roi de France ayant recouvré ses états, songea comment il pourroit les conserver. Les évêques ne cessoient alors de s'attribuer, dans leurs lettres synodales, toute autorité sur les rois; et ils regardoient cette autorité comme attachée à leur qualité de lieutenans de Dieu sur terre. En effet, le mot seul de *lieutenant* porte l'idée d'une puissance temporelle, tant les mots ont de vertu, lorsque les peuples sont stupides; et quelle est même la nation éclairée où les mots sont sans vertu ? Charles n'eut garde de rien contester au clergé; au contraire, il publia contre l'archevêque de Sens, un écrit dans lequel il dit: *au moins cet archevêque ne devoit pas me déposer avant que j'eusse comparu devant les évêques qui m'avoient sacré roi, et avec lesquels il m'avoit sacré lui-même; il falloit auparavant que j'eusse subi le jugement de ces prélats, qui sont appelés les trônes de Dieu, dans lesquels Dieu est assis, et par lesquels il prononce ses arrêts, ayant toujours été prêt de me soumettre à leurs corrections paternelles et aux châtimens qu'ils voudroient m'imposer.*

Après cet aveu, Charles imagina de fonder son trône sur les trônes de Dieu, et d'engager les évêques à déclarer au roi de Germanie qu'il avoit encouru l'excommunication, et qu'il demeuroit excommunié, s'il ne renonçoit à ses desseins sur la France. Le concile se tint à Metz : il obéit aux inspirations du roi; et il envoya des députés à Louis pour lui signifier la sentence qu'il avoit portée. *Il fait excommunier Louis dans le concile de Metz.*

Le roi de Germanie, qui n'étoit pas du diocèse de ces évêques, fut fort étonné de la jurisdiction qu'ils s'arrogeoient sur lui. Si Charles avoit des évêques pour l'excommunier, il en avoit aussi pour excommunier Charles; et il répondit qu'il consulteroit les siens.

Cette sentence ridicule ayant été sans effet, le roi de France fit tenir un autre concile à Savonières, près de Toul. Il s'y trouva avec les rois de Lorraine et de Provence. Là ces trois princes firent un traité d'alliance en présence des évêques ; mais *Il s'allie des rois de Lorraine et de Provence et tous trois reconnoissoient que les évêques doivent s'unir pour corriger les rois.*

aussi les évêques, en présence et du consentement des princes, s'obligèrent à demeurer très-unis entre eux, pour corriger les rois, les grands seigneurs et le peuple. Cependant un événement prépara dès-lors aux évêques un joug sous lequel ils devoient tôt ou tard fléchir.

<small>Divorce de Lothaire roi de Lorraine.</small>

Lothaire voulant épouser Valdrade dont il est amoureux, répudie Theutberge, sa femme, qu'il fait accuser d'adultère. Gonthier, archevêque de Cologne, Teutgaud, archevêque de Trèves, deux évêques et deux abbés approuvent, ordonnent même ce divorce, et leur jugement est confirmé dans un concile tenu à Aix-la-Chapelle.

<small>Autorité que le pape s'arroge à cette occasion.</small>

Theutberge, qui s'étoit réfugiée en France, écrivit à Nicolas Ier. pour se plaindre de ce jugement. Ce pape prit sa défense, soit pour lui rendre justice, soit pour saisir l'occasion d'étendre sa puissance sur les évêques et sur les rois. Il étoit déjà bien convaincu que les empereurs tiennent du vicaire de S. Pierre la couronne et le glaive ; et que la soumission commandée par l'apôtre, n'est due aux rois qu'autant qu'ils sont bons. Il ne considéroit pas que Néron est celui auquel

S. Pierre commandoit d'obéir. Il cassa le concile, déposa Gonthier et Teutgaud, et menaça d'excommunier Lothaire.

Alors Gonthier écrivit aux évêques en ces termes. « Le seigneur Nicolas, que l'on nomme pape, qui se compte apôtre entre les apôtres, et se fait empereur de tout le monde, nous a voulu condamner; mais nous avons résisté à sa folie ». S'adressant ensuite au pape : « vous avez prétendu, dit-il, nous condamner à votre fantaisie, mais nous ne recevons point votre maudite sentence; nous la méprisons : nous vous rejetons nous-mêmes de notre communion : nous nous contentons de la communion de toute l'église ».

Cependant Lothaire craignoit l'excommunication, parce qu'il pensoit que ses oncles auroient la conscience trop délicate pour souffrir que les Lorrains fussent gouvernés par un excommunié. Bien loin donc de soutenir les évêques qui s'étoient prêtés à sa passion, il se soumit lui-même, et demanda qu'il lui fût permis d'aller à Rome, afin de se présenter devant le pape avec ses accusateurs. C'est une grace qui ne lui fut accordée que par Adrien II, successeur de Nicolas. Le roi de Lorraine comparut donc devant le pape comme devant son juge ; et Gonthier lui-même, se prosternant aux genoux de sa sainteté, lui dit : *je déclare devant Dieu et devant ses saints, à vous, monseigneur Adrien, souverain pontife, aux évêques qui vous sont soumis et à toute l'assemblée, que je supporte humblement la sentence de déposition donnée canoniquement contre moi par le pape Nicolas ; que je ne ferai jamais aucune fonction sacrée si vous ne me rétablissez par grace ; et que je n'exciterai jamais aucun scandale contre l'église romaine ou contre son évêque, à qui je proteste d'être toujours obéissant.* C'est ainsi que se termina cette affaire également honteuse pour Lothaire, pour les évêques et pour le pape ; et c'est la première où un roi et des évêques étrangers se soient soumis à la juridiction de la cour de Rome. Jusqu'alors les papes ne s'étoient point encore mêlés des mariages ni des divorces des princes. Ce premier succès les enhardira à se porter pour juges dans ces sortes d'affaires, et il en naîtra bien des désordres.

Charles, roi de Provence, mourut lorsque ce divorce occupoit toute l'Europe, et qu'on disputoit sur les cas où un mari pouvoit répudier sa femme pour en prendre une autre. Lothaire, par un traité fait avec Charles, devoit être son héritier. Mais il céda une partie de ce royaume à l'empereur, parce que son différend avec la cour de Rome lui faisoit une nécessité de le ménager. A peine eût-il terminé cette affaire qu'il mourut à Plaisance, lorsqu'il revenoit dans ses états.

L'empereur, comme frère de Lothaire, pouvoit prétendre à la Lorraine; mais il étoit trop éloigné pour faire valoir ses droits, et d'ailleurs il avoit alors la guerre avec les Sarrasins. Ces peuples, profitant des troubles qui désoloient les duchés de Bénévent et de Naples, avoient passé de Sicile en Italie, et s'y étoient établis. Le roi de Germanie, alors malade à Ratisbonne, avoit déjà bien de la peine à se défendre contre les Sclavons Vinides, qui avoient gagné plusieurs batailles sur lui.

Charles le Chauve saisit ces circonstances qui lui étoient favorables, parut avec une armée, fut reconnu dans une assemblée qui se tint à Metz, et sacré roi de Lorraine. Cependant le roi de Germanie lui ayant déclaré la guerre, il consentit à lui céder une partie de ce royaume, et le partage fut fait.

Ils méprisent les excommunications d'Adrien II, qui se déclare pour l'empereur.

C'est en vain qu'Adrien II, prenant les intérêts de l'empereur, avoit protesté contre les entreprises de ces deux rois, et les avoit menacés d'excommunication, s'ils s'emparoient de la Lorraine; ce fut tout aussi inutilement que ses légats vinrent à Saint-Denis, et que, s'étant présentés devant le roi lorsqu'il entendoit la messe, ils lui défendirent, de la part du pape, de se mêler désormais en aucune manière de ce royaume. Adrien crut trouver bientôt l'occasion de se venger du mépris qu'on faisoit de ses censures.

Charles fait excommunier Carloman, son fils, qui s'étoit révolté.

Charles le Chauve avoit deux fils, Louis qui ne lui avoit jamais été bien soumis, et Carloman qui se révolta. Celui-ci mécontent d'avoit été fait diacre malgré lui, se mit à la tête d'une troupe de bandits, et ravagea le royaume. Le roi, comme pour autoriser les prétentions du clergé, prit un concile pour juge, et fit excommunier son fils, avec tous ceux qui l'avoient engagé, ou qui le suivoient dans la révolte.

Carloman implora la protection du pape qui étoit empressé de saisir le plus léger prétexte pour étendre sa jurisdiction sur le roi et sur les évêques de France. Adrien, dans sa lettre à Charles, le traita de père dénaturé, lui ordonna de cesser la persécution qu'il faisoit à son fils, et de lui rendre son amitié ; ajoutant que quand il auroit obéi, il enverroit des légats en France pour régler tous les différends. Il écrivit encore aux évêques que toutes leurs excommunications seroient nulles, jusqu'à ce qu'il eût été instruit de cette affaire ; et aux seigneurs qu'il les excommunieroit, s'ils prenoient les armes contre Carloman. Cette tentative n'eut pas l'effet qu'Adrien s'étoit promis, parce que les esprits n'étoient pas encore accoutumés à reconnoître l'autorité qu'il s'arrogeoit. Mais c'est à force de hasarder des prétentions aussi extraordinaires,

Le pape qui se déclare pour Carloman, veut s'établir juge de cette affaire, mais sans succès.

que les papes s'élèveront enfin au-dessus des rois, et disposeront des couronnes.

Il abandonne Carloman pour Charles dont il avoit à avoir besoin.

Adrien fit ses réflexions, et changea de conduite. Considérant que si l'empereur, qui n'avoit point de fils, venoit à manquer, Charles pourroit être roi d'Italie, et que, par conséquent, il devoit le ménager pour lui, pour ses parens et pour ses amis, il lui écrivit peu après d'un style tout différent. Il le combla de louanges, et lui promit de ne jamais se départir de ses intérêts. Carloman, abandonné du pape, fut pris après avoir troublé plusieurs provinces pendans deux ans; et son père lui fit crever les yeux.

Les fils du roi de Germanie ne furent pas plus fidelles.

Le roi de Germanie ne trouvoit pas plus de soumission dans sa famille : car ses deux cadets, Louis et Charles, avoient pris les armes ; et Carloman son aîné, alors soumis, s'étoit déjà révolté plusieurs fois.

875.
Après la mort de l'empereur, Charles obtint de Jean VIII la couronne impériale.

L'empereur étant mort sur ces entrefaites, Charles le Chauve, qui avoit pris ses mesures d'avance, ferma les passages des Alpes au roi de Germanie, et vint à Rome où il reçut la couronne impériale des mains de Jean VIII, successeur d'Adrien.

Son frère, jaloux de se venger, fit une irruption en France, pénétra jusqu'en Champagne, ruina tous les lieux par où il passa, et se retira.

On ne sait pas exactement ce que coûta le titre d'empereur au roi de France; mais quelque marché qu'il ait fait, il a du moins donné lieu de croire que le pape le conféroit; et on ne peut pas douter qu'il n'ait contribué à l'avilissement de cette dignité et à l'accroissement de la puissance des papes. Il revint en France l'année suivante 876, et il se hâta de faire tenir un concile à Pont-Yon, où les légats se trouvèrent, et dans lequel il employa toute son autorité pour soumettre l'église de France à la juridiction du saint siége. Il oublia même sa dignité, jusqu'à dire que le pape lui avoit donné la commission de le représenter, et qu'il vouloit exécuter les ordres qu'il en avoit reçus. Cependant les entreprises du souverain pontife étoient contraires aux canons, aux usages de l'église gallicane, et aux intérêts mêmes du roi. Entre autres choses, il établissoit l'archevêque de Sens primat des Gaules et de Germanie, comme

Charles avili de la dignité impériale.

son vicaire en ces provinces, soit pour la convocation des conciles, soit pour les autres affaires ecclésiastiques : ordonnant qu'il notifieroit aux évêques les décrets du saint siége, lui feroit le rapport de ce qui auroit été fait en exécution, et le consulteroit sur les causes majeures. Mais les évêques s'opposèrent à cette nouveauté, et quoique l'archevêque de Sens se soit depuis prétendu primat des Gaules et de Germanie, cette qualité ne fut jamais en lui qu'un titre sans jurisdiction. Le dessein de Charles étoit d'abaisser son clergé, parce qu'il le craignoit : il ressembloit au cheval de la fable, auquel bien d'autres princes ont ressemblé.

875. Mort de Louis le Germanique qui laisse trois fils. Cette même année mourut Louis, roi de Germanie. Il sut défendre ses états contre ses voisins, maintenir ses sujets dans l'obéissance, faire rentrer ses fils dans le devoir : en un mot, il fit respecter son autorité. Mais j'ai peine à croire qu'il ait été un des plus vertueux et des plus grands princes qui ait régné en Allemagne, comme le dit M. le président Hénault : il n'y avoit guères alors de véritable vertu ni

de véritable grandeur parmi les souverains.
Quatre ans avant sa mort, il avoit partagé ses états entre ses fils : Carloman eut la Bavière, la Bohême, la Carinthie, l'Esclavonie, l'Autriche d'aujourd'hui, et une partie de la Hongrie. Louis eut la Franconie, la Saxe, la Frise, la Thuringe, la basse Lorraine, Cologne et quelques autres villes sur le Rhin. Enfin Charles eut l'Allemagne, ce qui comprenoit tout ce qui est au-delà du Mein jusqu'aux Alpes, et avec cela quelques villes qui avoient été du royaume de Lorraine.

L'empereur voulant envahir quelques parties de ces états, arma contre lui ses trois neveux, Carloman, roi de Bavière, Louis, roi de Germanie, et Charles, roi d'Allemagne : c'est ainsi qu'on les désignoit. Il venoit d'être défait par le roi de Germanie, lorsqu'il apprit que les Normands, entrés par l'embouchure de la Seine, s'étoient rendus maîtres de Rouen, et que les Sarrasins, les Grecs et le duc de Bénévent causoient de grands désordres en Italie. Il se hâta de passer les Alpes à la sollicitation du pape, laissant la régence

Charles qui ne peut se défendre contre les Normands et les Sarrasins fait la guerre à ses neveux et meurt.

du royaume de France à Louis son fils ; mais Carloman, roi de Bavière, arriva presque aussitôt en Lombardie. Ces deux rois se firent peur mutuellement, et n'eurent rien de plus pressé que de retourner l'un et l'autre sur leurs pas : Carloman, parce qu'il crut que Charles étoit venu avec toutes ses forces ; et Charles, parce qu'en effet une partie de son armée avoit refusé de le suivre. Celui-ci tomba malade en passant le Mont-Cénis, et mourut dans une chaumière de paysan. Il étoit dans la cinquante-cinquième année de son âge, et dans la trente-huitième de son règne, comme roi de France.

Je vous ai montré par la suite des principaux événemens, combien ce roi fut peu maître dans ses états, et combien il étoit foible pour les défendre, lors même qu'il acquéroit de nouvelles provinces. Il nous reste à considérer, dans sa conduite, quels sont les vices qui achèveront de perdre tout-à-fait le gouvernement.

Le roi se trouvant entre deux corps jaloux et ennemis, le clergé et la noblesse, étoit forcé à se déclarer tantôt pour l'un, tantôt pour l'autre, et devoit enfin devenir la victime de l'un des deux, ou de tous deux ensemble. Si Charlemagne maintint son autorité, c'est qu'il fit entrer le peuple dans les assemblées de la nation ; qu'il sut balancer, par ce troisième corps, la puissance de la noblesse et du clergé ; et qu'il entretint l'union entre ces trois ordres. Cette politique lui réussit : sur quoi vous remarquerez que le plan de gouvernement le plus équitable est le plus avantageux pour le souverain, comme pour les sujets. Si ce grand homme eût pu transmettre son génie à ses fils, l'empire français, tous les jours plus florissant, se fût affermi. Il devoit donc tomber en décadence sous Louis et sous Charles II ; car les effets ne pouvoient plus être les mêmes, lorsque la conduite des souverains étoit toute différente.

Louis fut l'instrument de sa femme, de ses ministres et des moines. Il ne consultoit pas la nation, ou il changeoit de son autorité ce qu'il avoit réglé avec elle. Il lui commandoit en maître, il lui parloit en suppliant, passant de la soumission au

Les désordres ont commencé sous Louis le Débonnaire.

despotisme, et toujours timide ou téméraire, suivant les impressions qu'il recevoit. Les assemblées de la nation devinrent moins fréquentes; le peuple n'y eut plus la même influence, et les dissentions recommencèrent entre la noblesse et le clergé.

<small>Ils s'accroissent sous Charles le Chauve.</small> Sous Charles, les abus prirent de nouvelles forces. Il compta d'abord pour rien le clergé, la noblesse et le peuple; il dédaigna de convoquer le champ de Mai, soit qu'il craignît de trouver de la résistance dans l'assemblée de la nation, soit que, d'après ses flatteurs, il crût n'avoir qu'à commander; mais on lui désobéit, et on lui désobéit impunément. Les grands, en lui refusant le service militaire, lui firent sentir toute sa foiblesse. Voilà pourquoi il fut toujours hors d'état de défendre ses provinces contre les Normands. Regnier, avec qui il fit un traité si honteux, n'avoit que cent vingt bateaux, et par conséquent fort peu de troupes.

Charles s'humilia : son impuissance en fut plus manifeste. Les seigneurs et les évêques qu'il convoqua, en devinrent plus hardis. Le champ de Mai, qui avoit fait toute la force du gouvernement sous Charlemagne, n'offrit plus qu'une assemblée tumultuaire, dans laquelle des hommes qui n'y venoient que pour se plaindre, ou que parce qu'ils avoient encore quelques ménagemens à garder, délibéroient toujours en désordre, et ne terminoient jamais rien. D'ailleurs comme le peuple, de plus en plus avili, n'étoit point appelé, le roi seul, entre le clergé et la noblesse, étoit trop foible contre tous deux ensemble, et ne pouvoit sans danger s'attacher à l'un plûtôt qu'à l'autre. Les choses étant réduites à ce point, il étoit difficile de se bien conduire; mais il n'étoit pas possible aussi de se conduire plus mal que Charles le Chauve. Je ne veux pas seulement parler de la faute qu'il fit, en reconnoissant comme des droits les prétentions des évêques; ni de l'imprudence qu'il eut ensuite de vouloir les soumettre au pape, afin de les abaisser: je veux parler de la conduite qu'il tint avec la noblesse, et qui doit produire le gouvernement le plus monstrueux.

Charles-Martel, Pepin son fils, et Char- *Origine du gouvernement féodal.*

lemagne avoient donné, des bénéfices aux grands qu'ils vouloient s'attacher, exigeant d'eux le serment de fidélité, l'hommage et le service militaire, quand ils seroient commandés. Cet établissement lia le bénéficier à celui qui conféroit le bénéfice, et mit entre eux un rapport qu'on exprimoit par les mots de *vassal* et de *suzerain*.

Cette politique étoit sage de la part de ces princes, assez puissans pour s'assurer de la reconnoissance, et qui d'ailleurs conservoient le droit de reprendre les bénéfices à ceux qui manqueroient à leurs engagemens. Mais Charles le Chauve, dans une position toute différente, fut assez simple pour croire s'attacher les seigneurs par des bienfaits ; et comme il n'avoit plus rien à donner, il déclara tous les bénéfices et tous les comtés héréditaires.

Il faut considérer que la plupart des seigneurs et des comtes étoient si bien affermis, qu'il eût été dangereux d'entreprendre de les dépouiller. En acquérant donc un droit sur une chose qu'ils étoient assez forts pour conserver, ils crurent qu'on ne leur donnoit que ce qu'on ne pouvoit pas leur ôter; et ne songeant qu'à jouir de ce qui ne pouvoit plus leur être contesté, ils devinrent plus indépendans que jamais. Tel fut le degré de puissance où s'élevèrent les grands vassaux.

Comme on profitoit de la foiblesse du gouvernement, il s'établissoit des multitudes de tyrans dans chaque province. Un homme étoit-il assez puissant pour se cantonner dans sa terre? il cessoit d'obéir, il ne permettoit plus aux envoyés royaux de faire aucune fonction chez lui; et il ne travailloit qu'à s'approprier les droits de la souveraineté. Ainsi les lois saliques, ripuaires, bourguignones, les capitulaires de Charlemagne ; en un mot, toutes les lois en vigueur jusqu'alors, furent absolument oubliées. A leur place s'introduisirent des coutumes bizarres, contradictoires, tyranniques, telles que l'ignorance et l'avarice, les établissent quand la force règle tout : la volonté de chaque seigneur étoit devenue l'unique loi.

Il se forma néanmoins parmi tous ces seigneurs une sorte de subordination. Ceux qui rendoient hommage à un supérieur, le recevoient d'un inférieur, et se trouvoient, sous différens rapports, tout-à-la-fois suzerains et vassaux. Le roi, qui ne relevoit de personne et les petits seigneurs auxquels personne ne rendoit hommage, étoient les extrémités de cette chaîne. Cependant il n'y avoit rien de certain dans cette suberdination : l'état de chaque seigneur pouvoit varier et varioit continuellement. Comme il n'y avoit point de puissance publique qui se fit respecter, le foible étoit sans protection contre le fort qui l'opprimoit ; et le sort des armes donnoit des droits, ou les enlevoit suivant les circonstances. Aujourd'hui on étoit le vassal d'un seigneur, demain on l'étoit d'un autre, ou même on devenoit le suzerain de celui à qui on avoit rendu hommage. Enfin quelques seigneurs s'affranchirent de tout hommage, et ne relevèrent, comme on s'exprima, que de Dieu et de leur épée. Leurs terres, qui devinrent des principautés tout-à-fait indépendantes furent ce qu'on nomma des *alleux*, ou des terres *allodiales*. Tel étoit l'état de la France ; elle n'avoit plus de loi, et des tyrans s'y formoient de toutes parts. On a nommé gouvernement féodal cette anarchie, où la fortune des grands se trouvoit toujours chancelante, où les foibles gémissoient continuellement sous l'oppression, et d'où les plus grands désordres devoient sans cesse naître les uns des autres.

Les vassaux prêtoient foi et hommage à leurs suzerains. Quoique quelques-uns s'y refusassent, en général ils ne s'en dispensoient pas, lors même qu'ils étoient assez forts pour s'en affranchir. C'est que l'anarchie féodale s'étant introduite peu-à-peu, il étoit naturel de conserver, par habitude, quelque chose de l'ancien gouvernement, et de continuer de prêter l'hommage, parce qu'on l'avoit toujours prêté. On songeoit d'autant moins à secouer cet usage, que ce n'étoit plus un joug, mais seulement une formalité qui n'obligeoit à rien celui qui étoit assez puissant pour ne pas obéir: d'ailleurs un seigneur eût donné un mauvais exemple à ses vassaux, s'il eût refusé lui-même ce devoir à son suzerain. Voilà pourquoi le droit de la suzeraineté se conservoit presque par-tout, dans les temps où chaque vassal travailloit à s'affranchir et à se rendre indépendant.

Quant aux autres droits, vous pouvez juger par la nature des fiefs, c'est ainsi qu'on nommoit les terres qui soumettoient à l'hommage; vous pouvez juger, dis-je, qu'ils n'avoient rien de fixe. Ils ne pouvoient être uniformes, parce qu'ils dépendoient uniquement de la puissance du suzerain et de la foiblesse du vassal. Là, les vassaux ne faisoient point difficulté de servir à la guerre pendant soixante jours; ici, ils vouloient que leur service fût borné à quarante, ailleurs à vingt-quatre, ou même à quinze : les uns exigeoient une espèce de solde; d'autres fois prétendoient pouvoir se racheter de leur service, en payant quelque légère subvention ; tantôt on ne devoit marcher que jusqu'à une certaine distance ; d'autres fois on n'étoit obligé de marcher que lorsque le suzerain commanderoit lui-même ses troupes. Ceux-là ne devoient que le service de leur personne; ceux-ci devoient se faire suivre d'un certain nombre de chevaliers. En un mot, le joug des vassaux étoit plus ou moins pesant, suivant leur foiblesse ou leur puissance. Tel est le gouvernement monstrueux qui va subsister pendant plusieurs siècles, et dont la suite de l'histoire vous fera connoître les abus.

CHAPITRE IV.

Jusqu'à Hugues Capet.

<small>L'empire de Charlemagne tombe. Il suffit de connoître les causes de cette révolution.</small>

LA maison de Charlemagne se précipite vers sa ruine, et entraîne avec elle l'empire qu'il a fondé. Dès que nous connoissons cette révolution dans ses causes, nous la connoissons déjà dans ses effets. Il est aisé de prévoir les guerres qui vont déchirer l'Europe dans toutes ses parties, puisque nous ne voyons par-tout que des tyrans sans mœurs, sans lois, sans subordination. Je crois encore inutile d'étudier ces guerres dans l'histoire, parce qu'il est tout aussi instructif de les imaginer, et beaucoup plus court. Passons donc rapidement, et n'observons la chûte de l'empire de Charlemagne que pour remarquer ce qui se formera de ses débris.

<small>Etat de l'empire sous Louis II.</small>

Quoique Louis II, dit le Begue, eût reçu de son père la régence du royaume, il paroît cependant n'avoir dû la couronne qu'à la jalousie qui divisoit les grands. Aucun d'eux ne vouloit se donner pour maître celui qu'il avoit jusqu'alors regardé comme son égal; et ils trouvoient tous de l'avantage à se réunir en faveur de Louis, auquel ils pouvoient faire la loi.

L'Italie étoit, comme la France, en proie à une multitude de petits souverains; en sorte que le titre de roi de Lombardie n'avoit donné à Charles le Chauve qu'une puissance toujours contestée par les ducs lombards, auxquels Charlemagne avoit laissé leurs domaines.

Les Sarrasins faisoient des courses jusqu'aux portes de Rome, qui se racheta par un tribut auquel elle se soumit. Carloman, roi de Bavière, prétendoit à l'empire. Lambert, duc de Spolette, soutenu d'Adelbert marquis de Toscane, y prétendoit encore. Tous deux le demandoient au pape Jean VIII, qui le refusoit à l'un et à l'autre. Cependant Lambert entre dans Rome, fait arrêter Jean, et continue de lui demander l'empire sans pouvoir l'obtenir. Quelle idée se formoit-on de cet empire, dont le pape dans les fers disposoit encore?

Quoi qu'il en soit, le duc de Spolette se désista et exigea le serment de fidélité au nom du roi de Bavière, dont il craignit d'être le concurrent. Si Carloman n'eût pas été retenu par une maladie et par la guerre qu'il avoit avec les Sclavons, il se fût rendu maître de l'Italie et de l'empire, c'est-à-dire, du titre d'empereur et de celui de roi de Lombardie; car alors ce n'étoit guères là que des titres.

Le pape, s'étant échappé de sa prison, vint en France et tint un concile à Troyes, dans lequel il sacra le roi et excommunia Lambert, Adelbert, tous ceux qui s'emparoient des biens des églises, et tous ceux encore qui s'assiéroient en présence des évêques sans en avoir obtenu la permission.

Le père Daniel pense que Louis fut seulement couronné roi de France, le pape ayant voulu qu'il vînt à Rome recevoir la couronne impériale, et qu'il y vînt avec une armée pour secourir cette ville contre les Sarrasins, le duc de Spolette et le marquis de Toscane. Mais il importe peu de savoir quels ont été les titres d'un roi qui n'a paru sur le trône que pour s'en montrer indigne. Il mourut après dix-huit mois de règne.

Il laissa deux fils encore fort jeunes, Louis et Carloman : et quelque temps après la reine accoucha d'un prince qui paroîtra sous le nom de Charles le Simple.

Les grands, profitant de la jeunesse des princes, formèrent plusieurs factions. Louis de Germanie fut même appelé à la couronne de France ; mais enfin ils se réunirent, et partagèrent le royaume entre Louis et Carloman. Cependant Hugues, fils de Lothaire et de Valdrade, entreprend de faire valoir ses droits sur la Lorraine ; les Normands recommencèrent leurs courses ; et le duc Boson, dont Charles le Chauve avoit épousé la sœur, se fait reconnoître roi de Provence.

Pendant que ces mouvemens se faisoient en France, Carloman, roi de Bavière, mourut. Louis de Germanie ajouta la Bavière à ses états, en cédant néanmoins la Carinthie à Arnoul, fils naturel de Carloman ; et Charles, roi d'Allemagne, se fit reconnoître roi de Lombardie, et vint à Rome, où le pape Jean le couronna empereur. L'année suivante, il réunit encore sous sa domination la Germanie et la Bavière; Louis, son frère, étant mort sans enfans.

<small>État de l'empire sous Charles le Gros.
882.
884.</small>

Louis, roi de France, mourut en 882, et Carloman, son frère, en 884. La jeunesse de ces princes acheva d'affoiblir la puissance royale. Les grands auroient pu donner la couronne au fils posthume de Louis le Begue; mais comme les guerres civiles et les incursions des Normands, tous les jours plus redoutables, faisoient sentir le besoin d'un chef; qu'un enfant, qui n'avoit guères que quatre ans, ne pouvoit pas l'être; et qu'aucun d'eux ne fut assez puissant pour se saisir de la régence, ils appelèrent au trône de France l'empereur Charles, que l'on surnommoit le Gros.

La réunion de tant d'états, en paroissant former de nouveau le vaste empire de Charlemagne, n'en offroit cependant que le simulacre. Ce n'étoit plus ce corps dont toutes les parties se soutenoient : elles se détruisoient au contraire, et le souverain, incapable d'y rétablir l'ordre, n'en étoit que plus foible.

Il restoit encore quelque subordination dans la Germanie ; car les lois n'y étoient pas tout-à-fait oubliées. Charles eût donc pu se faire respecter dans toute l'étendue de sa domination, s'il eût su faire usage de l'autorité qu'il conservoit encore sur les Germains ; mais il parut sans puissance en Germanie, parce qu'il en avoit peu partout ailleurs.

Il venoit de faire, en 882, une paix honteuse avec les Normands, leur ayant cédé une partie de la Frise et des pays compris aujourd'hui sous le nom de Hollande ; et dès 887, ces peuples se répandirent dans la Flandre, passèrent la Somme, brûlèrent Pontoise, et mirent le siége devant Paris. Eudes ou Odon, comte de Paris, fils de Robert le Fort, qui s'étoit distingué sous Charles le Chauve, défendit cette place avec beaucoup de courage pendant deux ans ; l'empereur ne parut que pour faire encore une paix honteuse, qui, l'ayant rendu l'objet du mépris du public, acheva de ruiner son autorité.

Les flatteurs lui disoient souvent qu'un prince comme lui n'avoit qu'à commander : les royaumes qu'il avoit acquis successivement, par la mort de plusieurs princes, sembloient prouver qu'il étoit né pour être le maître d'un vaste empire : on le comparoit à Charlemagne, et il croyoit en avoir toute la puissance, lorsque, tout-à-coup déposé, il se vit sans empire, sans sujets, et réduit à subsister des charités de l'archevêque de Mayence. Il mourut l'année d'après.

Arnoul, duc de Carinthie, et qui étoit à la tête d'une armée, fut proclamé roi de Germanie; et le comte Eudes se fit reconnoître roi de France, à l'exclusion de Charles le Simple, âgé de huit ans. Cependant plusieurs seigneurs, alliés à la maison Carlovingienne, ou qui en descendoient par les femmes, formoient des prétentions sur ce royaume, ou sur quelques-unes de ses parties. Tels étoient Gui, duc de Spolette, et Béranger, duc de Frioul, qui

888.
Démembrement de l'empire après la déposition de Charles le Gros.

causèrent une longue guerre en Italie, et qui prirent la couronne tour-à-tour. Rodolphe, neveu d'Eudes, se fit un royaume de la Bourgogne transjurane. Louis, fils de Boson, conserva celui de Provence. Les ducs et les comtes se regardèrent tous comme indépendans. Enfin les Normands se montrèrent de toutes parts.

Au milieu des guerres sans nombre que se faisoient les grands et les petits vassaux, un parti se déclara pour Charles le Simple, et lui donna la couronne en 892. Les désordres, qui en devinrent plus grands, durèrent jusqu'en 897, que les deux rois partagèrent la France. Eudes mourut l'année suivante.

Charles régna seul. Ce prince foible n'eut aucune autorité, et l'anarchie se porta jusqu'aux derniers excès. C'est sous lui que Rolon, chefs des Normands, s'établit dans cette province, qu'on nomme aujourd'hui Normandie. Il fallut la lui céder; bientôt après, il fallut encore lui donner la Bretagne. Au reste Rolon eût été digne d'un plus grand état; car il sut donner des lois

898. Charles-le-Simple est sans autorité.

et des mœurs à des peuples, qui jusqu'alors n'avoient vécu que de brigandages.

    Charles vit deux rebelles prendre successivement la couronne. Robert, frère d'Eudes et duc de France, la porta pendant une année; et ayant été tué dans un combat, son gendre Raoul ou Rodolphe duc de Bourgogne, l'usurpa. Le roi, qui tomba dans les fers par la trahison d'Herbert, comte de Vermandois, mourut dans sa prison six ans après; et Raoul, qui continua de régner parmi les guerres et les révoltes, laissa, par sa mort, la France dans l'état le plus déplorable.

Les derniers Carlovingiens ne conservent plus qu'un titre.

    Louis IV, dit d'Outremer, s'étoit enfui en Angleterre lors de la prison de Charles son père. Hugues le Grand, fils de Robert, qui avoit été roi, le rappela pour le mettre sur le trône; se flattant de gouverner sous son nom, et ne se trouvant pas dans des circonstances à pouvoir se déclarer roi lui-même

    Louis IV, Lothaire son fils, et Louis V, son petit-fils, sont les derniers rois de la race Carlovingienne. Ces princes n'avoient plus que le titre de souverains. Presque tous les domaines immédiats de la couronne avoient été aliénés; et Laon étoit la seule ville considérable qu'ils eussent conservée. Hugues le Grand, toujours puissant, se révolta plusieurs fois contre Louis d'Outremer; et Hugues Capet, son fils, usurpa le trône après la mort de Louis V, arrivée en 987. La famille de Charlemagne a régné pendant 236 ans.

CHAPITRE V.

De l'état de l'Angleterre au neuvième et au dixième siècles.

<small>Au commencement du neuvième siècle, Egbert réunit les sept royaumes sous sa domination.</small>

VERS la fin du sixième siècle, la Grande-Bretagne étoit enfin tombée sous le joug des Saxons et des Anglais, que les Bretons avoient appelés à leur secours en 449; et le pays se trouvoit divisé entre sept chefs ou rois, ce qu'il a plu d'appeler *heptarchie*. Mais après bien des guerres, tous ces petits états furent réunis, en 828, sous la domination d'Egbert, roi de Wessex. Ce prince avoit passé quelque temps à la cour de Charlemagne, et pouvoit y avoir pris des leçons sur l'art de conquérir et de régner.

<small>Quelle a été la cause de l'autorité du saint siége, et de la puissance des moines en Angleterre.</small>

L'Angleterre, que l'arrivée des Saxons avoit replongée dans l'idolâtrie, étoit alors catholique; et dès l'an 597, l'évangile y avoit été prêché avec succès par le moine Augustin, que le pape S. Grégoire y avoit envoyé. La religion continua de s'y répandre, précisément dans ces siècles où le clergé augmentoit continuellement sa puissance, et donnoit ses prétentions pour des droits. Les Anglais, qui confondoient les prétentions et les dogmes, parce qu'on les leur prêchoit ensemble, se soumirent au clergé comme à la foi, et sur-tout au pape qui leur avoit envoyé des missionnaires. Voilà pourquoi ils furent de bonne heure plus dévoués à la cour de Rome qu'aucun autre peuple; jusques-là que leurs rois se rendirent tributaires du saint siége. En 853, Ethelwolf publia un édit, par lequel il donna aux églises la dîme de tous les revenus du royaume. Il envoya ensuite, par dévotion, son fils à Rome : il y vint lui-même deux ans après, fit de grandes libéralités, promit d'envoyer toutes les années une certaine somme, tant pour les besoins du pape que pour ceux des églises, et à son retour il assura des fonds à cet effet, en assujettissant tout son royaume au *romescot*, ou denier de S. Pierre, impôt qui jusqu'alors n'avoit été levé que dans quelques provinces. Les Anglais d'aujourd'hui, à qui ce tribut déplaît, ne veulent voir dans le denier de S. Pierre que la pure libéralité d'un prince pieux. Mais qui ne sait que ces libéralités sont tôt ou tard des tributs? Les successeurs de ce prince n'ont pas oublié d'ordonner la dîme et le romescot; les conciles d'Angleterre ne l'ont pas oublié non plus: ils prétendoient même que les églises ne doivent être chargées d'aucun impôt.

Sous Egbert les Normands abordèrent en Angleterre.

Egbert venoit de se rendre maître des sept royaumes, lorsque les Normands abordèrent en Angleterre pour la première fois, et vainquirent. Ils revinrent deux ans après, et furent défaits; ils continuèrent sous Ethelwolf, fils d'Egbert, gagnant et perdant des batailles, mais ruinant toujours les pays par où ils pénétroient.

Ils sont chassés sous Alfred, qui gouverne avec sagesse.

Alfred, le quatrième des fils d'Ethelwolf, mérite de n'être pas passé sous silence. Il régna après ses trois frères, et se proposa de chasser les Normands, qui avoient déjà envahi une partie du royaume. Cependant la fortune lui fut d'abord si contraire, qu'il fut réduit à se cacher dans la chaumière d'un berger. Mais six mois après, s'étant couvert de haillons, il osa venir dans le camp des ennemis, et observer, en jouant de la harpe, ce qui s'y passoit. Lorsqu'il eut tout reconnu par ses yeux, il alla se mettre à la tête de quelque peu de troupes, qu'il avoit fait rassembler secrètement, tomba tout-à-coup sur les Normands, et remporta une victoire complète. Il n'eut plus que des succès. Ses ennemis devinrent ses sujets : ceux qui ne voulurent pas se soumettre, furent contraints de sortir d'Angleterre; et il assura la paix dans ses états. Ce temps de repos fut employé à veiller à la sûreté des peuples, à leur donner des lois, et à faire fleurir le commerce, les arts et les sciences. Une flotte croisoit continuellement sur les côtes : des corps de troupes étoient disposés de manière à pouvoir se porter facilement par-tout : et pendant que par ces sages mesures, Alfred écartoit les barbares, il appeloit les savans, il faisoit venir des livres, il jetoit les fondemens de l'académie d'Oxford, et il policoit tout son royaume. Il connut un art qui devroit être celui de tous les princes : car il mit tous ses sujets dans la nécessité de veiller les uns sur les autres : et il se mit lui-même, en état de pouvoir être toujours instruit de la conduite et de la profession de chaque particulier; voici par quel moyen. Il divisa son royaume en shires ou provinces, les provinces en centaines de familles, les centaines en dixaines; il ordonna que chacun se feroit inscrire dans quelqu'une des dixaines, sous peine d'être poursuivi par les lois comme vagabond; et il voulut que chaque père répondît pour sa famille, chaque dixaine pour les pères, et chaque centaine pour les dixaines. Par cet arrangement l'ordre s'établit et se maintint. Ce grand prince mourut en 900, à l'âge de cinquante-deux ans, et après en avoir régné vingt-huit, dont les douze derniers avoient été paisibles. Sa famille conserva la couronne tant qu'elle fournit des princes actifs et courageux : elle la perdit par le long règne d'Ethelred, tout-à-la fois lâche, avare et cruel; et l'Angleterre, en 1017, tomba sous la domination de Cannut, roi de Danemarck.

Puissance du clergé d'Angleterre, et principalement les moines, désordres qui en naissent.

Il paroît que les rois saxons étoient dans l'usage de convoquer le clergé et la noblesse, et de les consulter sur les lois qu'il convenoit de publier. C'est aussi dans ces assemblées qu'ils étoient reconnus ou même élus; car quoiqu'on les prît toujours dans la même famille, on excluoit cependant l'héritier le plus prochain, lorsqu'il étoit trop jeune pour gouverner. Le clergé devoit être puissant, soit par l'influence qu'il avoit dans les assemblées, soit par la piété libérale des princes, presque tous portés à faire du bien aux églises, et à donner leur confiance aux évêques. Edred, après avoir bien gouverné lui-même, crut, par principes de dévotion, devoir remettre le soin de ses états au moine Dunstan, abbé de Glaston. Edwy, son neveu, qui lui succéda en 955, rendit aux ecclésiastiques séculiers les biens qu'on leur avoit enlevés pour les donner aux moines. Ceux-ci, offensés d'avoir été forcés à cette restitution, se plaignirent avec si peu de modération, qu'ils obligèrent le roi à sévir encore, et à les chasser de leurs monastères. Dunstan fut même banni. On se souleva : Edwy fut réduit à partager ses états avec Edgar, son frère, qui s'étoit mis à la tête des mécontens et mourut bientôt après de chagrin.

Edgar rétablit les moines dans leurs monastères, leur en bâtit de nouveaux, et les combla de biens. Après la mort de ce prince, l'Angleterre fut menacée d'une guerre civile, parce qu'il y avoit un parti qui vouloit ramener les moines à l'esprit de leur première institution, et que d'ailleurs on étoit divisé sur le choix d'un successeur entre Edouard et Ethelred, tous deux fils d'Edgar. Les moines montrèrent alors quelle étoit leur puissance : car non-seulement ils se maintinrent, mais encore ils mirent eux-mêmes la couronne sur la tête d'Edouard. Dunstan le sacra, s'empara de la régence, et profita de la minorité de ce roi pour affermir les moines dans leurs possessions et dans leurs priviléges. Vous voyez que l'Angleterre est le pays où les moines avoient alors le plus d'autorité. Ils jouissoient de la faveur des rois, ils parvenoient presque seuls aux dignités de l'église, et ils tenoient dans l'avilissement le clergé séculier. Ils n'avoient vraisemblablement une si grande puissance, que parce qu'ils avoient été les premiers missionnaires en Angleterre, et que le zèle de la religion n'avoit pas étouffé en eux tout autre intérêt. Je ne dois pas omettre un fait qui vous fera voir jusqu'où ils portoient leur audace. Edwy, prince très-vicieux, celui même dont j'ai déjà parlé, vivoit avec une concubine. Odon, archevêque de Cantorberi et moine, essaya, par ses exhortations, de faire cesser ce scandale, et l'on ne peut jusques-là qu'applaudir à son zèle. Mais le roi ayant été sourd à ses remontrances, des gens armés enlevèrent cette femme, par son ordre, au milieu de la cour même : on la défigura, on la marqua d'un fer chaud, on l'exila en Irlande; et comme elle osa reparoître quelque temps après, Odon la fit reprendre encore, et la fit mourir dans les tourmens. Voilà ce que pouvoit un prélat en Angleterre.

Les conciles donnoient beaucoup d'attention à la discipline de l'église. Les rois eux-mêmes paroissoient en faire leur principal objet; et les lois qu'on multiplioit dans cette vue, et qu'on renouveloit sans cesse, sont un monument des désordres qui régnoient dans le clergé : on ne cherche des remèdes que contre les maladies qui

Abus dans la discipline.

CHAPITRE VI.

Des Sarrasins dans les siècles huit, neuf et dix; et de l'Espagne depuis le septième siècle jusqu'à la fin du quinzième.

> La puissance temporelle que le clergé s'est arrogée, et l'abus qu'il en a fait, est une des principales causes des désordres et de la foiblesse des états de la chrétienté.

LA trop grande puissance du clergé ne tend qu'à produire l'anarchie; aussi a-t-elle été et sera-t-elle encore une source d'abus et de calamités. La France en est la preuve, et la raison en est sensible : car dès qu'il n'y a plus de limites entre la puissance spirituelle et la puissance temporelle, tous les droits sont confondus; la religion fournit des prétextes pour se soustraire à l'obéissance due aux souverains; l'ambition se colore des motifs les plus respectables, et les ministres de l'autel deviennent les instrumens de l'audace et de la tyrannie.

Plus on réfléchira sur l'histoire des temps barbares, plus on se convaincra de cette triste vérité. Les prêtres, qui se disoient les interprètes des volontés du ciel, avoient à peine choisi l'oint du seigneur, qu'ils se sont hâtés de l'avilir, et ils ont les premiers violé le serment qu'ils avoient fait prêter aux sujets. A mesure qu'ils deviennent plus puissans, l'autorité du roi s'affoiblit. Alors les lois sont sans force : le souverain, tombé dans le mépris, ne les sauroit faire respecter; et le clergé, quelle que soit sa puissance, est trop foible pour arrêter des abus auxquels d'ailleurs il s'intéresse : il faut donc que l'anarchie règne avec le sacerdoce. Ces abus, déjà trop sensibles, s'accroîtront encore, et produiront de nouveaux maux.

En orient, le clergé n'avoit pas pu s'élever à la même puissance; mais il n'influoit encore que trop dans le gouvernement. Les prêtres grecs, n'ayant pu entrer en part de la souveraineté, virent sans jalousie le prince entrer en part du sacerdoce. C'est qu'il leur importoit de confondre les deux puissances, même en cédant. En effet, un empereur théologien devoit être gouverné par des prêtres, et donnoit de l'importance

La confusion des deux puissances est favorable au clergé.

aux controverses qui divisoient le clergé. Aussi l'invitoit-on à être juge en matière de doctrine; et lorsqu'il abandonnoit le soin des provinces pour s'occuper des disputes que les moines ne cessoient d'élever, on le louoit de préférer l'église à l'état. Voilà les désordres qui ont favorisé en orient les conquêtes des Sarrasins, et peut-être que sans Charles Martel l'anarchie leur eût livré toute la chrétienté.

La puissance du clergé facilite la conquête de l'Espagne aux Sarrasins.

La France, qui se seroit trouvée sans défenseur, auroit succombé. La facilité avec laquelle les Sarrasins conquirent l'Espagne, en est la preuve; car cette facilité avoit principalement pour cause les abus qui naissoient de la trop grande puissance du clergé.

Lorsque Wamba fut détrôné, la couronne étoit élective, c'est-à-dire, à la disposition de la noblesse et du clergé, qui opprimoient le peuple, et qui s'opprimoient tour-à-tour. Les évêques et les abbés mirent sur le trône Ervige, et cet usurpateur reconnoissant affermit leur puissance. Il eut, en 607, Egiza, son gendre, pour successeur.

Egiza, qui régna jusqu'en 701, et qu'on met au nombre des meilleurs rois, laissa trois enfans : Witiza, qui lui succéda, Oppas, archevêque de Séville, et une fille qui fut mariée au comte Julien. Le comte avoit le gouvernement des côtes de Gibraltar et de tout ce que les Goths possédoient encore en Afrique.

Avec Witiza régnèrent les vices, la tyrannie et les désordres. Ce prince, devenu odieux, ôta les armes à ses sujets, et abattit les murs de quantité de villes, croyant par-là se précautionner contre les révoltes. Mais, la dixième année de son règne, il fut détrôné par Roderigue, fils du frère de Récésuinte, qui avoit occupé le trône avant Wamba.

Eba et Sizebut, fils de Witiza se réfugièrent en Afrique, où de concert avec l'archevêque Oppas, leur oncle, et avec le comte Julien, qui avoit épousé leur tante, ils invitèrent les Maures à passer en Espagne. C'est ainsi qu'on nommoit les Sarrasins, qui étoient alors maîtres de la Mauritanie. Cette conquête étoit facile pour les mahométans, puisque depuis Witiza, l'Espagne n'avoit ni armes, ni places fortes, et que d'ailleurs Julien leur

Les Sarrasins font la conquête de l'Espagne.

en facilitoit l'entrée. Roderigue ne put leur opposer que des troupes levées à la hâte et mal armées ; trahi par Oppas et par Julien, qui tournèrent leurs armes contre lui au moment de l'action, il fut entièrement défait à Xerès, l'an 713 : il disparut et les Maures conquirent l'Espagne en huit mois. Ainsi finit la monarchie des Visigoths, qui duroit depuis 419, qu'ils s'étoient établis à Toulouse.

Les chrétiens, qui purent échapper aux Maures, s'enfuirent dans les montagnes de l'Asturie, où ils eurent pour chef Pélage, fils de Favila, qui étoit frère de Récésuinte, et, par conséquent, oncle de Roderigue : à ces montagnes près, les Sarrasins conquirent toute l'Espagne, malgré la mésintelligence qui divisoit quelquefois ceux qui les commandoient. Abdérame ayant su les réunir, ils franchirent encore les Pyrénées, subjuguèrent une grande partie des Gaules, et furent toujours vainqueurs jusqu'à cette journée, qui coûta la vie et la bataille à leur général, et qui couvrit de gloire Charles Martel.

Ils remportent des avantages sur Vers ce temps, les Sarrasins remportoient de grands avantages sur les Grecs ainsi que sur les Turcs, qui cherchoient à se faire de nouveaux établissemens. Les Turcs étoient des Tartares, qui descendoient des anciens Huns, et qui habitoient les monts Altai. Depuis long-temps, ils faisoient des incursions dans la Chine et dans la Perse, et ils s'étendoient alors depuis l'Altai jusqu'aux terres soumises aux empereurs Grecs. Ils avoient même déjà fait quelque alliance avec la cour de Constantinople. *les Grecs et sur les Turcs.*

Cependant les guerres civiles suspendoient souvent les succès des Sarrasins. La plus grande révolution fut celle qui fit perdre aux Ommiades le khalifat qu'ils possédoient depuis long-temps. Le khalife Mérouan perdit la vie en Egypte, avec quatre-vingts personnes de sa famille; et il n'échappa qu'Abdérame, que nous venons de voir en Espagne. Sous les Abbassides, qui se saisirent du khalifat, et qui protégèrent les lettres, l'empire des Sarrasins s'affoiblit, se démembra; et il se forma plusieurs royaumes indépendans. *Les Abbassides enlèvent le khalifat aux Ommiades.*

Au commencement du neuvième siècle, le khalife Motazem avoit confié sa garde à *Le khalife est réduit aux seules fonctions du sacerdoce.*

des Turcs, qui devinrent dans la suite si puissans, qu'ils s'arrogèrent le droit de donner l'empire : ce fut une source de guerres civiles. Les gouverneurs des provinces se rendirent indépendans; et le khalife se vit réduit au seul territoire de Bagdad. Les Emirs et Omaras, officiers qu'il créa pour remédier au trouble, acquirent, en effet, beaucoup d'autorité : mais, ainsi que nos maires du palais, ils s'en servirent pour assujettir les khalifes mêmes. Ils régnèrent bientôt seuls; et à la fin du dixième siècle le khalifat fut borné aux seules fonctions du sacerdoce. Ce fut alors simplement une dignité que les souverains croyoient devoir respecter dans l'ordre spirituel, parce qu'ils étoient mahométans; et à laquelle ils ne croyoient pas devoir obéir dans l'ordre temporel, parce qu'ils étoient souverains.

Cependant tous les peuples étant mal gouvernés, les Sarrasins, malgré leurs divisions, étoient encore bien redoutables. En 823, ils se rendirent maîtres de plusieurs îles, et entr'autres de celle de Crète, dans laquelle ils bâtirent la ville de Candax, qui donna dans la suite le nom de Candie à cette île. En 828, les Sarrasins d'Afrique s'emparèrent de la Sicile, où ils furent appelés par Eupheme, qui s'étoit révolté contre l'empereur de Constantinople. Enfin quelques années après ils s'établirent en Italie, profitant des guerres civiles qui occupoient Lothaire, Charles le Chauve et Louis de Germanie. Ils ravagèrent la Calabre et la Pouille, et ils s'emparèrent de Bari, de Tarente et de plusieurs autres places. Les Sarrasins d'Espagne y combattoient contre les Sarrasins de Sicile ; les uns pour Siconulfe, prince de Salerne; les autres, pour Aldégise, duc de Bénévent; en sorte que les provinces méridionales de l'Italie étoient en proie à ces deux tyrans, et aux barbares qu'ils avoient fait venir à leur secours. L'empereur de Constantinople et celui d'occident étoient hors d'état de repousser les Sarrasins. L'Italie étoit menacée de passer sous le joug de ces infidelles. Ils assiégèrent Rome, ils battirent un général de l'empereur Lothaire, et ils se fussent rendus maîtres de cette capitale sans les sages mesures du pape Léon IV. Ce pontife étoit né romain, dit M. de

Voltaire : le courage des premiers âges de la république revivoit en lui dans un temps de lâcheté et de corruption ; tel qu'un des beaux monumens de l'ancienne Rome qu'on trouve quelquefois dans les ruines de la nouvelle. Léon engagea les habitans de Naples et de Gaiete à venir défendre les côtes et le port d'Ostie ; il visita lui-même tous les postes et reçut les Sarrasins à leur descente, non pas en équipage de guerrier, mais comme un pontife qui exhortoit un peuple chrétien, et comme un roi qui veilloit à la sûreté de ses sujets. C'est en 849 que ce pape eut la gloire d'avoir sauvé Rome.

Ils s'affoiblissent en Espagne où les chrétiens forment plusieurs royaumes.

Les Sarrasins eussent pu avoir de plus grands succès en Italie, s'ils eussent été unis. Plus divisés en Espagne, leur puissance y étoit déjà considérablement diminuée. Les successeurs d'Abdérame régnoient à Cordoue ; une autre famille de mahométans régnoit à Tolède : les émirs ou gouverneurs des provinces se rendoient indépendans ; et nous voyons qu'un deux fut soutenu dans sa révolte par Charlemagne.

La puissance des souverains musulmans affoiblie par les révoltes et par les avantages que les Français remportèrent sur eux jusqu'au règne de Louis le Débonnaire, fut une conjoncture heureuse pour les chrétiens retirés dans les Asturies. Ils en profitèrent pour assurer leur liberté, et pour recouvrer une partie des provinces que les Maures avoient conquises. C'est alors qu'ils fondèrent les royaumes des Asturies, de Léon, de Navarre, et la principauté d'Arragon sous le gouvernement d'un comte.

Il se forma beaucoup d'autres souverainetés, tant parmi les chrétiens que parmi les musulmans ; et l'histoire d'Espagne n'offre plus que des guerres continuelles, où l'ambition fait oublier aux souverains les intérêts de la religion, où les chrétiens mêmes s'allient avec les musulmans contre les chrétiens, et où les princes, trop foibles pour prendre ouvertement les armes, ont recours aux surprises, aux trahisons, aux assassinats et aux empoisonnemens. Mais parce que mon dessein est seulement de jeter un coup-d'œil général sur les principaux peuples, je ne dois pas m'arrêter sur

Guerres continuelles en Espagne.

l'Espagne, dont les événemens n'influent point sur le reste de l'Europe; et je laisse aux historiens à vous faire des tableaux plus tristes qu'instructifs. Afin même de n'être pas obligé de repasser sitôt dans un pays aussi barbare, je vais parcourir les siècles qui se sont écoulés jusqu'à l'expulsion des Maures.

Révolutions fréquentes et précipitées.

Les arts de luxe et les vices qu'ils traînent à leur suite, avoient amolli les rois mahométans. Moins respectés, ils en furent moins craints, moins obéis, et les révolutions se multiplièrent coup sur coup. Elles se succédèrent avec tant de rapidité, qu'on croiroit lire l'histoire de plusieurs siècles; et cependant ce ne sont que les événemens d'environ vingt ans. Telle étoit la situation des Maures au commencement du onzième siècle.

Multitude de souverains toujours en guerre.

Ces conjonctures auroient été favorables aux chrétiens, s'ils avoient été capables d'en profiter : mais toujours divisés, toujours en guerre les uns avec les autres, ils étoient eux-mêmes exposés à des révolutions continuelles. Il y avoit alors vingt rois en Espagne, quantité d'autres souverains, et beaucoup de chevaliers errans. Ceux-ci étoient des chevaliers armés de toutes pièces, suivis de quelques écuyers, et qui étant indépendans, alloient de province en province, offrant leurs services aux princes ou aux princesses qui étoient en guerre.

Roderigue, surnommé le Cid, étoit un de ces chevaliers. Il servit d'abord dans les armées de Ferdinand; qui, étant roi de Castille, de Léon, des Asturies, de Galice et de Portugal, étoit un ennemi redoutable pour les Maures; mais dont la puissance s'évanouit parce qu'il partagea ses états entre ses trois fils et ses deux filles.

<small>Roderigue ou le Cid.</small>

Le Cid aida dom Sanche, fils aîné de Ferdinand, à dépouiller ses frères Alphonse et dom Garcie, et ses sœurs Urraque et Elvire.

Après la mort de dom Sanche, Alphonse recouvra le royaume de Léon, qui avoit été son partage, et auquel il réunit celui de Castille. Le Cid paroît s'être alors attaché à ce prince, et lui avoir fait remporter de grands avantages sur les Maures. Il prit

Tolède et conquit toute la Castille neuve; ayant ensuite eu quelques dégoûts, il s'éloigna de la cour, porta la guerre aux infidelles en son nom, et se rendit maître du royaume de Valence, qu'il conserva jusqu'en 1099, qu'il mourut. Au reste, l'histoire de ce chevalier est remplie de fables; mais Corneille ne me permettoit pas de la passer sous silence. C'étoit d'ailleurs une occasion de vous donner une idée des divisions qui affoiblissoient les chrétiens. Sur la fin de ce siècle, de nouvelles armées de Maures vinrent encore d'Afrique en Espagne, et causèrent de nouvaux désordres, même parmi les Mahométans.

État de l'Espagne dans le douzième siècle. Au commencement du douzième siècle, l'Andalousie, une partie de la Murcie et la Grenade appartenoient aux Maures : les royaumes d'Arragon et de Navarre étoient réunis sous un prince chrétien : Barcelone étoit une principauté dont les souverains, sous le titre de comtes, rendoient hommage aux rois d'Arragon : le comte Henri, fils d'un duc de Bourgogne et descendant de Hugues Capet, étoit maître d'une partie du Portugal. Enfin Alphonse, dont je viens de parler, réunissoit sous sa domination les deux Castilles, Léon, la Galice et Valence.

Cet Alphonse ne laissa qu'une fille, nommée Urraque, qu'il avoit mariée au roi d'Arragon et de Navarre, et qu'il déclara son héritière. Par la réunion de tant d'états, le roi d'Arragon devenoit un monarque puissant; mais parce que sa femme voulut partager l'autorité, il la répudia, sous prétexte qu'il étoit son cousin issu de germain, et pour d'autres raisons qu'on en donne encore. Quoi qu'il en soit, les seigneurs de Castille, de Léon et des Asturies prirent les armes pour conserver ces royaumes à la reine, et ils lui en conservèrent en effet une partie. Cette princesse eut ensuite la guerre avec son fils, le roi de Galice, qu'elle avoit eu du comte de Galice, son premier mari. Elle l'eut encore avec sa sœur Thérèse, comtesse de Portugal et femme du comte Henri : enfin elle l'eut avec ses sujets.

Le roi d'Arragon, qui ne cessa presque pas de faire des conquêtes sur les infidelles, leur enleva Saragosse dont il fit sa capitale;

et les guerres qu'Urraque fit à Thérèse, n'empêchèrent pas le comte Henri d'avoir aussi de grands succès sur eux, et de les chasser de plusieurs places. Il sembloit donc que les Chrétiens alloient enfin subjuguer les Maures; mais ils s'affoiblissoient au moment qu'ils paroissoient plus puissans. En effet, le roi d'Arragon étant mort sans enfans, les Arragonois élurent dom Ramire, son frère, moine et prêtre; les Navarrois proclamèrent dom Garcie Ramirez; et cette division causa des guerres continuelles entre les deux royaumes.

Le comte de Galice, Alphonse Raymond, après la mort d'Urraque, sa mère, prit les armes, et fut reconnu dans les royaumes de Léon, des Asturies, de Tolède et de la plus grande partie de la Castille. Se voyant alors le plus puissant monarque d'Espagne, il se fit proclamer empereur; titre fastueux que ses successeurs ne prirent pas. Il mérita mieux celui de conquérant; car il prit aux Maures Cordoue, Boçça, Almérie, Calatrava, Jaën, Andujar et Cadix. Il s'étoit allié avec le fils du comte Henri, qui s'étoit fait proclamer roi de Portugal, et avec Raymond Bérenger, comte de Barcelone, qui, ayant épousé la fille de Ramire, gouvernoit l'Arragon. Ce comte étoit puissant ; car, à l'exception de Mérida et de Tortose que les Sarrasins avoient conservées, il étoit souverain de toute la Catalogne, de Montpellier et du comté de Provence. Ces deux princes eurent aussi de grands succès. Le roi de Portugal enleva Lisbonne, Alanguez, Obsdos, Ebora, Elvas, Mura, Serpa, Béja, en un mot, presque tout le Portugal. Le comte de Barcelone ravit Lérida, Tortose, Fraga, et plusieurs autres places. Les Maures ne se relevèrent jamais de ces pertes ; mais l'empereur Alphonse, qui mourut en 1157, ayant divisé ses états entre ses deux fils, laissa deux rois moins puissans que lui, et donna lieu à de nouveaux troubles.

Cependant les Maures firent encore de grandes pertes dans l'intervalle de 1230 à 1252 : Jacques, roi d'Arragon, conquit l'île de Majorque, celle de Minorque, Ivica, et le royaume de Valence. Et Ferdinand III, roi de Cordoue, celui de Murcie, Séville, *Dans le treizième Alphonse de Castille surnommé l Sage.*

la plus grande partie de l'Andalousie, et mourut en 1252, lorsqu'il songeoit à porter ses armes en Afrique. Ce prince ne fut pas seulement conquérant : il s'occupa du soin de policer ses peuples, et fit de sages lois.

Alphonse X, son fils et son successeur, régna jusqu'en 1284. On l'a nommé l'Astronome ou le Sage, parce qu'il protégeoit les sciences et qu'il les cultivoit avec succès. Il gouverna d'ailleurs sagement, et dans des temps difficiles. Il eut le chagrin d'être forcé de vaincre son fils, qui se souleva contre lui, et la gloire d'être appelé à l'empire d'Allemagne.

Pendant le quatorzième siècle, l'Espagne fut déchirée par les guerres que se firent les rois chrétiens, et par les troubles qui naissoient fréquemment dans leurs royaumes. L'usage qui faisoit passer la couronne aux femmes, et, par conséquent, multiplioit les prétendans, étoit souvent la source des désordres. La Castille fut à cette occasion le théâtre d'une guerre où l'Angleterre et la France prirent part, et dont nous parlerons lorsque nous serons arrivés au règne de Charles V. Elle continua d'être agitée jusqu'à la mort de Henri IV, arrivée en 1472. Ce prince avoit été déposé par un parti puissant, qui avoit pour chef l'archevêque de Tolède ; et il n'étoit remonté sur le trône, qu'après avoir exclus de sa succession sa propre fille Jeanne, et avoir reconnu sa sœur Isabelle pour sa seule héritière.

Pour assurer la couronne à cette princesse, les rebelles lui firent épouser Ferdinand, qui, étant héritier d'Arragon et de Sicile, étoit en état de soutenir les prétentions de sa femme. Par ce mariage, Ferdinand devint le roi le plus puissant qu'on eût encore vu en Espagne, depuis que les chrétiens s'y rétablissoient.

Les mahométans n'y possédoient plus que le royaume de Grenade. Le roi de Maroc, qui étoit venu à leur secours en 1440, avoit été entièrement défait. Depuis ils s'étoient affoiblis de plus en plus ; et lorsqu'il s'élevoit contre eux un ennemi redoutable, ils s'affoiblirent encore par la révolte de Boabdilla contre Alboacen, son oncle et son roi.

Ferdinand fomenta cette guerre civile,

en donnant des secours à Boabdilla; mais quand Alboacen fut mort, il attaqua son allié, conquit le royaume de Grenade, et mit fin à la domination des Maures, qui subsistoit depuis près de huit cents ans.

1492.

Etat de l'Espagne après l'expulsion des Maures.

Ferdinand, qu'on regarda comme le vengeur de la religion, parce qu'il avoit fait des conquêtes sur les infidelles, fut surnommé le Catholique; et prit le titre de roi d'Espagne, parce qu'il en possédoit tous les royaumes, à la Navarre près qu'il envahit dans la suite, et à l'exception du Portugal qui continua d'être un royaume séparé. Il se hâta de chasser des Maures pour leur ôter tout moyen de se rétablir; et il chassa encore les juifs, qu'on regardoit comme des ennemis, parce qu'ils n'étoient pas chrétiens et qu'ils étoient riches. On prétend qu'il sortit d'Espagne cent soixante-dix mille familles. Il y resta des provinces à moitié désertes, des chrétiens pauvres sans commerce, sans arts, et l'inquisition que Ferdinand lui-même avoit introduite en 1478.

Combien cette

On compte qu'il a fallu livrer aux

Maures 3700 combats pour recouvrer l'Espagne, dont ils s'étoient rendus maîtres par une seule bataille. Si l'on eût compté les combats que se sont donnés les princes chrétiens, on en eût trouvé sans doute un plus grand nombre. Jugez par-là de la multitude des révolutions, de la misère des peuples, et de la misère des souverains mêmes.

expulsion a coûté de combats.

Les princes sont toujours malheureux, lorsqu'ils ne font pas régner les lois. Plus ils veulent être absolus, plus ils sont foibles; et les révoltes renaissent comme les têtes de l'hydre. *Nous qui sommes autant que vous, nous vous faisons notre roi, à condition que vous garderez nos lois, sinon, non*, disoient les Arragonois, lorsqu'ils étoient assemblés pour couronner celui qu'ils élevoient au trône. Les Castillans ne mettoient pas moins de bornes au pouvoir de leurs souverains. Ce gouvernement eût été bon, si les Arragonois et les Castillans avoient en effet eu des lois; mais ce qu'ils appeloient de ce nom, n'étoit que les usurpations ou les prétentions des vas-

Combien le gouvernement des royaumes d'Espagne avoit été vicieux.

saux puissans ; car eux seuls composoient les assemblées ; le peuple en étoit exclus, et ses droits étoient comptés pour rien. Le ton de liberté que prenoient les assemblées, n'étoit donc que le langage d'une multitude de tyrans qui craignoient de se donner un tyran pour maître. Ceux qui parloient ainsi, étoient des évêques, des abbés, et des seigneurs laïques, qui d'ordinaire n'observoient eux-mêmes aucunes lois dans leurs terres. Ils obéissoient au souverain, ils lui désobéissoient, ou ils lui faisoient la guerre ; sacrifiant tout à l'ambition, et ne cédant qu'à la force. Tantôt on marchoit à ses ordres, tantôt on refusoit de se rassembler sous ses drapeaux, d'autres fois on l'abandonnoit au milieu d'une campagne, et les entreprises les mieux concertées ne réussissoient pas, ou se terminoient par des revers. Tant de combats entre les chrétiens et les mahométans font voir que de part et d'autre on ne savoit ni se réunir ni faire la guerre. Tel est le gouvernement ou plutôt l'anarchie que les barbares avoient établie par-tout, et qui a été la première cause des malheurs de l'Espagne. Je ne m'arrête pas ici sur les vices de cette anarchie : l'histoire de France, qui vous en a déjà donné une idée, achèvera de vous les faire connoître.

CHAPITRE VII.

De l'Allemagne et de l'Italie depuis 888 jusqu'en 1073.

<small>888.
L'Allemagne et l'Italie sous Arnoul.</small>

ARNOUL, reconnu roi d'Allemagne, portoit encore ses vues sur la France et sur l'Italie, et ambitionnoit sur-tout le titre d'empereur. Mais il étoit trop mal affermi pour faire face aux obstacles qui s'offroient de toutes parts : il voyoit au dehors des concurrens déjà établis, et au dedans des factions toutes prêtes à se former. Comme les gouvernemens étoient héréditaires, les ducs et les comtes ne songeoient qu'à se rendre indépendans sous un prince qu'ils venoient d'élire, et qui étoit forcé de les ménager. Le duc de Moravie sur-tout ne cachoit pas qu'il vouloit se soustraire à toute domination. Il fallut le caresser pour le gagner, il fallut même augmenter sa puissance, et encore ne fut-il pas possible d'éviter la guerre.

Dans ces conjonctures, Arnoul reconnut Eudes pour roi de France; Rodolphe, pour roi de la Bourgogne transjurane ; et Louis, fils de Boson, pour roi de Provence.

Il fut défait par les Abodrites, peuple qu'on dit être Vandale d'origine, et qui habitoit sur les bords de l'Elbe. Il le fut encore par les Normands, qu'il vint cependant à bout de vaincre; et il gagna plusieurs batailles sur les Sclavons.

Cependant l'Italie et le titre d'empereur étoient toujours l'objet de l'ambition d'Arnoul. Il eût été plus sage à lui d'assurer son autorité en Allemagne, que de marcher à de nouvelles conquêtes. Qu'importe d'acquérir des provinces, quand on est si peu maître de celles qu'on a déjà ? C'est l'Allemagne qu'il falloit d'abord conquérir. Les factions commençoient à naître entre les seigneurs laïques et les seigneurs ecclésiastiques : c'étoit le moment de les étouffer. Il ne le fit pas; et elles seront la source de bien des guerres sanglantes.

Gui, duc de Spolette, étoit maître de l'Italie, et Arnoul avoit déjà envoyé un de ses fils au secours de Bérenger, duc de

Frioul, qui, ayant été defait, avoit eu recours à lui. Il y passa lui-même à la sollicitation du pape Formose, qui vouloit se soustraire à la domination de Gui et de quelques autres ducs. Il prit Bergame, Milan, Pavie, Plaisance, repassa les Alpes, et fit reconnoître roi de Lorraine son fils Suentibold.

Cependant Gui étoit mort, et Lambert son fils avoit été couronné empereur par Formose. Ce pape n'étoit pas maître paisible de la chaire de S. Pierre. Il avoit eu pour concurrent Sergius, qui tentoit tout pour le chasser, et qui étoit soutenu d'Adalbert, marquis de Toscane. Il crut donc mettre Lambert dans ses intérêts ; mais voyant que malgré ses ménagemens, il ne pouvoit pas compter sur ce prince, il pressa le roi d'Allemagne de passer une seconde fois en Italie, et il lui offrit la couronne impériale.

Serment des Romains, lorsqu'il est couronné empereur.

Arnoul vint, assiégea Rome que le parti de Lambert défendoit, la força, fut couronné empereur par le pape, et reçut les noms de César et d'Auguste. Le serment que lui firent les Romains étoit conçu en ces termes : *Je jure par tous les divins mystères, que, sauf mon honneur, ma foi et ma fidélité pour le pape Formose, je suis fidelle, et le serai toujours à l'empereur Arnoul.* Cette clause, *sauf ma fidélité pour le pape*, est remarquable.

Après avoir sévi contre les ennemis de Formose, Arnoul poursuivit Lambert avec vigueur, mais inutilement. Il ne put lui enlever la couronne, et il revint en Allemagne où il mourut. Lambert, contre qui plusieurs conspirations s'étoient formées, périt la même année.

<small>Mort d'Arnoul.</small>

<small>899.</small>

Louis IV, seul fils légitime d'Arnoul, fut élu roi d'Allemagne, quoiqu'il n'eût encore que sept ans, et bientôt après il fut proclamé roi de Lorraine à Thionville. Les Lorrains se donnèrent eux-mêmes à ce prince. Suentibold, qui s'étoit rendu odieux par sa tyrannie, entreprit inutilement de défendre ses droits : il perdit la bataille et la vie.

<small>Louis IV, son fils, dernier des Carlovingiens.</small>

Vers la fin du neuvième siècle, une nouvelle nation de Scythes, qui habitoient à l'orient du Volga, se répandit en Europe.

<small>Les Hongrois, qui s'étoient établis en Pannonie, accroissent les troubles, qui durent jusqu'à la mort de Louis.</small>

Ces barbares se jetèrent d'abord sur les Russes ; ils traversèrent ensuite la Russie Polonoise, vinrent jusqu'au bord du Danube, passèrent ce fleuve et s'établirent dans une partie de la Pannonie, dont les limites étoient à-peu-près les mêmes que celles qui bornent aujourd'hui le royaume de Hongrie. De-là, ils firent de nouvelles irruptions ; et au commencement du dixième siècle ils ravagèrent plusieurs fois l'Allemagne, l'Italie, et une partie de la France. Tous ces pays étoient ouverts parce qu'ils manquoient de places fortes, et encore plus, parce qu'ils étoient mal gouvernés. On croit que les Hongrois, c'est ainsi qu'on nomme ces Scythes, ont la même origine que les Turcs.

Le règne de Louis ne fut qu'une suite de troubles jusqu'en 911, qu'il mourut. Il fit une paix honteuse avec les Hongrois ; il en fit une autre tout aussi honteuse avec les Normands ; et l'Allemagne fut déchirée par une guerre civile, si sanglante que presque tous les chefs y perdirent la vie.

L'Allemagne comprenoit alors la Franconie ; la province de Bamberg, Constance,

Bâle, Berne, Lausanne, la Bourgogne, Besançon, la Lorraine, Metz, Liége, Cambrai, Arras, la Flandre, la Hollande, la Zélande, Utrecht, Cologne, Trèves, Mayence, Worms, Spire, Strasbourg, la Frise, la Saxe, la Hesse, la Westphalie, la Thuringe, la Wétéravie, la Misnie, la Marche de Brandebourg, la Poméranie, Rugen, Stétin, le Holstein, l'Autriche, la Carinthie, la Stirie, le Tirol, la Bavière, les Grisons, et tous les pays qui dépendoient de ces provinces.

Louis IV est le dernier prince allemand de la race Carlovingienne. Charles le Simple, qui régnoit en France, étant trop foible pour faire valoir ses droits, la nation eut la liberté de se choisir un chef. Othon, duc de Saxe, refusa la couronne à cause de son grand âge; et conseilla de la donner à Conrad, duc de Franconie : action d'autant plus généreuse que Conrad étoit son ennemi, et avoit du mérite. Le duc de Franconie fut élu. Ces élections se faisoient dans des assemblées où les évêques et les princes se trouvoient avec les députés des principales villes.

Conrad roi d'Allemagne au refus d'Othon.

Arnoul, duc de Bavière, qui avoit aspiré au trône, prit les armes, et fut défait. Gisilbert, duc de Lorraine, et Burchard, duc de Suabe, eurent le même sort. Mais Conrad, moins heureux avec les Hongrois qui profitèrent de ces troubles, fut contraint d'acheter la paix et de s'obliger à leur payer un tribut. Il avoit régné sept ans ou environ, lorsque s'apercevant qu'il avoit peu de temps à vivre, il engagea les seigneurs à reconnoître pour souverain Henri, fils d'Othon, se piquant d'être aussi généreux que son bienfaiteur. En effet, il ne l'étoit pas moins; car Henri n'avoit jamais cessé de le traverser; il avoit même tenté de le faire empoisonner.

<small>Sagesse d'Henri l'Oiseleur de la maison de Saxe</small>

Henri, surnommé l'Oiseleur parce qu'il se plaisoit à la chasse des oiseaux, fut élu après la mort de Conrad. Le pape, voulant se soustraire à plusieurs petits princes qui se disputoient en Italie le titre d'empereur, se hâta de lui offrir la couronne impériale; mais il la refusa, et répondit qu'il se contentoit des titres que les états d'Allemagne lui avoient donnés. Plus sage qu'Arnoul, il ne songea qu'à bien établir sa puissance, il

<small>918.</small>

soumit le duc de Suabe, qui refusoit de le reconnoître; s'affranchit, par la victoire, du tribut que les Hongrois vouloient exiger; défit les Abodrites et les Danois, rendit tributaires les Sclavons, les Dalmates et les Bohémiens, et força Charles le Simple à renoncer aux droits qu'il vouloit faire valoir sur l'Allemagne. Enfin il institua des milices, fit murer les villes, et mit ses états à l'abri des incursions des peuples voisins. Ce qui fait le plus d'honneur à son règne, c'est qu'il eut l'art de réunir les seigneurs allemands, qui jusqu'alors avoient toujours été désunis. Ils lui furent si attachés, qu'ils s'accordèrent tous à lui donner pour successeur son fils Othon.

Je ne m'arrêterai pas sur des guerres continuelles, qui furent pour Othon autant d'occasions d'acquérir de la gloire; il réduisit des rebelles, dompta les Hongrois, soumit à l'hommage la Bohême et le Danemarck, répandit la religion par les armes, suivant l'usage de ces temps barbares, et devint l'arbitre des princes qui recherchèrent à l'envi son amitié. Mais il faut le suivre en Italie, et voir dans quel état il la trouva.

936.
Otho I, après av ir assuré sa puissance en Allemagne, passe en Italie.

Etat de cette province.

Après la mort de Lambert, arrivée en 899, Bérenger, duc de Frioul, récouvra l'Italie pour la perdre presque aussitôt. Louis, roi d'Arles, appelé par une faction puissante, le chassa, et prit la couronne impériale : celui-ci ayant été trahi par ceux-mêmes qui l'avoient servi, Bérenger se rendit encore une fois maître de l'Italie, lui fit crever les yeux, et se fit couronner empereur par le pape Jean X.

Quelques années après, il se forma un parti en faveur de Raoul ou Rodolphe II, roi de Bourgogne. Bérenger fut défait : il ne lui resta que Vérone, où il fut assassiné l'année suivante 924.

Raoul ne porta cette couronne que deux ans. Elle lui fut enlevée par Hugues, comte de Provence, à qui les Italiens l'offrirent, et qui, après avoir régné près de vingt ans, crut s'affermir en s'associant Lothaire, son fils : cette précaution fut inutile. Les Italiens élevèrent sur le trône Bérenger, fils d'Adalbert, marquis d'Ivrée, et de Giselle, fille de Bérenger, empereur ; Hugues s'enfuit en Provence, et Lothaire mourut à Milan quelques années après.

950.

Bérenger voulut marier son fils Adalbert avec Adélaïde, veuve de Lothaire; et cette princesse s'y étant refusée, il l'assiégea dans Pavie, la prit et l'envoya prisonnière dans le château de Garde. Elle trouva le moyen de se sauver, et elle se retira dans la forteresse de Canosse, où se voyant encore assiégée, elle implora le secours d'Othon, à qui elle offrit sa main et le royaume d'Italie. Othon vint, la délivra et l'épousa. Bérenger conserva toujours cependant son royaume, à la réserve du Véronois et du Frioul, qui furent donnés à Henri, duc de Bavière, frère d'Othon; mais il rendit hommage, et prêta serment de fidélité au roi d'Allemagne.

Pour comprendre la cause de tant de troubles, il faut considérer que l'Italie étoit partagée entre une multitude de petits souverains, dont aucun n'étoit assez puissant ou assez habile pour soumettre les autres. De-là naissoient des factions, qui, variant comme les intérêts, transportoient la couronne d'une tête sur une autre; et chaque prince se flattoit de trouver son avantage dans les guerres qui s'élevoient entre deux

Causes des désordres de l'Italie.

concurrens. Si tous ces tyrans s'étoient contentés de combattre entr'eux, sans appeler l'étranger, ils se seroient enfin formé une puissance qui auroit tout subjugué et l'Italie auroit pu devenir un royaume florissant. Vous connoîtrez quelque jour quel est aujourd'hui son état; vous verrez qu'il est la suite de bien des désordres, de bien des révolutions et de bien des calamités; vous jugerez que c'est sur-tout la faute des Italiens, qui n'ont pas cessé d'ouvrir leur pays aux Allemands ou aux Français. Vous aurez aussi lieu de reconnoître que cette conquête ne pouvoit qu'être funeste aux peuples à qui elle paroissoit destinée.

Au dixième siècle, la politique des Romains étoit d'entretenir les factions dans toute l'Italie, de les multiplier et de les opposer continuellement les unes aux autres: ils espéroient de trouver parmi les troubles l'occasion de rétablir la république. Les papes employoient le même artifice, avec des vues bien différentes. Ils ne vouloient, comme les Romains, ni roi, ni empereur; mais ils étoient encore plus éloignés de favoriser le gouvernement républicain, parce qu'ils vouloient commander eux-mêmes. C'est à force de semer la division dans Rome, dans l'Italie et dans toute l'Europe, qu'ils se saisiront enfin de la souveraineté. Ils appelleront les Allemands pour affoiblir la puissance des princes italiens ; et pour se soustraire aux rois d'Allemagne, ils soulèveront contre eux les peuples.

Il seroit difficile de vous donner une idée des maux que l'ambition des papes a produits dans la chrétienté. Je laisse aux historiens à vous faire connoître les pontifes qui ont déshonoré le siége apostolique, dans les temps que nous parcourons. Vous verrez, au commencement du dixième siècle, une femme nommée Théodora, disposer de tout dans Rome, par ses intrigues et par sa galanterie, et mettre sur la chaire de S. Pierre un monstre connu sous le nom de Sergius III. Cette femme fut mère de Marosie et d'une autre Théodora, toutes deux aussi intrigantes, aussi galantes, aussi puissantes qu'elle ; et qui, comme elle, firent à leur choix des souverains pontifes. Théodora, la jeune, fit élire pape son amant, Jean X, à qui elle avoit

Scandales sur le saint siege.

successivement procuré l'évêché de Bologne et celui de Ravenne; et quelque temps après, Marosie éleva sur la chaire pontificale Jean XI, son propre fils, qu'elle avoit eu d'un adultère avec Sergius III. Tout réussissoit à celle-ci, lorsque Alberic, son fils légitime, se mit à la tête des Romains contre elle, et la fit enfermer aussi bien que Jean XI. En voilà assez pour vous faire juger que dans Rome les désordres et la corruption des mœurs étoient portés aux derniers excès. J'ajouterai seulement le jugement que porte de ces temps le cardinal Baronius, écrivain qu'on ne peut pas soupçonner d'avoir été peu favorable à la cour des souverains pontifes. « Que la face de l'église de Rome, dit-il,
» étoit alors défigurée! Le saint siége tom-
» bé sous la domination de deux femmes
» déréglées, leurs amans élevés sur la
» chaire de S. Pierre, les canons des conciles
» violés, les décrets des papes foulés
» aux pieds, les anciennes traditions méprisées,
» et le siége apostolique devenu la
» proie de la cupidité et de l'ambition ».

L'Italie ravagée par les Hongrois

Pendant que l'Italie, déchirée par des

guerres civiles, étoit le théâtre des plus grands scandales, elle avoit été ravagée plusieurs fois, d'un côté par les Hongrois, et de l'autre par les Sarrasins. Mais plus les désordres étoient grands, plus on étoit éloigné d'en voir la fin; et on ne pouvoit s'attendre qu'à de nouvelles calamités.

et par les Sarrasins.

Othon, qui avoit repassé les Alpes, étoit occupé à soumettre son fils Ludolphe qui, craignant que les enfans d'Adélaïde ne lui fussent un jour préférés, s'étoit soulevé, et avoit entraîné dans la révolte plusieurs princes allemands. Il venoit de rétablir la tranquillité en Allemagne, lorsque le pape Jean XII, qui vouloit se soustraire à la domination de Bérenger, le pressa de revenir en Italie. Tout se soumit à son arrivée. Il fut proclamé, à Milan, roi d'Italie, dans une assemblée d'évêques où Bérenger fut déposé; et l'année suivante, il reçut à Rome la couronne impériale des mains de Jean XII. Il fit rendre à l'église de S. Pierre les biens qui lui avoient été enlevés. Le pape et le peuple jurèrent de lui être toujours fidelles, et de ne donner aucun secours à Bérenger. Il fut arrêté que la consécration des souverains

Othon I appelé par Jean XII, y fait respecter son autorité.

962.

pontifes ne seroit canonique, qu'autant qu'elle auroit été faite du consentement de l'empereur; et le clergé de Rome, ainsi que la noblesse, s'engagea par serment à se conformer à tout ce qui fut réglé à ce sujet.

Jean XII, homme sans mœurs et sans talens, étoit fils d'Alberic. Ayant succédé à l'autorité de son père, il étoit, en 954, patrice ou souverain de Rome; et en 955, élevé sur le siége apostolique, il réunissoit en lui les deux puissances. Il se repentit donc bientôt de s'être donné un maître dans Othon; il oublia tous les sermens qu'il venoit de prêter: et croyant pouvoir profiter de l'absence de l'empereur, qui assiégeoit Mont-Léon, aujoud'hui Mont-Feltro, où Bérenger s'étoit renfermé, il se ligua avec Adalbert, fils de Bérenger, le fit venir à Rome, et sollicita les Hongrois à faire une diversion en Allemagne; mais son plan avoit été si mal concerté, qu'à l'approche d'Othon, il n'eut d'autre parti que la fuite, et encore eut-il à peine le temps de se sauver.

L'empereur fit son entrée au milieu des

acclamations du peuple. On lui renouvela tous les sermens qui lui avoient été faits; et on tint un concile qui déposa Jean, et mit en sa place Léon VIII. Othon ne fit sans doute condamner ce pontife, que parce qu'il avoit conspiré; mais comme il crut devoir ménager ceux qui avoient eu part à la conspiration, on ne parla point de ce crime; et il ne fut question que des scandales que Jean avoit donnés. Othon n'ignoroit pas que les Romains souffroient impatiemment toute domination étrangère, et il craignoit de les porter à la révolte, s'il paroissoit sévir contre le pape, pour avoir voulu les soustraire à sa puissance. Malgré cette précaution, ils se soulevèrent cependant quelques jours après : il les fit rentrer dans le devoir.

Sur ces entrefaites, Mont-Léon ouvrit ses portes, et Bérenger, fait prisonnier, fut envoyé en Franconie, où il mourut deux ans après. Il ne restoit plus à soumettre que Camérino, où Adalbert s'étoit retiré. Othon alla lui-même en faire le siége. Léon VIII fut forcé à le suivre de près; car Jean rentra dans Rome, où il exerça toutes sortes de cruautés, et où il déposa Léon dans un concile composé en bonne partie des évêques qui l'avoient condamné lui-même. Il fut tué quelques jours après.

Décret qui donne à l'empereur le droit d'élire les papes.

Les Romains, sans demander l'agrément de l'empereur, élevèrent Benoît sur la chaire de S. Pierre. Othon ayant appris cette nouvelle, abandonna le siége de Camérino, et vint à Rome avec toute son armée. Il pouvoit sévir, il pardonna. Benoît parut dans un concile, où il se reconnut coupable, et où Léon porta ce décret.

« A l'exemple du bienheureux Adrien,
» pape du saint siége apostolique, qui a
» accordé la dignité de patrice, le pouvoir
» d'élire les papes, et l'investiture des
» évêques, au seigneur Charles très-victo-
» rieux, roi de France et des Lombards ;
» moi aussi Léon, évêque, avec le clergé
» et le peuple Romain, reconnoissons que
» le seigneur Othon Ier., roi des Teutons,
» et ses successeurs en ce royaume d'Italie,
» ont le pouvoir d'élire ceux qu'ils croiront
» dignes de remplir le saint siége aposto-
» lique, de choisir les métropolitains et les
» suffragans, de leur donner l'investiture

» de leur dignité, et de commettre les
» évêques pour les ordonner ». Les empereurs rentrèrent, par ce décret, dans les droits dont ils avoient joui, et qu'on leur enleva cependant encore : c'est pourquoi je le rapporte. Mais Othon n'auroit pas dû souffrir qu'on traitât ses droits comme des concessions faites par le saint siége; car c'étoit reconnoître que les papes les lui pouvoient enlever. Il les avoit à meilleur titre, c'est-à-dire, comme souverain du peuple Romain qui les lui cédoit.

L'empereur retourna en Allemagne, et fut obligé de revenir l'année suivante. Les Romains avoient rétabli la république, et s'étoient soulevés contre le pape qui refusoit d'entrer dans leur révolte. Les consuls furent exilés, les tribuns du peuple furent pendus, et le préfet de Rome fut promené sur un âne, la tête tournée vers la queue, fouetté dans les différens quartiers de la ville, et jeté dans un cachot, où il mourut.

Les dernières années d'Othon, surnommé le Grand, à juste titre, furent tranquilles; il mourut après un règne de 36 ans. On le loue d'avoir comblé de biens plusieurs églises. En effet, c'est à lui principalement que le clergé d'Allemagne doit ses richesses et sa puissance; car il lui abandonna des duchés et des comtés. Il est vrai que pour le tenir dans quelque dépendance, il établit des *avoués* qui devoient gouverner conjointement avec les prélats, et qui étoient à la nomination des empereurs; mais dans la suite le clergé secoua tout-à-fait ce joug.

La jeunesse d'Othon II occasionne en Allemagne des troubles qu'il appaise.

Othon II n'avoit que dix-huit ans lorsqu'il succéda à son père; et sa jeunesse fut l'occasion de bien des troubles qui furent dissipés par ses victoires: il vainquit et soumit le duc de Bavière, les Danois et le roi de Bohême; mais à peine avoit-il rendu le calme en Allemagne, qu'il se vit tout-à-la-fois appelé en Lorraine et en Italie. Pour opposer un obstacle aux entreprises de Lothaire, roi de France, il donna en fief la basse Lorraine à Charles, frère de Lothaire; cherchant un appui dans la division de ces deux princes. Le roi de France entra néanmoins dans la Lorraine, et fut reconnu par les états assemblés à Metz. Othon arma, chassa Lothaire, et parcourut la Champagne et l'île de France : cependant son arrière-garde ayant été défaite dans sa retraite, il abandonna la souveraineté de la Lorraine, se hâtant de faire la paix avec Lothaire, pour ne songer plus qu'à l'Italie.

La puissance des princes italiens s'étoit considérablement affoiblie par les partages qu'ils avoient faits de leurs domaines, par les guerres qu'ils s'étoient faites les uns aux autres, et par le séjour d'Othon le Grand en Italie. Ne pouvant donc se soulever, ils obéissoient; et l'empereur avoit sur eux un pouvoir presque absolu. {Etat de l'Italie.}

Mais Rome, quoique foible, ne pouvoit se soumettre. Plus les empereurs appesantissoient le joug, plus les citoyens faisoient d'efforts pour le secouer; et les papes, qui vouloient commander eux-mêmes, étoient également ennemis et des Allemands et de la liberté. En un mot, cette ville étoit un théâtre de dissentions, où les chefs de parti et les tyrans se succédoient.

A la mort d'Othon Ier., circonstance propre à renouveler tous les désordres, une faction étrangla le pape Benoît VI, mit en sa place Boniface VII, et presque aussitôt après, une autre faction chassa

Boniface pour élever Benoît VII sur le saint siége.

Les Grecs invités par Boniface VII soutenus par les Sarrasins, se rendent maîtres de la Pouille et de la Calabre.

Boniface s'enfuit à Constantinople avec les trésors de l'église de S. Pierre, et pressa les empereurs Basile et Constantin de passer en Italie. Ces princes ne balancèrent pas; car sachant qu'Othon II étoit retenu par la guerre de Lorraine, ils jugèrent pouvoir reprendre facilement la Pouille et la Calabre, qu'Othon le Grand avoit enlevées à Nicéphore Phocas; c'est ainsi que les Italiens se livroient à ceux-à qui ils s'étoient soustraits, et cherchoient de tous côtés de nouveaux maîtres et de nouveaux ennemis.

Othon II, qui marche contre eux, est défait par la trahison des Italiens.

Les Grecs, soutenus des Sarrasins d'Afrique, avoient déjà soumis la Pouille et la Calabre lorsqu'Othon parut, leur livra la bataille et la perdit par la trahison des Italiens. Il tomba même entre les mains des ennemis; mais ayant eu le bonheur de s'échapper, il leva une nouvelle armée, et revint à Rome où il mourut. Les Grecs auroient pu se rendre maîtres de cette ville, s'ils s'étoient hâtés d'y marcher.

983.

Il eut, comme son père, la fausse politique d'élever le clergé.

Othon fut aussi favorable au clergé, que son père l'avoit été. C'est par les bienfaits de ces deux princes que les évêques de Trèves, de Mayence, de Metz, de Strasbourg, de Spire et plusieurs autres sont devenus des vassaux trop puissans pour le suzerain qui les avoit faits. Les empereurs croyoient abaisser la noblesse en élevant le clergé, et se flattoient faussement d'être mieux obéis, placés entre deux puissances qu'ils opposoient l'une à l'autre. Mais, par cette politique, ils se donnoient de nouveaux maîtres, et des maîtres plus redoutables; car les évêques croyoient même indigne d'eux de prêter le serment de fidélité. Est-il juste, disoient-ils, que des mains qui ont été consacrées par une onction céleste, et que la langue des évêques, qui est devenue la clef du ciel, soient profanées par des sermens qui ne conviennent tout au plus qu'à des laïques?

Othon II eut pour successeur son fils, *Nouveaux troubles à l'avénement d'Othon III.* Othon III, dont on ne sait pas exactement l'âge, mais qui étoit encore dans l'enfance. Ce règne commença donc encore par des troubles. Il suffit cependant d'imaginer à-peu-près ceux qui agitèrent l'Allemagne: car l'histoire que j'en donnerois ne feroit que remettre sous vos yeux les vices déjà connus d'un gouvernement monstrueux. Il n'en est pas de même des désordres de l'Italie : il faut les observer, parce qu'ils préparent de nouvelles révolutions.

Les troubles recommencèrent à Rome à l'arrivée de Boniface. Le pape fit enfermer, dans le château S. Ange, Jean XIV, qui avoit succédé à Benoît VII, et l'y laissa mourir de faim. Étant mort lui-même quelques mois après, on mit en sa place un romain qui mourut avant d'avoir été sacré, et après lequel on élut Jean XV.

Cependant Crescentius, ayant pris le titre de consul, régnoit à Rome, soulevoit le peuple contre la domination des Allemands, et profitoit de la jeunesse d'Othon pour affermir son autorité. Jean XV, qui lui étoit opposé, fut d'abord obligé de se retirer en Toscane; et ayant ensuite été rappelé par le peuple, il ne fut ménagé que parce que Crescentius craignoit les Allemands, que le pape appeloit à son secours. Tel étoit l'état de Rome depuis 983 jusqu'en 996, qu'Othon passa les Alpes.

Tout se soumit à son approche, et le sénat lui envoya des députés pour prendre ses ordres touchant l'élection d'un nouveau pape; car Jean XV venoit de mourir. Brunon, saxon d'origine, son parent, sur qui tomba son choix fut élu sous le nom de Grégoire V, et le couronna empereur. Crescentius obtint son pardon, à la prière de Grégoire, et le roi, ayant rétabli la tranquillité à Rome et dans d'autres villes, repassa en Allemagne.

Les Romains se soumettent à son approche.

La tranquillité n'étoit qu'apparente. Les Romains, à la sollicitation de Crescentius, s'étant soulevés contre un pape qu'ils n'avoient pas choisi, élevèrent sur le saint siége, Jean XVI. Grégoire, qui s'étoit retiré à Pavie, tint un concile dans lequel il excommunia l'antipape et Crescentius. Othon revint en Italie. Rome fut assiégée et prise. Crescentius et l'antipape perdirent la vie.

Le roi, dans ces circonstances, fit un décret par lequel il arrêta que les Allemands auroient seuls le pouvoir et le droit d'élire l'empereur romain; et que les papes n'auroient à cet égard d'autres prérogatives

999. Décret qu'il porte à l'élection de l'empereur.

que de le proclamer solemnellement et de le couronner lorsqu'il viendroit à Rome. Ce décret fut confirmé par Grégoire, qui mourut quelque temps après.

<small>Idées fausses qu'on se faisoit à ce sujet.</small>

Un prince peut prendre tels titres qu'il veut, et ils lui appartiennent dès qu'ils ne lui sont pas contestés par les autres souverains. Les Allemands pouvoient encore donner à leur chef celui d'empereur d'Allemagne, sans que les puissances voisines dussent en prendre ombrage, et pussent refuser de l'appeler aussi empereur d'Allemagne. Mais puisqu'ils n'avoient des prétentions sur Rome, que parce que les papes les y avoient appelés, ils n'y avoient certainement aucun droit de souveraineté, d'autant plus que les Romains ne s'étoient jamais donnés librement, et que toutes les fois qu'ils avoient été libres, ils avoient révoqué les sermens que la force leur avoit arrachés. Il étoit donc ridicule aux Allemands de prétendre élire un empereur romain : ce qui étoit plus ridicule encore, c'est la prétention des papes, qui croyoient jouir du droit de donner l'empire.

Toutes ces prétentions étoient fondées sur

des mots, auxquels on n'attachoit que des idées confuses. On voyoit que les Othons, les Charlemagne et les Césars avoient porté le titre d'empereurs. On jugeoit donc qu'ils étoient tous empereurs de la même manière, et que, par conséquent, ils avoient tous les mêmes droits sur Rome. On voyoit aussi les papes couronner les empereurs au nom de Dieu; et quoique nous jugions, avec raison, que ce ne soit là qu'une cérémonie, il n'est pas bien sûr qu'alors on en jugeât comme nous. Au contraire, il est certain que Charlemagne voulut paroître tenir des papes la couronne de l'empire, comme Pepin avoit voulu paroître tenir d'eux la couronne de France; et s'ils ont voulu faire illusion aux peuples, ils n'y ont que trop réussi. Aussi Louis le Bègue ne prit-il point le titre d'empereur, parce que Jean VIII n'avoit pas voulu lui donner en France la couronne impériale. Si les princes italiens forcèrent quelquefois le pape à les couronner, ils ne se crurent jamais empereurs qu'après le couronnement. Enfin les rois d'Allemagne attendirent d'ordinaire, pour se dire empereurs romains, d'avoir été couronnés par le pape. Cette conduite prouve qu'au neuvième siècle et au dixième, on contestoit au moins foiblement les prétentions du saint siége. C'est une chose bien singulière : certainement l'empire Romain ne subsistoit plus; et cependant on croyoit le voir, on croyoit le donner, on croyoit le prendre, et on répandoit des flots de sang.

Othon donna pour successeur à Grégoire V, Gerbert, évêque de Ravenne, qui prit le nom de Silvestre II. Cet évêque avoit eu de grands démêlés avec le saint siége, auquel il avoit résisté avec fermeté ; mais quand il fut pape, il prit un autre langage, et jugea qu'aucune puissance n'étoit comparable à celle des successeurs de S. Pierre. Il pouvoit facilement prouver tout ce qu'il vouloit; car il étoit l'homme le plus éclairé de son siècle.

Othon, malgré son décret, étoit si peu maître dans Rome, qu'il se vit tout-à-coup assiégé dans son palais. Il eut bien de la peine à s'échapper par des souterrains; et il songeoit à se venger lorsqu'il mourut. On l'a surnommé d'abord l'Enfant, ensuite le

1002.

Roux, enfin la Merveille du monde. Je vais rapporter quelques traits qui montreront sa simplicité, et feront connoître l'esprit de son siècle.

Le moine S. Romuald lui conseilla d'aller par pénitence, à pieds nuds, en pélerinage au Mont-Cassin, et ensuite à S. Michel du Mont-Gargan. Il le fit; mais il n'eut pas la complaisance d'embrasser l'état monastique, comme le lui conseilloit encore le même saint. Par une dévotion, que quelque moine sans doute lui avoit encore inspirée, il fit faire un habit sur lequel on avoit brodé l'apocalypse. Enfin un jour qu'il étoit avec un archevêque, ils s'entretinrent de ce qu'ils pourroient faire pour le salut de leur ame; et après y avoir bien réfléchi, ils imaginèrent de fonder un monastère. Vous jugez bien, sans que je le dise, que cet empereur a beaucoup contribué à augmenter la puissance et les richesses des ecclésiastiques. On remarque que les trois Othons ont donné aux églises les deux tiers des biens de l'Allemagne.

La superstition d'Othon III a contribué à l'agrandissement du clergé.

Othon n'ayant point laissé d'enfans, plusieurs princes prétendirent à l'empire :

Henri II dernier de la maison de Saxe.

Henri, duc de Bavière, et arrière-petit-fils de Henri l'Oiseleur, l'emporta sur ses concurrens. Il fut proclamé à Mayence dans le même temps que les Lombards élisoient, à Pavie, Hardouin, marquis d'Ivrée. Il eut presque toujours la guerre avec quelques-uns des princes allemands. Il passa deux fois les Alpes pour marcher contre Hardouin, qui enfin n'ayant plus de ressource, prit le parti de se jeter dans un cloître. La Lombardie se soumit : Rome même le reconnut, et le pape le couronna; mais le reste de l'Italie fut toujours troublé.

Il y avoit douze ans que Henri régnoit lorsqu'il s'ouvrit à Richard, abbé de Saint Vanne de Verdun, sur le projet qu'il formoit depuis long-temps d'embrasser la vie monastique. On s'imaginoit alors qu'on ne pouvoit servir Dieu que dans un cloître. Mais Richard, qui ne pensoit pas comme Romuald, lui fit abandonner ce dessein, et lui persuada qu'il serviroit Dieu en gouvernant l'empire, pourvu qu'il donnât tous ses soins à rendre la justice et à procurer le bonheur des peuples. Ce prince fut plus libéral envers les églises qu'aucun de ses prédécesseurs. Il promit, dans son couronnement, obéissance au pape, ce qui étoit sans exemple, et ce qui fait voir l'idée qu'il se formoit du saint siége et de l'empire : il contribua à la conversion d'Etienne, en faveur duquel il érigea la Hongrie en royaume; il mourut et fut canonisé. Pendant son règne il y eut un schisme à Rome; et vers le temps de sa mort, le saint siége fut vendu à un simple laïque, Jean XIX.

Henri II, qui ne laissa point d'enfans, paroît être le dernier prince de la maison de Saxe; car le sentiment le plus vraisemblable est que son successeur, Conrad, dit le Salique, duc de Franconie, ne lui appartenoit que par les femmes. Ces troubles se multiplièrent sous ce nouvel empereur, et l'obligèrent de passer et de repasser bien des fois les Alpes, parce qu'on se révoltoit par-tout où il n'étoit pas. Rome n'étoit pas la seule ville d'Italie qui vouloit se soustraire à sa domination. Il eut pour successeur son fils, Henri III.

L'Allemagne ne pouvoit presque pas

1024
Conrad II, duc de Franconie, successeur de Henri II.

1039.
Henri III fils

respecter son autorité en Allemagne.

être sans guerre. C'étoit un effet du gouvernement féodal, que tant de princes puissans armassent les uns contres les autres, ou se soulevassent contre l'empereur. Parmi ces troubles, Henri III eut plus de succès qu'il n'essuya de revers.

Et en Italie où il fait cesser les scandales de plusieurs papes simoniaques.

L'Italie, plus épuisée et plus foible, ne produisoit que des factieux plus faciles à soumettre. Henri est cependant le dernier roi d'Allemagne qui ait su y conserver son autorité. Il la fit si bien respecter, que les Romains s'accoutumèrent à lui demander des papes, et à recevoir sans opposition ceux qu'il nommoit. C'étoit l'avantage du saint siége; car les papes que les empereurs y plaçoient de leur choix, devoient être meilleurs que ceux que les factions faisoient, et l'étoient en effet.

Lorsque Henri monta sur le trône, la simonie régnoit à Rome depuis long-temps. En 1033, Benoît IX avoit succédé à Jean XIX, et acheté, comme lui, le souverain pontificat, qu'il déshonora par ses débauches, par ses rapines et par ses meurtres.

1044

Les Romains le chassèrent, et le saint siége fut vendu à Silvestre. Mais trois mois après, une faction rétablit Benoît, qui, craignant sans doute d'être encore chassé de cette place, aima mieux en faire de l'argent, et la vendit à Grégoire VI.

Henri vint en Italie, fit enfin cesser ce scandale. Les trois papes simoniaques furent déposés. Mais Clément II, qui leur avoit succédé, mourut neuf mois après en Allemagne, où il avoit accompagné l'empereur; et Benoît remonta sur le saint siége pour la troisième fois. Henri envoya d'Allemagne, Damase II, qui mourut vingt-trois jours après sa consécration, et qu'on soupçonna d'avoir été empoisonné. Alors l'empereur fit élire, dans une assemblée qui se tint à Worms, Brunon, évêque de Toul, qui prit le nom de Léon IX, et Benoît se retira.

1046.

Léon avoit déclaré qu'il n'accepteroit, que lorsque le clergé et le peuple de Rome l'auroient élu, persuadé que sans cela son élection ne pouvoit être canonique; et en effet, il ne se crut pape, qu'après que les suffrages des Romains se furent réunis en sa faveur. Ce scrupule étoit une nouveauté contraire aux prérogatives de l'empire. Il semble donc que Henri devoit le désapprouver, et nommer plutôt tout autre que Brunon. Il n'en fit rien, et fit une faute.

Le patrimoine de S. Pierre étoit alors ruiné par la mauvaise conduite des papes précédens, et par les usurpations que plusieurs seigneurs avoient faites sur l'église de Rome. Parmi les usurpateurs étoient des Normands établis depuis quelque temps dans la Pouille et dans la Calabre; mais ceci demande que nous reprenions les choses d'un peu plus haut.

Etablissement des Normands dans le midi de l'Italie. Lorsque les Lombards conquirent l'Italie, les Grecs conservèrent la plus grande partie des provinces comprises aujourd'hui dans le royaume de Naples. Mais les ducs qui les gouvernoient, profitèrent de la foiblesse des empereurs de Constantinople, et cherchèrent parmi les troubles à se rendre indépendans. Leurs divisions ouvrirent dans la suite ce pays aux Sarrasins. Enfin les rois d'Allemagne, comme empereurs, y portèrent encore les armes pour faire valoir leurs prétentions. Telle étoit la situation de ces provinces déchirées par leurs habitans, par les Grecs, par les Sarrasins, par les Allemands et par des princes descendus des Lombards, lorsque des Français venus de Normandie, entreprirent de s'y établirent, et y causèrent de nouveaux désordres, que les papes accrurent.

Vers la fin du dixième siècle, une soixantaine de pélerins normands, qui revenoient de la Terre sainte, se trouvèrent à Salerne dans le temps que cette ville, assiégée par les Sarrasins, se rachetoit à prix d'argent. Cette petite troupe rendit le courage aux Salertins; et s'étant mise à leur tête, elle fondit, au milieu de la nuit, sur les infidelles, les défit entièrement, les chassa dans leurs vaisseaux, et s'enrichit de leurs dépouilles.

Les vainqueurs retournèrent dans leur patrie, avec la gloire d'avoir délivré Salerne; et bientôt d'autres Normands, voulant recueillir les fruits de la réputation que cet événement leur avoit acquise, vinrent chercher fortune dans cette partie de l'Italie : offrant leurs services à tous les princes qui étoient en guerre, et servant indifféremment dans les troupes des Grecs, des Allemands, des papes et des ducs du pays. Dès l'an 1030, ils fondèrent, près de Naples, la ville d'Averse; et Rainolfe, leur chef, prit le titre de comte.

Au bruit des succès des Normands, les fils aînés de Tancrède de Haute-Ville, Guillaume, surnommé Fier-à-Bras, Drogon et Humfroi, partirent de Coutance et vinrent à Salerne. Ils se mirent à la tête de trois cents normands; et s'étant joints aux Grecs, qui avoient recherché leur alliance, ils leur procurèrent en Sicile une victoire complète sur les Sarrasins. Bientôt offensés des injustices qu'on leur fit, ils s'embarquèrent, descendirent dans la Calabre; et ayant reçu quelques secours de Rainolfe, ils se rendirent maîtres de presque toute la Pouille qu'ils partagèrent. Chaque capitaine eut une ville en partage: ils conservèrent Melfi en commun, pour être le lieu où ils se rassembleroient, et ils reconnurent Guillaume pour comte de la Pouille, c'est-à-dire, qu'ils choisirent le gouvernement féodal, parce qu'ils n'en connoissoient pas d'autre.

Une conquête si rapide, faite par une

poignée d'hommes, a de quoi étonner; mais il faut remarquer qu'on avoit dégarni la Pouille pour porter la guerre en Sicile; et que d'ailleurs les habitans de cette province, mécontens de la domination des Grecs, se joignoient aux Français, et devenoient, sous ces héros, tout autant de soldats.

De plusieurs autres fils qu'avoit encore Tancrède, il eut bien de la peine à en retenir un auprès de lui. Robert Guiscard partit pour la Pouille avec deux de ses frères, et beaucoup d'autres gentilshommes. Ils traversèrent l'Italie en habits de pélerin, voulant se déguiser aux yeux des Romains et des Grecs, qui n'auroient pas vu sans inquiétude l'accroissement de cette race de conquérans.

Henri III, ne pouvant pas s'opposer à leurs progrès, prit le parti de leur donner l'investiture de tout ce qu'ils avoient conquis; et les Normands devinrent feudataires de l'empire d'Allemagne. Ils possédoient alors toute la Pouille, le comté d'Averse, et une grande partie du Béneventin.

Henri III donne l'investiture aux Normands.

1047.

Prétention de Léon IX, qui les excommunie, et leur fait laguerre. Léon IX les excommunia, parce qu'ils avoient envahi quelques terres de l'église de Rome. Cette excommunication ayant été sans effet, il eut recours à l'empereur Henri ; et il en obtint des troupes auxquelles il joignit tous les aventuriers et tous les bannis qui le voulurent suivre. Il marcha à la tête d'une armée, dont celle des Normands n'auroit pas fait le quart ; se flattant de recouvrer, non-seulement ce qu'ils avoient enlevé à son église, mais comptant avoir encore des droits sur tout ce qu'ils avoient conquis. Les Normands lui ayant offert de se rendre ses vassaux pour les terres qu'il leur redemandoit, il rejeta cette proposition, parce que, selon lui, toutes les provinces dont ils s'étoient emparés, appartenoient au saint siége ; que les Grecs iconoclastes avoient mérité de les perdre à cause de leur hérésie ; et que la conquête que les Normands en avoient faite, devoit revenir au domaine de l'église, parce qu'ils ne l'avoient pu faire que sous le bon plaisir du pape.

il est fait prisonnier. Les Normands, qui ne s'attendoient pas à ces raisons, comme en effet ils ne devoient pas s'y attendre, défirent l'armée du pape, le firent prisonnier, le gardèrent pendant près d'un an, et le renvoyèrent sans rançon après l'avoir traité avec beaucoup de respect. Léon mourut peu de temps après. On a reproché à ce pape d'avoir porté les armes ; mais il n'étoit pas le premier : il étoit d'ailleurs d'un pays où il avoit vu les évêques et les abbés en faire autant, et il en avoit plusieurs dans son armée.

Les Romains, n'osant procéder à l'élection d'un nouveau pape, députèrent à l'empereur, qui nomma l'évêque Gebhard, connu sous le nom de Victor II. C'est le quatrième allemand qui ait été élevé sur la chaire de S. Pierre. Henri mourut l'année suivante, et eut pour successeur son fils, Henri IV, qui avoit été déclaré roi des Romains quelque temps auparavant. Ce titre désignoit celui que les princes allemands reconnoissoient devoir succéder à l'empire.

Victor II étant mort, les Romains élurent Frédéric, abbé du Mont-Cassin, qui prit le nom d'Etienne IX, et dont l'élection fut confirmée par l'empereur. Il mourut l'année suivante.

<small>1058
Nicolas II veut se soustraire à l'empereur.</small>

Les Romains divisés élurent alors deux papes ; mais Nicolas II ayant eu l'agrément de la cour d'Allemagne, monta seul sur le saint siége, et força son concurrent à se désister. Ce pontife entreprit néanmoins d'ôter aux empereurs la part qu'ils devoient avoir dans ces élections. Il tint un concile, où il fut décidé qu'on choisiroit, autant qu'il seroit possible, dans le clergé de Rome ceux qu'on éleveroit sur la chaire de S. Pierre ; qu'on les préféreroit à ceux des autres églises ; que l'élection des papes se feroit par les cardinaux ; et qu'enfin on demanderoit au clergé et au peuple la confirmation du choix qui auroit été fait. On ajouta cependant une clause pour paroître respecter les droits de l'empereur ; mais dans le vrai on vouloit les détruire. Elle étoit conçue en ces termes. *Sauf l'honneur, et le respect dus à notre cher fils Henri, qui est maintenant roi, et qui sera, s'il plaît à Dieu, empereur, selon le droit que nous lui avons déjà accordé ; et on rendra le même honneur* à ses successeurs, *à qui le saint siége aura personnellement accordé la même prérogative.* Tous les mots de ce décret montrent sensiblement quelles étoient les prétentions et les vues de la cour de Rome. On voit qu'elle s'arroge le droit de faire les empereurs, et qu'elle se propose de se soustraire tout-à-fait à leur autorité.

Cependant les Normands continuoient leurs conquêtes malgré les excommunications des papes. Nicolas voyant la foiblesse de ses armes spirituelles, destinées à tout autre usage, changea tout-à-coup de conduite, et s'allia avec les excommuniés pour se faire un appui contre les empereurs d'Allemagne, auxquels il vouloit se soustraire. Cette alliance, vu la façon de penser de ces temps, n'étoit pas moins favorable aux Normands; parce qu'ils étoient persuadés que l'approbation du saint siége donneroit un air de justice à tout ce qu'ils avoient conquis, et à tout ce qu'ils conquerroient dans la suite. D'un côté, par le traité qui fut fait, ils furent absous de l'excommunication prononcée contre eux; le pape confirma Richard dans la possession de la

Il s'allie des Normands auxquels il donne l'investiture.

principauté de Capoue, et Robert Guiscard dans celle de la Pouille et de la Calabre; et il promit à celui-ci l'investiture de la Sicile à titre de duché, l'invitant à chasser de cette île les Grecs et les Sarrasins. D'un autre côté, Robert, Richard, et leurs successeurs se mirent sous la protection du pape, lui prêtèrent serment de fidélité comme feudataires du saint siége, et s'obligèrent à payer chaque année un tribut de douze deniers de Pavie pour chaque paire de bœufs. Tel est le fondement des prétentions de la cour de Rome sur les royaumes de Naples et de Sicile.

Aussitôt que le traité eut été signé, les Normands firent le dégât dans les terres de quelques seigneurs qui jusqu'alors avoient commandé dans Rome, et arrachèrent cette ville et les papes à la domination de ces tyrans. Vous comprenez que s'ils continuent d'écarter tous ceux qui voudront faire valoir des droits sur cette capitale, les papes qui n'auront plus d'ennemis à redouter acquerront tous les jours plus d'autorité sur le peuple et deviendront enfin souverains. Il est assez singulier que les successeurs de

S. Pierre aient eu des vassaux souverains, avant d'être souverains eux-mêmes. Car quelles qu'aient été les donations de Charlemagne, il est au moins certain que Nicolas II n'avoit de fait la souveraineté nulle part.

La mort de Nicolas, arrivée en 1061, fut suivie de grands troubles. Cadaloüs, évêque de Parme, que l'empereur avoit fait élire, vint deux fois avec une armée pour se rendre maître du saint siége. Mais Alexandre II, soutenu par une faction puissante, le repoussa toujours, et fut enfin reconnu pour seul pape légitime.

Tout ce qui arrive en Italie peut vous faire juger que Henri IV étoit trop foible pour y faire respecter son autorité. En effet, ce prince n'avoit que cinq à six ans lorsqu'il monta sur le trône, en 1056. L'impératrice Agnès, sa mère, s'étoit saisie de la régence. Environnée de seigneurs jaloux et puissans, qui conjuroient contre elle, elle ne pouvoit pas porter sa vue hors de l'Allemagne; elle ne put pas même se maintenir long-temps; car son fils lui fut enlevé en

L'enfance de Henri IV favorise l'ambition des papes.

1062, et elle se retira dans un monastère à Rome.

Il a été mal élevé. Henri, qui étoit alors dans la douzième année de son âge, fut confié aux archevêques de Cologne et de Brème. Le premier ne négligea rien pour lui donner l'amour de la vertu et des études convenables à son état ; mais le second, voulant gagner la confiance de ce malheureux prince, ne chercha qu'à flatter ses passions. Ce fut la première source des maux qui l'accableront. Les historiens en ont parlé différemment, parce qu'ils en ont parlé avec partialité : mais il a donné des preuves de valeur, d'activité, de patience, de générosité, de clémence, d'amour pour ses peuples ; et on voit avec regret qu'il eût été capable de répondre aux soins d'une bonne éducation. Sa passion pour les femmes lui a été funeste.

La crainte d'une excommunication l'empêche de répudier sa femme. Henri étoit dans sa dix-neuvième année lorsqu'il prit les rênes de l'état; mais trop livré à ses passions, pour donner assez de soins au gouvernement, il s'occupa de ses plaisirs : une de ses premières démarches fut d'entreprendre de répudier sa femme, pour laquelle il n'avoit jamais eu que de l'aversion. Il mit dans ses intérêts l'archevêque de Mayence; et la chose ayant été proposée dans une diète, on convint de la traiter dans un concile, qui fut indiqué à Mayence même.

Il se flattoit de faire réussir son projet, lorsqu'ils indisposa contre lui l'archevêque de Mayence. Ce prélat, qui changea tout-à-coup, écrivit au pape pour l'inviter à prendre connoissance de cette affaire. Alexandre en avoit déjà été instruit; et son légat, qui étoit parti avec ses ordres, se rendit au concile, où il menaça d'excommunication les pères et l'empereur. Henri, que toute l'assemblée sollicitoit à se désister, reprit sa femme, sans quitter son aversion. Il ne revint à elle que quelques années après, et il en eut des enfans.

Depuis long-temps les provinces d'Allemagne étoient troublées par une multitude de seigneurs qui se faisoient continuellement la guerre, et qui commettoient toutes sortes de vexations et de brigandages. Ce

Troubles p ci palement e

désordre n'étoit nulle part plus grand que dans le duché de Saxe. Henri voulant veiller à la sûreté publique, entreprit de l'arrêter. Les Saxons se soulevèrent ; il vainquit, il pardonna. Mais trop de clémence enhardit les rebelles, et les troubles recommencèrent.

Henri IV donne des dégoûts à son ministre qui se retire. Un empire aussi agité prenoit trop sur les plaisirs de Henri. Il eût voulu bien gouverner, et il en eût été capable, s'il eût su se gouverner lui-même. Il songea à se débarrasser, entre les mains d'un autre, des soins du gouvernement. Il eut au moins la sagesse de jeter les yeux sur Hannon, cet archevêque de Cologne qui avoit voulu faire de lui un prince vertueux. L'ordre se rétablissoit déjà. Mais le ministre s'apperçut bientôt que, pour plaire à son maître, il falloit approuver ses débauches ; il vit qu'il n'étoit plus agréable, et prévenant sa disgrace, il se retira.

Les troubles croissent et Alexandre II cite Henri. Aussitôt les Saxons se soulevèrent, et députèrent au pape pour lui porter des plaintes contre l'empereur, qu'ils lui représentoient comme un tyran, un débauché et un simoniaque. Alexandre II cita l'empereur à comparoître devant lui pour se justifier des crimes dont on l'accusoit. Cette entreprise paroît bien étonnante, quand on se rappelle la dépendance des papes sous le règne précédent. C'est ainsi que dans les temps d'anarchie, chacun se fait des droits suivant les circonstances; et que celui qui a obéi un jour, commande un autre. Cette sommation cependant n'eut point de suite, parce que Henri la méprisa, ou peut-être encore parce qu'Alexandre mourut.

Il y avoit alors à Rome un moine nommé Hildebrand, intrigant, riche, puissant. Il faisoit les papes, il les gouvernoit : il se fit pape lui-même. C'est par ses conseils que Léon IX voulut n'être élevé sur le saint siége que par les suffrages des Romains. Depuis ce pontificat, Hildebrand fut toujours maître dans Rome. Il chassa Cadaloüs, il maintint Alexandre; et ayant pris la qualité de chancelier du saint siége, il avoit l'administration de tous les revenus, et le gouvernement de toutes les affaires.

Depuis le pontificat de Léon IX, Hildebrand avoit formé le projet d'enlever

Hildebrand ou Grégoire VII.

1073.

aux empereurs toute influence sur l'élection des papes et des autres évêques. Mais pour l'exécuter, il falloit d'abord s'affermir sur le saint siége, et par conséquent obtenir l'agrément de Henri. Or, demander cet agrément, c'étoit reconnoître les droits de l'empereur. Hildebrand prit néanmoins ce parti; étant d'ailleurs bien déterminé à protester quelque jour contre une démarche dont les circonstances lui faisoient une nécessité. Il trouva des obstacles à la cour d'Allemagne : il les vainquit par une soumission apparente : son élection fut confirmée; et il prit le nom de Grégoire VII.

Dès qu'il se vit assuré sur la chaire de S. Pierre, son ambition n'eut plus de bornes. Il se crut non seulement le seul dispensateur des biens de l'église, mais encore il se regarda comme le seul souverain de la chrétienté, commandant aux rois, les traitant comme sujets du saint siége, et disposant des couronnes. Nous verrons dans la suite les maux que l'ambition de ce pontife a produits.

Si les empereurs s'étoient fixés à Rome, ils auroient étouffé toutes les factions, et leur autorité se seroit affermie en-deçà des Alpes. Mais comment auroient-ils conservé l'Allemagne, où les factieux étoient des princes puissans, qui les avoient élus, et d'où, comme nous le verrons, ils ne pourront pas conserver l'Italie? C'est pour leur malheur et pour celui des peuples, qu'ils ont voulu régner tout-à-la-fois en Italie et en Allemagne ; et c'est un mot, un vain titre, qui a nourri en eux cette ambition, et a causé des guerres sanglantes.

CHAPITRE VIII.

De l'empire Grec, dans les siècles neuf, dix et onze.

<small>État déplorable de l'empire Grec.</small> DANS le neuvième, le dixième et l'onzième siècle, l'histoire de Constantinople offre toujours les mêmes désordres. C'est le tableau de tous les malheurs que l'ambition et le fanatisme peuvent produire, lorsqu'il n'y a plus ni loi, ni subordination. Parmi les séditions et les révoltes, le crime ouvre le chemin au trône, qui conduit d'ordinaire à la mort ou dans un cloître. L'empire n'est ni héréditaire, ni électif : il est au scélérat, qui ose les plus grands forfaits. Un prince est précipité par le poison ou par le fer; un autre à qui on crève les yeux, est jeté dans un monastère : et souvent celui qui meurt sur le trône, n'est pas le moins malheureux. Un exemple vous fera connoître ce que c'étoit alors

que les droits à l'empire, et combien on étoit éloigné d'en avoir quelque idée.

Michel Paphlagonien, d'abord faux-monnoyeur, ensuite chambellan, parce que son frère étoit un des eunuques du palais, inspira de l'amour à l'impératrice Zoé, qui médita bientôt la mort de Romain Argyre, son mari. Le poison qu'on avoit employé, agissant trop lentement, Romain fut étouffé dans un bain. Alors Zoé épousa Michel, le déclara empereur, et il fut reconnu sans obstacle. Ce malheureux, il faut lui rendre justice, mourut de ses remords, après avoir échappé au poison que sa femme voulut lui faire donner.

Son neveu, Michel Calaphate, fils de sa sœur et d'Etienne qui avoit été calfateur de navire, étoit César. Zoé qui s'étoit ressaisie de toute l'autorité, le mit sur le trône, persuadée qu'elle gouverneroit sous son nom. Elle se trompa : Michel la fit enlever et la mit dans un couvent, où elle fut obligée de prendre l'habit de religieuse.

Cette violence ayant excité des murmures, le préfet de la ville lut en place publique un manifeste par lequel Michel entreprenoit de se justifier; mais il ne fut pas écouté. Une voix s'écria : nous ne voulons pas de Michel pour empereur. Ce cri devint universel: Michel s'enfuit dans le monastère des studites, prit le froc, ét quelques jours après on lui creva les yeux. Alors Zoé sortit du couvent pour remonter sur le trône : mais ce qui est plus singulier, c'est qu'on lui donna pour collègue sa sœur Théodora, et l'empire fut gouverné par deux femmes. Voilà les révolutions arrivées depuis 1034 jusqu'en 1042. Il seroit inutile d'en rapporter d'autres.

Parmi le grand nombre des princes qui ont la plupart ensanglanté le trône grec en ces temps malheureux, peu ont eu des talens, ou avec des talens ils ont eu de grands vices. Tels ont été Nicéphore, Phocas, et Jean Zimiscès qui l'assassina pour usurper l'empire. Sous leur règne, depuis 963 jusqu'en 976, les Grecs devinrent redoutables, par les avantages qu'ils remportèrent sur leurs ennemis.

Mais le meilleur empereur qui ait régné dans l'intervalle que nous parcourons, est, sans contredit, Constantin Porphirogenète. Vous savez que nous lui devons des extraits de Polybe. Il fit recueillir ce qu'il y avoit de plus important dans les meilleurs livres. Il fit composer un grand nombre d'ouvrages par les hommes les plus instruits. Il en composa beaucoup lui-même, parce qu'il étoit un des plus savans princes dont il soit fait mention. En un mot, il s'occupa du bonheur des peuples, il ne négligea rien pour faire fleurir les sciences, qui avoient été fort négligées. Mais on peut lui reprocher d'avoir quelquefois donné aux lettres un temps qu'il déroboit aux affaires. Pour juger de la considération dont les sciences jouissoient sous son règne, il suffit de remarquer qu'un premier écuyer enseignoit la philosophie, qu'un archevêque de Nicée professoit la rhétorique, qu'un patrice donnoit des leçons de géométrie, et que l'empereur recevoit à sa table les élèves qui se distinguoient, et les récompensoit par des emplois honorables. **Il mourut en 959**, empoisonné par

Constantin Porphirogenète s'applique à le rendre florissant.

Romain son fils, qui mourut lui-même de ses débauches, ou qui selon d'autres, fut empoisonné.

Pourquoi cet empire ne tomba pas sous les barbares.

Les mauvais princes, les révolutions fréquentes, les vices du gouvernement préparoient la chute de Constantinople; mais les barbares d'Europe, incapables de former un plan réfléchi, et de saisir le moment de l'exécution, se soulevoient pour se faire battre, ou ne savoient pas profiter de la victoire. Les Russes avoient pénétré dans la Bulgarie; ils y avoient remporté de grands avantages, ils menaçoient déjà de s'avancer jusqu'à Constantinople. Jean Zimiscès marcha contre eux, et les extermina. Quelques années après, Basile soumit les Bulgares, qui avoient ravagé les provinces de l'empire. Ce dernier prince, né pour la guerre, eut des succès brillans : mais il n'accorda aucune protection aux lettres, quoique petit-fils de Constantin Porphirogénète.

1019.

Les divisions des Sarrasins retardent la chûte.

Les ennemis les plus redoutables étoient en Asie. Les Grecs auroient succombé, si les divisions n'avoient de bonne heure affoibli les Sarrasins. En 908, il se forma un grand schisme dans la religion musulmane. Obeid - Allah, s'étant rendu maître de l'Afrique, prit le titre de khalife. Ses successeurs, connus sous le nom de khalifes Fatimites, conquirent l'Égypte et la Syrie, et furent toujours les ennemis des khalifes Abbassides. Au milieu de ces troubles, les Turcs, que Motasem avoit appelés à son service, acquirent tous les jours plus de puissance. Ils embrassèrent la religion mahométane, et respectèrent le sacerdoce dans le khalife : mais ils lui enlevèrent enfin la souveraineté. Vers la fin du onzième siècle, différentes hordes de ces barbares s'étoient établies dans la Perse, dans la Syrie, dans l'Asie mineure, et formoient plusieurs royaumes, sous des chefs toujours ennemis. Un des plus puissans étoit le sultan Soliman qui faisoit sa résidence à Nicée, et qui delà portoit le ravage jusqu'aux portes de Constantinople. Alors l'empire Grec ne possédoit presque plus rien en Asie. Il renfermoit en Europe la Thrace, l'Illyrie, la Macédoine, l'Epire, la Thessalie et la Grèce; mais toutes ces provinces étoient exposées à beaucoup d'ennemis, dont je parlerai ailleurs.

Malgré cet état de foiblesse, Constantinople étoit encore la première ville du monde : immense, peuplée, opulente, elle étoit le centre des arts, des sciences et du commerce ; elle s'enrichissoit par sa situation, par l'ignorance des autres peuples, et par les malheurs mêmes de l'empire. Car sa population augmentoit de toutes les familles riches, qui abandonnoient l'Asie pour se soustraire à la domination des Turcs.

Après vous avoir fait cette légère esquisse de l'empire Grec dans l'espace de trois siècles, il me reste à vous faire considérer les troubles de l'église d'orient.

L'hérésie des Iconoclastes a troublé encore l'église dans le neuvième.

La paix y régnoit au commencement du neuvième siècle : c'étoit le fruit du concile qu'Irène avoit fait tenir à Nicée. Bientôt la persécution recommença contre les catholiques ; et elle continua sous plusieurs empereurs, jusqu'au règne de Michel III. Théodora, mère de ce prince, étant alors régente, fit tenir un nouveau concile, où les Iconoclastes furent condamnés. Ce fut

842.

la fin de cette hérésie, qui avoit troublé l'église pendant 120 ans depuis Léon l'Isaurien.

Il y a eu peu de controverses sur les dogmes pendant le cours de ces trois siècles. Les hérésiarques ne se forment guère, lorsque les peuples ne sont pas assez oisifs pour entrer dans des disputes subtiles. L'ignorance ne permettoit pas même d'en agiter. D'ailleurs les principaux évêques ne songeoient qu'à étendre leur jurisdiction, ou qu'à se rendre indépendans; et tous les ecclésiastiques pensoient aux moyens d'augmenter ou de défendre au moins leur temporel. Parmi les désordres qui régnoient de toutes parts, ces objets étoient plus que suffisans pour occuper le clergé, tous les esprits se tournèrent de ce côté : les prélats travaillèrent à se rendre riches, puissans ou même souverains; et leur ambition fut la source de bien des maux.

D'ailleurs dans ce siècle, et les deux suivans, on dispute peu sur le dogme.

La paix rendue à l'église par Théodora, ne dura pas long-temps. L'empereur ayant fait enfermer cette princesse dans un monastère, fit déposer Ignace, pa-

L'installation de Photius au siége de Constantinople est l'origine du schisme qui sépara l'église grecque de l'église latine.

triarche de Constantinople, qui s'élevoit hautement contre cette violence, et lui donna Photius pour successeur. Photius joignoit à une naissance illustre un génie vaste et une science presque universelle : il occupoit alors deux des premières charges de l'empire; car il étoit premier écuyer et premier secrétaire d'état. On le fit passer en six jours par tous les degrés. Le premier jour, on le fit moine, le second, lecteur, ensuite sous-diacre, puis diacre, prêtre, enfin patriarche le jour de Noël. Cet événement est remarquable, parce qu'il est l'origine du grand schisme qui sépare l'église d'orient et celle d'occident.

857.

Photius ne pouvoit pas se flatter d'être reçu à la communion des églises d'occident, si le pape n'approuvoit son élection et la déposition d'Ignace. Il députa donc quatre évêques, pour obtenir l'approbation du saint siége.

Prétentions du saint siége fondées sur les fausses décrétales.

Alors les papes commençoient à étendre leur jurisdiction, et faisoient continuellement des tentatives pour se rendre seuls juges des différends qui naissoient dans l'église : ils fondoient leur prétention sur une collection de plusieurs lettres, qu'on prétendoit avoir été écrites par les papes des trois premiers siècles, et par lesquelles ils paroissoient avoir été les juges de tous les évêques de la chrétienté. Ces lettres, connues sous le nom de fausses décrétales, parurent pour la première fois sur la fin du huitième siècle; c'est-à-dire, dans des temps où l'on avoit trop peu de lumières, pour en découvrir la supposition : elles acquirent donc une autorité, dont les papes se prévalurent. Mais la fausseté en saute aux yeux; et elles prouvent seulement ce que peut l'imposture, lorsque les hommes sont ignorans et crédules.

Nicolas I occupoit alors le siége apostolique. Il n'avoit garde de laisser échapper une occasion de mettre l'église de Constantinople dans sa jurisdiction. Il croyoit de la meilleure foi du monde aux fausses décrétales, et il en avoit pris la défense contre des évêques des Gaules qui doutoient de leur autorité. Il se plaignit de n'avoir pas été consulté sur la déposition d'Ignace ; il désapprouva qu'on lui eût donné un laïque pour successeur ; et il fit partir deux légats pour prendre connoissance de cette affaire.

Les légats furent séduits et gagnés; car Photius employoit toute sorte de moyens pour se maintenir. On tint un concile composé de 318 évêques. Ignace y comparut, et fut déposé, en présence et avec l'approbation des légats.

Conduite de Nicolas I. Nicolas, instruit de ce qui s'étoit passé, écrivit aux évêques de l'orient, pour leur ordonner par l'autorité du saint siége de condamner avec lui l'élection de Photius et la déposition d'Ignace. Mais cette lettre ayant été sans effet, parce que ces évêques n'étoient pas dans l'usage de recevoir de pareils ordres ; il excommunia Photius, et punit les légats, qui avoient abusé de sa confiance. J'omets plusieurs circonstances, qui font voir que ce pape montroit plus de zèle que de prudence, et qu'il soulevoit les esprits par ses prétentions et par ses hauteurs.

Conduite de Photius. Photius se vengea de Nicolas. Il l'excommunia dans un concile ; il le déclara déposé; il invita Louis II, (1) roi d'Italie, à chasser ce pontife du saint siége, lui promettant de le faire reconnoître empereur à la cour de Constantinople : enfin il écrivit aux patriarches et aux évêques de l'orient, une lettre circulaire, dans laquelle il montre beaucoup de mépris pour les latins et entreprend de leur reprocher plusieurs erreurs. Des hommes, dit-il, sortis des ténébres de l'occident, sont venus corrompre la foi : ils ordonnent de jeûner le samedi : ils permettent de manger du fromage et du laitage en carême : ils en retranchent la première semaine : ils détestent les prêtres engagés dans un mariage légitime : ils permettent que leurs prêtres se rasent la barbe : enfin ils osent ajouter de nouvelles paroles au symbole, disant que le S. Esprit ne procède pas du père seul, mais encore du fils. Photius finit par prier les évêques de concourir à la condamnation de cette doctrine. et d'envoyer pour cet effet des légats à Constantinople.

Il reproche aux Latins d'avoir ajouté au symbole.

―――――――――

(1) Il étoit empereur, fils de Lothaire, neveu de Charles le Chauve et de Louis le Germanique.

Parmi ces chefs d'accusation, le dernier est le seul qui concerne le dogme. Les autres sont des choses de discipline : et il y en a de ridicules. Mais plus les objets d'une dispute sont frivoles, plus il est à craindre qu'on ne s'entête de part et d'autre. On s'échauffe d'autant plus, qu'on auroit honte de se dédire, et cette chaleur donne de l'importance à des puérilités.

Il y avoit déja long-temps que les églises de Germanie, de France et d'Espagne avoient fait cette addition, dont les Grecs se plaignoient. Léon III ne l'avoit pas approuvée : quoique très-convaincu que le S. Esprit procède du père et du fils. Il se fondoit sur ce que le second concile général n'avoit point mis le *filioque* dans le symbole, et que celui de Chalcédoine et d'autres avoient défendu d'y rien ajouter. Cependant l'église de Rome se conforma dans la suite à cet usage ; au grand scandale des Grecs, qui ne vouloient pas qu'on fit aucun changement dans un symbole fait chez eux.

Il est déposé. 867.

Au fort de cette dispute, Michel III fut assassiné ; et son assassin, Basile le

Macédonien, étant monté sur le trône, chassa Photius et rétablit Ignace.

La troisième année de son règne, il fit tenir à Constantinople un concile, qui est le huitième œcuménique. Les légats d'Adrien II, successeur de Nicolas, s'y trouvèrent. Photius y fut condamné, et on prononça plusieurs fois anathême contre lui.

Le concile venoit d'être terminé, lorsque l'empereur fit assembler chez lui les légats de Rome, d'Alexandrie, d'Antioche et de Jérusalem, pour savoir si les Bulgares devoient être soumis au pape ou au patriarche de Constantinople. Ces peuples avoient embrassé la religion chrétienne en 860, et leur roi avoit envoyé un ambassadeur pour faire décider cette question. On jugea que la Bulgarie devoit être dans la juridiction du patriarche de Constantinople, parce qu'lle avoit été conquise sur les Grecs; que les Bulgares n'y avoient trouvé que des prêtres grecs, lorsqu'ils s'en étoient rendus maîtres; et que ce royaume faisant partie de l'empire, il n'étoit pas raisonnable d'y conserver quelque jurisdiction à un pontife, qui s'étoit soustrait aux empereurs, pour se donner aux rois de France. Les légats de Rome protestèrent, et se retirèrent mécontens. Adrien encore plus mécontent, se plaignit amèrement : il déclara qu'il dégraderoit tous les Grecs, qui feroient quelques fonctions ecclésiastiques en Bulgarie. Jean VIII, son successeur, menaça d'excommunier et de déposer Ignace, s'il ne se désistoit de toute jurisdiction sur ce royaume ; et il ordonna aux évêques et aux ecclésiastiques Grecs d'en sortir dans trente jours, sous peine d'excommunication. Mais enfin les Bulgares aimèrent mieux dépendre du patriarche de Constantinople.

Photius est rétabli et reconnu par Jean VIII, qui croit qu'on lui a cédé la Bulgarie.

Cependant Photius étoit rentré en grace auprès de Basile, et ce prince lui avoit même confié l'éducation de ses enfans, lorsqu'Ignace mourut. Dans une circonstance aussi favorable, il lui fut facile de recouvrer le patriarchat; et ce qui paroît d'abord étonnant, c'est que Jean VIII le reconnut. Il est vrai qu'il comptoit, par cette condescendance, engager Photius à ne plus prétendre à la Bulgarie et c'étoit aussi une de ses conditions. Il vouloit encore obtenir de l'empereur des secours contre les Sarrasins et la restitution de quelques terres, qui appartenoient à l'église de Rome.

Aussitôt que les légats de Rome furent arrivés, Photius fit assembler trois cent quatre-vingt-trois évêques, qui crièrent anathême contre quiconque ne le reconnoîtroit pas pour patriarche légitime. On lut un symbole sans l'addition *filioque*, et avec défense d'y rien ajouter : on ne voulut point reconnoître que la Bulgarie dût dépendre du saint siége.

Jean, mal instruit de ce qui s'étoit passé, confirma les décrets du concile, et remercia l'empereur de la cession qu'il croyoit lui avoir été faite de la Bulgarie: mais ayant été mieux informé, il monta dans le jubé de son église, condamna Photius, prononça anathême contre ceux qui ne se soumettroient pas à cette condamnation, déposa ses légats, et en fit partir un autre pour Constantinople.

Jean, détrompé, excommunie Photius.

Martin II, qui lui succéda, refusa de

Photius est chassé une seconde fois.

reconnoître Photius pour patriarche, et la cour de Constantinople refusa de le reconnoître lui-même pour pape. La conduite de Martin fut approuvée et soutenue par ses successeurs, Adrien III et Etienne V: cependant Photius triompha. Ce triomphe ne fut pas long : odieux à Léon, fils et successeur de Basile, il fut chassé une seconde fois ; et Etienne, frère de Léon, fut élevé sur le siége de Constantinople. Ce Léon a été le père de Constantin Porphirogenète. On le surnomma le Sage ou le Philosophe, à cause de son amour pour les sciences ; il ne mérita pas ce titre par ses mœurs, quoiqu'il ait écrit sur des matières de piété, et que ses ouvrages soient plus dignes d'un moine que d'un prince.

Photius mourut peu de temps après. Le schisme parut cesser ; la communion du moins ne fut pas tout-à-fait interrompue entre l'église grecque et l'église latine ; mais il étoit difficile de les concilier, parce que les patriarches étoient jaloux de la primatie du saint siége, et que les papes ne pouvoient renoncer à leurs prétentions sur la Bulgarie. Voilà la vraie cause des disputes qui se sont élevées entre ces deux églises. Elles se seroient accordées sur le dogme, si leurs chefs s'étoient moins occupés de leur agrandissement.

C'est vers le milieu du onzième siècle, qu'elles en vinrent à une rupture ouverte, lorsque Michel Cérularius, patriarche de Constantinople, renouvela les accusations que Photius avoit faites aux Latins. Il leur reprocha encore, comme autant d'hérésies, de se servir de pain azyme pour la célébration des saints mystères, de manger du sang des animaux et des viandes suffoquées et de ne pas chanter l'*alleluia* pendant le carême. Sur ce fondement il chassa des monastères les abbés et les religieux latins qui ne voulurent pas renoncer à ces usages, et il fit fermer toutes les églises qu'ils avoient à Constantinople.

Il étoit facile aux Latins de montrer la futilité de ces accusations, puisqu'elles ne tomboient que sur des usages qui peuvent varier d'une église à l'autre, et qui sont toujours bons lorsque la tradition la plus ancienne les autorise ; mais comme ces prétendues hérésies n'étoient qu'un prétexte,

Vers le milieu du onzième siècle les querelles deviennent plus vives que jamais.

dont les patriarches de Constantinople se servoient pour humilier la cour de Rome, les papes ne songèrent aussi qu'à défendre leur autorité. Il arriva de-là que les questions qu'on agitoit n'étoient pas ce qui intéressoit l'un et l'autre parti : aussi Léon IX , alors pape , ne répondit pas directement à Cérularius ; mais il entreprit de montrer la supériorité du saint siége qu'on attaquoit indirectement. Il trouve absurde qu'on accuse d'erreur l'église de Rome ; et il reproche aux Grecs plus de quatre-vingt-dix hérésies qu'elle a condamnées, et dont il fait l'énumération ; il s'élève contre ceux qui osent blâmer le saint siége qui , selon lui , ne peut être soumis à aucun juge ; et il le prouve par une prétendue lettre du pape Silvestre, approuvée, dit-il, par Constantin le Grand et par le concile de Nicée. Il démontre même la puissance temporelle des papes; et pour faire voir qu'il ne se fonde pas sur des fables, il rapporte l'acte de la donation que l'ignorance attribuoit alors à Constantin.

Il fit partir ensuite pour Constantinople

des légats, qui déposèrent dans l'église de Ste. Sophie un acte d'excommunication contre Michel et ses sectateurs, et dans lequel il les accusoit de vendre le don de Dieu, comme les simoniaques; de rendre eunuques leurs hôtes, comme les Valésiens, et de les élever à l'épiscopat; d'imiter, les Ariens en rebaptisant des personnes baptisées au nom de la sainte Trinité; les Donatistes, en disant que hors de l'église grecque il n'y a plus dans le monde ni église de Jésus-Christ, ni vrai sacerdoce, ni vrai baptême; les Nicolaïtes, en permettant le mariage aux ministres de l'autel; les Sévériens, en disant que la loi de Moyse est maudite; les Macédoniens, en retranchant du symbole, que le S. Esprit procède du fils; les Manichéens, en disant que tout ce qui a du levain est animé; les Nazaréens, en gardant les purifications judaïques, en refusant le baptême aux enfans qui meurent avant le huitième jour, et la communion aux femmes en couche, et ne recevant point à leur communion ceux qui se coupent les cheveux et la barbe, suivant l'usage de l'église latine.

C'est ainsi que la passion faisoit voir dans les Grecs une multitude d'hérésies, quoique la plupart de celles qu'on leur imputoit ne fussent que des conséquences qu'on croyoit tirer de leur doctrine, et qu'ils désavouoient.

Michel Cérularius fit de son côté un décret contre ces légats, qu'il feignit de ne pas reconnoître pour envoyés du pape. Il commençoit ainsi : des hommes impies, sortis des ténèbres de l'occident, sont venus en cette pieuse ville, d'où les sources de la foi orthodoxe se sont répandues dans tout le monde : ils ont entrepris de corrompre la sainte doctrine par la diversité de leurs dogmes, jusques à mettre sur la sainte table un écrit portant anathême contre nous, et contre tous ceux qui ne se laissent pas entraîner à leurs erreurs; nous reprochant entre autres choses de ne nous pas raser la barbe comme eux, de communiquer avec des prêtres mariés, de ne pas corrompre le symbole par des paroles étrangères, etc.

Vous voyez combien les esprits étoient loin de se concilier. Cependant comme les papes devenoient tous les jours plus puissans, les empereurs qui croyoient devoir les ménager, n'accordèrent pas toujours la même protection aux patriarches de Constantinople. Ils tentèrent plus d'une fois de réunir les deux églises, mais ce fut inutilement. La rivalité qui les séparoit subsista : le temps et les disputes ne firent qu'augmenter la haine et le mépris qu'elles se portoient réciproquement; et souvent le peuple de Constantinople fut sur le point de se révolter, parce qu'on parloit de se réunir avec les Latins. Si quelquefois des momens de calme donnoient quelques espérances, elles se dissipoient bientôt, et le schisme dure encore.

LIVRE TROISIÈME.

CHAPITRE PREMIER.

De l'état de la France à l'avènement de Hugues Capet.

<small>Comment la France étoit divisée.</small>

LA Provence, le Dauphiné, le Lyonnais, le Maconnais, la Bourgogne transjurane, une partie de la Franche-Comté et quelques autres territoires formoient le royaume d'Arles, tout-à-fait indépendant de la couronne de France. La haute Lorraine appartenoit à l'empereur Othon III; et la basse, qui comprenoit le Brabant, le Hainaut, le pays de Liége et le Luxembourg, étoit un fief de l'empire d'Allemagne, et avoit été donnée à Charles, frère de Lothaire. Enfin les derniers Carlovingiens n'avoient conservé aucune autorité sur les provinces d'Epagne. Ainsi la

France étoit renfermée entre les Pyrénées, le royaume d'Arles, la Lorraine et la mer.

Les principaux vassaux de la couronne étoient le duc de Gascogne, le duc d'Aquitaine, le comte de Toulouse, le duc de Bourgogne, le comte de Flandre, le duc de France, le duc de Normandie duquel la Bretagne relevoit, le comte de Vermandois, le comte de Troyes, etc. *Quels étoient les vassaux immédiats.*

Les seigneurs du second ordre, c'est-à-dire, ceux qui relevoient immédiatement des vassaux de la couronne, se nommoient en général barons, quoique plusieurs portassent le titre de comte. Ces barons avoient au-dessous d'eux d'autres vassaux, qui en avoient encore d'autres. Ainsi la France étoit subdivisée en fiefs et arrière-fiefs, de sorte que les seigneurs de la dernière classe n'avoient souvent qu'un château. *Les arrières-vassaux.*

C'est la nécessité qui multiplia si fort les vassaux. Comme le peuple étoit trop opprimé pour être de quelque secours à la guerre, les seigneurs firent des démembremens de leur domaine, et les donnèrent en fiefs à des hommes, qui par-là étoient obligés et intéressés à les servir. Il arriva *Comment les vassaux s'étoient multipliés.*

même qu'on jugea de la dignité d'une seigneurie par le nombre des fiefs; et au défaut de terres, on donna en fief des charges, des pensions, des fours banaux, et même des essaims d'abeilles.

<small>Les droits respectifs des seigneurs n'étoient fondés que sur la force.</small>

Les droits respectifs des seigneurs puissans n'étoient que des prétentions contestées. Les obligations réciproques n'étoient réglées par aucune loi : les usages varioient suivant les temps et les lieux; et l'anarchie qui continuoit toujours, entretenoit les désordres qu'elle avoit produits, ou même les multiplioit encore. Elle armoit tous ces tyrans. Tous croyoient avoir le droit de guerre, et tous l'avoient en effet; car n'y ayant point de puissance publique capable de les réprimer, chacun d'eux étoit en droit de se faire justice par les armes. Juge dans sa propre cause, chaque seigneur, sous prétexte de se faire justice, soutenoit ses prétentions quelles qu'elles fussent; et le droit étoit toujours pour le plus fort.

<small>Ce qui étoit une source de désordres.</small>

Ainsi comme la France étoit divisée en fiefs et en arrière-fiefs, elle l'étoit, si je puis m'exprimer ainsi, en guerres et en arrière-guerres. C'est un chaos où les élémens se combattent dans tous les points de l'espace, et qui ne se peut débrouiller que bien difficilement. Les grands vassaux, ne cherchant qu'à se rendre indépendans de la couronne, s'embarrassoient dans des guerres, dont les barons profitèrent pour se rendre eux-mêmes indépendans; et lorsque les barons se soulevoient contre leurs suzerains, leurs propres vassaux se soulevoient contre eux, et s'exposoient à de pareils soulèvemens de la part des vassaux qui leur devoient l'hommage : de la sorte une guerre en faisoit naître plusieurs autres, et tout étoit en armes.

Tous les seigneurs exerçoient un empire absolu dans leurs terres. Leur volonté dictoit les lois. Ils avoient des justices, où se jugeoient les délits qui se commettoient, et les affaires qui survenoient parmi les sujets. Cependant le despotisme des plus foibles étoit toujours limité par quelque endroit : car les suzerains, jaloux d'être les seuls despotes, laissoient à leurs vassaux le moins de part possible à la souveraineté. Ils ne leur permettoient pas de faire les mêmes usurpations qu'ils faisoient eux-

Pouvoir absolu des seigneurs dans leurs terres.

mêmes : ils s'arrogeoient, comme plus forts, différens droits sur leurs terres, et se réservant la connoissance des principales affaires, ils y avoient ce qu'on appelle la haute justice.

<small>Leurs assises.</small> Les seigneurs jugeoient leurs sujets par eux-mêmes, par leurs baillis, ou par leurs prévôts. Ils tenoient pour cet effet des assises à des jours marqués. Les petits vassaux, qui avoient des différends entre eux, étoient souvent dans la nécessité de se soumettre à ce tribunal; car lorsque la guerre leur devenoit trop onéreuse, il leur importoit bien plus de reconnoître la jurisdiction de leur suzerain, que d'entreprendre de se faire justice par les armes. Ainsi la foiblesse assujettissoit seule à des devoirs, auxquels on se déroboit, si l'on cessoit d'être le plus foible.

<small>Ils croyoient que tout étoit à eux.</small> Ces tyrans s'étoient accoutumés par l'usage à ne connoître d'autres lois que leur volonté. Ils croyoient que tout leur avoit toujours appartenu; que les roturiers ne possédoient rien que par l'effet de leur libéralité; et que, par conséquent, ils pouvoient disposer à leur gré de leur

bien et de leur personne. En un mot, ils se croyoient autorisés à des usurpations, parce qu'ils étoient dans l'habitude d'en faire.

Vous pouvez juger par-là quelle étoit la misère du peuple. On distinguoit, à la vérité, l'homme libre du serf. Mais au moins les esclaves avoient un maître intéressé à les faire subsister : les hommes libres, au contraire, étoient accablés sous le poids de la servitude; chargés de corvées, d'impositions, de taxes arbitraires; exposés à voir confisquer leurs biens, et forcés même d'acheter de leur seigneur la permission de se marier. *Le sort du serf étoit souvent préférable à celui de l'homme libre.*

Cette tyrannie avoit commencé dans les campagnes, et les plus riches habitans s'étoient réfugiés dans les villes, où les lois les protégèrent, tant que les comtes ne furent que gouverneurs. Mais lorsque les gouvernemens devinrent autant de souverainetés, ces nouveaux seigneurs exercèrent sur les bourgeois les mêmes vexations, que les autres exerçoient sur les paysans de leurs terres. Les villes furent sujettes comme les campagnes à une taille *Les roturiers portoient tout le faix de la tyrannie.*

arbitraire, et obligées à défrayer leur seigneur et ses gens, quand il y venoit : vivres, meubles, chevaux, voitures, tout étoit enlevé ; et on auroit dit que les maisons étoient au pillage. Ce n'étoit cependant là que la moindre partie des vexations.

<small>La noblesse sans fief étoit seule ménagée.</small>

Tel étoit le sort des roturiers. La petite noblesse, je veux dire celle qui ne possédoit point de fiefs, conserva seule quelques droits; les seigneurs ayant été obligés de la ménager, soit parce qu'elle étoit nombreuse, soit parce qu'ils en tiroient des services en temps de guerre. D'ailleurs la seule différence qu'il y eût entre les hommes libres et les serfs, c'est que ceux-ci ne pouvoient s'affranchir que par la pure faveur de leur maître, au lieu que les autres avoient plusieurs moyens de se soustraire au joug de leur seigneur. Ils pouvoient s'ennoblir en acquérant un fief ou même en épousant la fille d'un gentilhomme; ils pouvoient au moins entrer dans la cléricature; et dans tous ces cas ils cessoient d'être soumis aux charges qui accabloient le peuple.

Le clergé eut lieu de se repentir d'avoir contribué à l'humiliation des descendans de Charlemagne; car il devint la proie des seigneurs, qui s'étoient élevés sur les ruines de la puissance royale. Les rois ne pouvant plus les protéger, il put voir qu'il avoit détruit lui-même l'appui de sa grandeur. Il ne fut plus le premier corps de la nation : excepté quelques prélats, qui étant comtes ou ducs de leur ville, relevoient immédiatement de la couronne, tous les autres étoient devenus vassaux de ces mêmes comtes ou ducs, qu'ils avoient précédés, ét sur lesquels la loi leur avoit donné le pouvoir le plus étendu. Charlemagne leur avoit défendu le port des armes, et ils en avoient en général perdu l'usage, précisément dans le temps où tous les seigneurs laïques s'armèrent contre eux. On voit sous les derniers Carlovingiens quelques évêques guerriers défendre encore leurs possessions : mais on voit aussi le plus grand nombre des ecclésiastiques, sans défense, tous les jours dépouillés de quelques-unes de leurs terres. Souvent ils sont obligés d'en aliéner une partie en

Le clergé avoit est en proie aux seigneurs puissans.

faveur d'un seigneur dont ils mendient la protection; et ils ont ensuite besoin d'une protection contre ce protecteur, qui devient d'ordinaire un usurpateur lui-même. Ces protecteurs se nommoient *vidames* ou *avoués*.

Voilà quel étoit en France l'état de la noblesse, du clergé et du peuple, vers la fin du dixième siècle. Vous verrez ces choses exposées avec plus de détail dans l'ouvrage, d'où je les ai extraites. (1)

---

(1) Observations sur l'histoire de France.

CHAPITRE II.

Combien les droits des souverains étoient peu connus dans le dixième siècle.

Il faut des lois ou des usages constans pour déterminer avec précision les droits du souverain sur la nation, et ceux des différens corps qui composent l'état. Il n'est donc plus possible de se faire des idées de tous ces droits, lorsque l'anarchie est parvenue au point de tout confondre; car alors les lois sont oubliées, et les usages varient tous les jours et dans tous les lieux. Tous les droits étoient confondus dans le dixieme siecle.

L'anarchie commença sous Louis le Débonnaire, parce que ce prince, trop foible pour faire régner les lois, obéit tour-à-tour à l'ambition de sa femme, au despotisme de ses ministres, et aux scrupules que lui donnèrent les moines. Bientôt les différens ordres de l'état ne con- L'anarchie avoit commencé sous Louis le Débonnaire.

nurent plus les devoirs qui les subordonnoient les uns aux autres ; les peuples ignorèrent ce qu'ils devoient à leur souverain ; le souverain l'ignora lui-même ; et chacun se fit des droits de ses prétentions.

Ce prince ne connoissoit pas les droits de la royauté.

Louis, qui reconnoît pour juges des évêques et des moines ; Vala qui ose déclarer le trône vacant, pour y placer un fils rebelle ; et les formalités mêmes par lesquelles les prélats rétablissent le souverain légitime : tout prouve qu'on ignoroit déjà, ou qu'on vouloit ignorer les droits de la royauté : il est au moins certain que Louis ne les connoissoit pas.

Charles le Chauve et Louis le Germain que les ignoroient également.

Charles le Chauve et Louis le Germanique les connoissoient-ils davantage, lorsqu'ils engagèrent leur clergé à déclarer Lothaire exclus de la succession du dernier empereur ? Les connoissoient-ils, lorsqu'ils reçurent de ce même clergé les états qu'ils vouloient enlever à leur frère ? Cette entreprise étoit d'autant plus imprudente, qu'il fallut y renoncer aussitôt, et traiter avec le prince qu'ils avoient voulu dépouiller.

Toute la conduite de Charles le Chauve

prouve combien ce prince ignoroit les droits de la royauté. C'est ce qu'il montre sur-tout, lorsque se soumettant aux prétentions du clergé, il se plaint d'avoir été déposé par l'archevêque de Sens, avant d'avoir comparu devant tous les évêques qui l'avoient sacré roi. Si tous les usages qui s'introduisent font les droits, le clergé pouvoit dire qu'il avoit celui de juger les souverains et de les déposer : mais il faut distinguer les usages que l'ignorance établit, de ceux que la raison autorise; distinction que l'anarchie ne permet pas de faire.

Dès que les souverains ne savent plus eux-mêmes ce qu'ils sont, on n'est pas étonné si les désordres s'accroissent encore sous des princes aussi foibles que Louis II, Louis III, et Carloman. On est déjà préparé à la déposition subite de Charles le Gros, et on voit sans surprise Charles le Simple exclus de tous les royaumes qui se forment des débris de ce vaste empire. Que ce prince ayant ensuite été élevé sur le trône, voie deux sujets rebelles y monter successivement ; et qu'enfin il finisse ses jours dans une

<small>Cette ignorance est la cause des révolutions qui arrivent sous leurs successeurs.</small>

prison : ce sont encore là des événemens qui ne doivent plus paroître extraordinaires.

Les derniers Carlovingiens ne savoient plus sur quoi fonder leur droit au trône,

Un discours que tint Louis d'Outremer dans un concile où il venoit implorer le secours d'Othon le Grand, achèvera de vous convaincre que les descendans de Charlemagne ne savoient plus à quel titre ils étoient rois. « Après la mort de Rodolphe, dit-il, Hugues et les autres seigneurs Français envoyèrent des ambassadeurs en Angleterre pour me rappeler. Je revins sur leurs sermens; je les trouvai tous à Boulogne, où ils me rendirent l'hommage à la descente du vaisseau, et je fus sacré aux acclamations des seigneurs et du peuple. Mais Hugues, oubliant ses promesses, s'est déclaré le premier contre moi : il a employé jusqu'à la trahison pour me perdre, il m'a retenu un an son prisonnier, et je ne suis sorti de ses mains qu'en lui cédant la ville de Laon, la seule de toutes les places qui restoient à la reine Gerberge pour faire sa demeure : Voilà ce que j'ai souffert de mes sujets. Si quelqu'un me reproche de m'être attiré tous ces maux par quelques crimes, que j'aie commis depuis mon rétablissement, je suis prêt à m'en justifier de la manière que le concile et le roi de Germanie le jugeront à propos; j'offre même de prouver mon innocence par le combat singulier.»

Quand on est au temps de ce malheureux prince, on trouve une si grande confusion dans la façon de penser et dans les usages, qu'on est presque aussi embarrassé que lui, pour déterminer les droits de la maison de Charlemagne. Car enfin à qui appartient le trône, quand les Carlovingiens sont déposés, qu'ils reconnoissent pouvoir l'être, et que la couronne passe dans d'autres familles? Voilà cependant les usages qui s'introduisent.

D'un autre côté, il n'y avoit point de loi expresse qui réglât la succession. On dit bien encore aujourd'hui que la famille de Charlemagne avoit seul droit à l'empire, parce que ce prince l'avoit conquis : mais si c'étoit là une raison, pourquoi de nouveaux conquérans n'acquéroient-ils pas ce droit pour eux et pour leurs descendans? Il paroît que cet empereur lui-

Aucune loi ne régloit expressément la succession à la couronne.

même ne se fondoit pas uniquement sur le droit de conquête, et, qu'au contraire, il comptoit pour quelque chose le consentement des peuples. Car ayant fait le partage de ses états entre Charles, Pepin et Louis, il arrêta que si l'un des trois laissoit un fils, les oncles conserveroient à cet enfant la succession de son père : *supposé que les peuples du pays le voulussent pour roi.*

Il consulta même les principaux de la nation sur ce partage ; et ses successeurs, à son exemple, firent d'ordinaire agréer aux grands les dispositions qu'ils faisoient de leurs états. Il est vrai que cet agrément n'étoit pas une élection, mais il y ressembloit beaucoup : car le demander, c'étoit reconnoître qu'on pouvoit le refuser. Il ne faudroit donc pas s'étonner si, sous les derniers Carlovingiens, où toutes les idées étoient confuses, on eût imaginé que la couronne étoit élective.

Quelles idées on doit se faire des droits de Hugues Capet.

Mon dessein, Monseigneur, n'est pas de prouver que Hugues Capet n'a pas commencé par être un usurpateur : je veux dire seulement que de son temps on ne se faisoit pas là-dessus des notions bien exactes, parce qu'on en jugeoit par les dernières révolutions, qui avoient confondu tous les droits. Mais pour en mieux juger, il faut remonter plus haut.

La couronne ayant passé de Pepin à Charlemagne, et de Charlemagne à Louis le Débonnaire, le droit héréditaire est établi sur le consentement présumé de la nation; car il ne faut pas chercher de droit ailleurs que dans les usages qui tendent le plus à la tranquillité des peuples, et qui se sont introduits lorsque les lois étoient en vigueur. Les usages contraires, survenus dans la suite, ne sont que des abus nés de l'anarchie; et, par conséquent, ils n'ont jamais pu enlever aux derniers Carlovingiens des droits transmis par leurs ayeux. Telles sont les idées que nous devons nous faire à ce sujet. Mais si nous en jugions par celles qu'on avoit au dixième siècle, il faudroit dire que la couronne n'étoit ni héréditaire ni élective, et qu'elle appartenoit au plus fort. Voilà où les choses avoient été réduites par l'incapacité des rois d'un côté, et de l'autre, par l'ambition des vassaux.

CHAPITRE III.

Depuis l'avènement de Hugues Capet jusqu'à la mort de Philippe I.

<small>Hugues Capet est roi, sans être généralement reconnu.</small>

IL y avoit long-temps que les assemblées de la nation n'avoient plus lieu; et l'anarchie parvenue à son comble les rendoit même impossibles. Les grands, divisés entre eux, ne cherchoient point à se réunir pour se donner un chef : ils ne songeoient qu'à s'affermir chacun séparément, et il leur importoit peu que dans un coin du royaume deux concurrens se disputassent une couronne dont ils croyoient ne plus dépendre. Peut-on ne pas reconnoître leur indifférence à cet égard, lorsqu'on voit Charles le Chauve s'humilier inutilement devant eux, Charles le Simple passer les dernières années de sa vie dans une prison, et Louis d'Outremer réduit à mettre toute sa ressource dans Othon et dans un concile tenu en Allemagne ? Charles, duc de la basse Lorraine et frère de Lothaire, ne fut donc pas exclus par la nation ; il fut seulement trop foible pour faire valoir ses droits; et Hugues Capet ne fut pas élu, mais, comme le plus fort, il se fit reconnoître par ses propres vassaux, ne désespérant pas de soumettre les autres avec le temps. En effet, Louis V étoit mort le 21 mai de l'année 987; et Hugues fut sacré à Rheims le 3 Juillet de la même année. Cet intervalle ne suffisoit certainement pas pour assembler tous les grands du royaume, sur-tout dans les temps de troubles où personne ne pouvoit les convoquer.

Hugues Capet étoit petit-fils de Robert et petit-neveu d'Eudes, qui avoient été l'un et l'autre rois comme lui et de la même manière, et qui avoient eu pour père Robert le Fort comte d'Anjou. Au-delà, on ne sait point ce qu'étoient ses ayeux. *Il descendoit de Robert le Fort.*

Duc de France, comte de Paris et d'Orléans, il étoit un des plus puissans seigneurs de l'état. Pour mettre les ecclésiastiques dans ses intérêts, il parut vouloir les faire rentrer dans les terres qui leur avoient été enlevées : il commença par restituer quel- *Il cherche à mettre le clergé dans ses intérêts.*

ques abbayes qu'il possédoit lui-même; et cette protection, accordée aux biens temporels des moines et des évêques, lui fit donner le titre de défenseur de l'église.

Comment les droits des Capétiens deviennent légitimes.

Il vainquit le duc de Guienne, qui s'étoit déclaré contre lui, et le força à le reconnoître; et Charles, dont il se rendit maître par la trahison de l'évêque de Laon, fut conduit à Orléans, où il mourut peu de temps après. Ce prince n'ayant point laissé d'héritiers, la maison de Charlemagne fut éteinte (1). Hugues et ses descendans acquirent seuls des droits à la couronne par le consentement de la nation, et ils devinrent des rois légitimes.

La foiblesse de Hugues Capet est favorable aux prétentions du saint

Hugues, voulant attirer dans son parti Arnoul fils naturel de Lothaire, et, par conséquent, neveu de Charles, lui avoit donné l'archevêché de Rheims; et Arnoul, quoiqu'il eût prêté serment de fidélité, avoit livré Rheims à son oncle. Le roi assembla un concile pour faire le procès à

---

(1) Les historiens donnent deux ou trois fils à Charles; mais ils ne peuvent dire ce qu'ils sont devenus.

cet évêque: mais les pères connoissoient si peu leurs droits, qu'ils ne savoient pas s'ils pouvoient juger cette affaire, avant que le pape en eût pris connoissance. L'évêque d'Orléans, plus instruit, fit une peinture des désordres de l'église de Rome; et demandant si l'on étoit obligé de se soumettre aveuglément à des hommes qui déshonoroient le saint siége, il conclut d'après des exemples et des canons, que le concile étoit en droit de procéder au jugement de l'archevêque de Rheims. Arnoul fut déposé, et Gerbert fut élu en sa place.

On eut la condescendance d'envoyer au pape Jean XV, les actes du concile, et de le prier d'approuver l'élection de Gerbert. Jean, peu content de ce qui avoit été fait sans son autorité, interdit les évêques qui avoient déposé Arnoul, et envoya en France un abbé pour assembler un nouveau concile. Le roi, qui crut devoir ménager la cour de Rome, consentit à tout ce qu'elle voulut; de sorte qu'Arnoul fut rétabli. Cet événement fut la cause de la fortune de Gerbert: car s'étant réfugié auprès d'Othon III, il obtint l'évêché de Ravenne, et nous avons vu que quelque temps après il fut élevé sur le saint siége.

996.

Hugues étant mort dans la dixième année de son règne, laissa la couronne à Robert, son fils, qu'il s'étoit associé en 988.

Celle de Robert ne leur eut pas moins favorable.

Robert avoit épousé Berthe, sa parente au quatrième degré, et il avoit eu l'approbation des évêques, qui jugèrent que la dispense n'étoit pas nécessaire, ou qu'ils la pouvoient donner eux-mêmes. Jean XV avoit déjà déclaré ce mariage nul. Son successeur Grégoire V, ne laissant pas échapper une occasion aussi favorable aux prétentions du saint siége, tint un concile,

998.

dont le premier décret fut conçu en ces termes : *que le roi Robert, qui a épousé Berthe sa parente, contre les lois de l'église, ait à la quitter au plutôt, et à faire une pénitence de sept ans, conformément aux canons et à l'usage de l'église ; que s'il n'obéit pas, il est déclaré excommunié ; que Berthe soit soumise à la même pénitence sous la même peine ; qu'Archambaud, archevêque de Tours, qui a été le ministre de ce mariage incestueux, et tous les évêques qui y ont donné leur consentement, soient suspendus de l'usage des sacremens, jusqu'à ce qu'ils soient venus à Rome faire satisfaction pour leur faute.*

Le roi se soumit, se sépara de Berthe, fit pénitence, obtint l'absolution et plusieurs évêques allèrent se jeter aux pieds du pape.

Grégoire avoit trop réussi, pour ne pas tenter une seconde démarche; il ordonna de rendre la liberté à l'archevêque Arnoul, qu'on tenoit encore dans les prisons, malgré le concile qui l'avoit rétabli; et menaça la France d'un interdit universel, si le roi désobéissoit à ses ordres. Robert obéit.

Quelque temps après, le roi joignit à ses domaines le duché de Bourgogne, qui lui appartenoit par la mort de Henri, son oncle, frère de Hugues Capet, ce prince n'ayant point laissé d'enfans légitimes. Mais ce fut le sujet d'une guerre. Robert n'avoit pa d'ailleurs l'ambition d'agrandir ses états : car il fut assez sage pour se refuser aux Italiens, qui à la mort de Henri II, lui offrirent le titre d'empereur et le royaume d'Italie. Il aima la paix : il la maintint dans les provinces qui dépendoient de

Robert montre peu d'ambition.

lui, pendant que les autres étoient déchirées par les seigneurs, qui se ruinoient à l'envi; et il mourut après un règne de trente-trois ans. Les Normands s'établissoient alors dans le midi de l'Italie, et venoient de fonder la ville d'Averse.

<small>Le règne de Henri I n'offre aucun événement remarquable.</small>

Le règne de Henri son fils, quoique de trente ans, ne fournit aucun événement considérable. Il n'y en a point même qu'il soit nécessaire de remarquer pour la suite de l'histoire. Son mariage cependant est assez singulier pour en parler, car il épousa la fille du duc de Russie; et on prétend qu'il ne fit venir une femme de si loin, que parce qu'étant parent de presque tous les princes de l'Europe, il craignoit de s'exposer aux censures de l'église.

A l'exemple de ses prédécesseurs, il avoit fait sacrer Philippe son fils aîné, quelques années avant sa mort. Cet enfant n'avoit encore que sept ans, lorsque le roi fut attaqué de la maladie dont il mourut. Henri ne voulut pas confier la régence à sa femme, encore moins à Robert, son frère, qui s'étoit révolté contre lui, et à qui cependant il avoit donné le duché de

Bourgogne : il choisit Baudouin V, comte de Flandre, auquel il avoit fait épouser sa sœur ; et la conduite de Baudouin justifia son choix.

C'est pendant cette régence, que Guillaume, duc de Normandie, fit la conquête de l'Angleterre. Nous avons vu qu'en 1017 Canut, roi de Danemarck, s'étoit rendu maître de ce royaume. Il se l'assura, en faisant périr tous ceux qui pouvoient lui donner de l'ombrage. Il envahit ensuite la Norvège ; et lorsque son ambition fut satisfaite, il ne s'occupa plus que des moyens d'expier les péchés qu'elle lui avoit fait commettre. Aidé des lumières d'un archevêque de Cantorberi, il vit qu'il suffisoit de bâtir des monastères, et d'aller à Rome faire des libéralités au saint siège. C'est une chose à remarquer, que dans le dixième et le onzième siècles, on a mis le voyage de Rome au nombre des actes pieux, qui effacent les péchés. On a donné à ce prince le surnom de Grand, parce qu'il a fait des conquêtes : et il étoit grand, autant qu'un homme cruel et superstitieux peut l'être. Il brouilla si bien l'ordre de la succession, qu'après lui on ne savoit plus à qui la couronne d'Angleterre appartenoit : aussi ne resta-t-elle pas long-temps dans sa famille : car en 1042 Edouard III, fils d'Ethelred II, remonta sur le trône de ses ancêtres.

<small>Une bulle d'Alexandre II est un des titres de ce conquérant.</small>

C'est après la mort de ce dernier roi, que Guillaume entreprit la conquête de l'Angleterre. Son premier titre étoit un testament vrai ou faux, par lequel Edouard l'appeloit à sa succession ; comme si un roi pouvoit disposer d'un royaume à sa volonté. Le second titre, plus extraordinaire encore, étoit une bulle, par laquelle le pape Alexandre II lui donnoit l'investiture de l'Angleterre, et cette bulle étoit accompagnée d'un anneau d'or et d'une bannière bénite. La hardiesse d'Alexandre, qui dispose d'une couronne, fait voir que le moine Hildebrand, qui le gouvernoit, s'essayoit à être pape lui-même. Au reste il étoit bien naturel que les papes commençassent par disposer d'un peuple, qui s'étoit mis de lui-même sous le joug du saint siege.

<small>Obstacles qu'il surmonte.</small>

Cependant Harald, seigneur puissant, occupoit déjà le trône. Il le devoit même à l'affection des Anglais, et il se les attachoit encore par la manière dont il les gouvernoit. Baudouin suscitoit des ennemis au duc de Normandie, parce qu'il voyoit combien l'agrandissement de ce vassal étoit contraire aux intérêts du roi; et les barons Normands se refusoient à une expédition, où ils ne trouvoient aucun avantage pour leur pays. Guillaume surmonta tous les obstacles. La bataille de Hastings, où Harald fut tué, décida du sort de l'Angleterre. Ainsi finit la domination des Anglais Saxons. Guillaume gouverna tyranniquement, et fut obligé de prendre continuellement les armes, pour soumettre des peuples qu'il ne cessoit de vexer.

1066.

Baudouin mourut après avoir gouverné la France pendant sept ans avec autant de sagesse que de désintéressement; et Philippe prit les rênes de l'état. Occupé de ses plaisirs, ce roi fut assez heureux pour n'être d'ordinaire que témoin des guerres que se firent ses vassaux, et pour ne prendre point de part aux entreprises qui agitèrent et troublèrent toute l'Europe. Il soutint le duc de Bretagne, qui s'étoit

Philippe I, plus heureux qu'appliqué, s'en fait un ennemi.

révolté contre le duc de Normandie : mais cette guerre ne fut pas longue ; car Guillaume après un échec considérable, se hâta de faire la paix. La France et l'Angleterre ne lui fournissoient déjà que trop d'ennemis. Cependant il reprit les armes en 1087, et pour se venger d'une plaisanterie du roi de France, il réduisit Mante en cendres, et porta le fer et le feu jusqu'aux portes de Paris. Vous voyez, Monseigneur, combien les plaisanteries conviennent peu aux princes, puisqu'elles coûtent des larmes à leurs peuples : mais les princes inappliqués, comme Philippe, sont plus portés à être mauvais plaisans, et n'en sont que plus méprisables. Guillaume mourut dans cette dernière expédition d'une chûte de cheval, et laissa de grands troubles dans ses états par le partage qu'il en fit entre ses trois fils.

<small>Il est excommunié pour avoir ré[pudié] Berthe, sa femme.</small> Il paroît que le dessein de Philippe étoit d'entretenir parmi les princes une division, qui assuroit le repos de son royaume : mais une affaire, qu'il se fit avec la cour de Rome, ne lui permit pas de s'occuper longtemps des guerres de ses voisins.

Les divorces avoient toujours été fréquens en France, en Allemagne et en Italie ; et celui de Lothaire, roi de Lorraine, est le premier dont les papes aient pris connoissance. Jusqu'alors ils s'étoient contentés de les désapprouver : depuis, devenus plus puissans, ils se crurent faits pour juger les rois.

L'église défendoit alors les mariages entre parens jusqu'au septième degré. Philippe se prévalut de cette loi, pour répudier Berthe sa femme et sa parente, dont il étoit dégoûté ; et il épousa solemnellement Bertrade, qui se sépara de son mari, Foulque comte d'Anjou. Bertrade donna pour raison, qu'elle ne pouvoit pas vivre en conscience avec Foulque, qui avoit encore deux femmes vivantes, et qu'au contraire elle pouvoit épouser le roi, dont le mariage étoit nul. Foulque, Bertrade et Philippe étoient tous trois coupables, puisqu'ils ne se couvroient des lois, que pour assouvir leurs passions. Cependant le premier ne fut pas jugé digne des foudres de Rome, quoiqu'il eût déjà répudié deux femmes, et le roi fut excommunié dans le concile d'Autun, qu'Urbain II fit tenir. L'année suivante, le pape étant venu en France, tint un autre concile à Clermont, et confirma cette excommunication, quoique Berthe fût morte : il défendit même aux Français, sous la même peine, d'obéir à Philippe et de lui donner le titre de roi. L'excommunication fut cependant levée, sur la promesse que fit le roi de ne plus vivre avec Bertrade : mais comme il ne tint pas sa parole, le pape l'excommunia pour la troisième fois.

Une excommunication, si souvent réitérée, pouvoit servir de prétexte à des vassaux puissans, qui ne cherchoient que l'occasion de se soustraire. Philippe prévint les troubles dont il étoit menacé, en faisant sacrer son fils Louis, qu'il avoit eu de Berthe. Ce jeune prince, âgé de vingt ans, étouffa les séditions, et assura la tranquillité dans le royaume. Philippe mourut après avoir régné quarante-huit ans.

La famille de Hugues Capet étoit alors affermie sur le trône, et trois choses y avoient contribué ; la longueur des règnes, le caractère peu entreprenant des rois, et les guerres que les vassaux se faisoient entre eux.

Comment les Capétiens se sont affermis sur le trône.

———

CHAPITRE IV.

Etat du gouvernement féodal à la fin du onzième siècle (1).

<small>Les premiers Capet ous modèrent leur ambition et laissent les vassaux se détruire.</small>

L'AVÈNEMENT de Hugues Capet au trône sembloit devoir perpétuer tous les désordres du gouvernement féodal. Il n'étoit pas naturel que les grands vassaux, qui s'étoient soustraits aux derniers Carlovingiens, voulussent se soumettre au duc de France, qu'ils regardoient comme leur égal. Hugues eût vainement entrepris de les subjuguer. Content d'assurer sa puissance sur les plus foibles, il permit aux autres de se faire autant de droits qu'ils avoient de prétentions ; attendant que le temps fît naître des circonstances favorables à son agrandissement, et se reposant sur ses successeurs du soin d'en profiter. Une ambition prématurée eût été

---

(1) Le fond de ce chapitre est tiré des Observations sur l'histoire de France, ainsi que ce que je dirai dans la suite sur le gouvernement.

la ruine des Capétiens, parce qu'elle eût réuni les grands vassaux ; mais, en ne précipitant rien, ils pouvoient s'élever sur cette multitude de tyrans, qui se détruisoient par des guerres continuelles. C'est ainsi qu'ils se sont conduits : je n'oserois dire que ce soit par politique.

Les peuples se lassent enfin de l'anarchie. Vous avez vu les Mèdes se choisir un roi, et les Grecs demander des lois aux citoyens les plus éclairés. Les Français ne furent pas aussi sages, parce que le peuple parmi eux n'étoit rien, et que les seigneurs ne pouvoient pas renoncer à la domination qu'ils avoient usurpée. Mais les désordres dont ils étoient tour-à-tour les victimes, leur firent au moins une nécessité de reconnoître des devoirs réciproques, et d'établir entre eux une sorte de subordination.

Or, dès que le besoin de la subordination se fit sentir, la puissance des Capétiens devoit naturellement s'accroître ; parce que ces princes, ayant de grands domaines, étoient faits pour être plus respectés que les derniers Carlovingiens ne l'avoient été. Les seigneurs, trop foibles pour affecter une entière indépendance, se crurent heureux de trouver dans des princes plus puissans, des protecteurs qui assuroient leur fortune. Ils se soumirent donc à des devoirs, et il s'établit une subordination entre les vassaux et les suzerains. Ainsi comme les suzerains s'obligèrent à protéger leurs vassaux, les vassaux s'obligèrent à donner au besoin des secours à leurs suzerains, et nous voyons que vers la fin du onzième siècle, les seigneurs qui relevoient de la couronne, croyoient devoir suivre le roi à la guerre, sous peine de perdre leurs fiefs.

Les vassaux comme les suzerains étoient intéressés à la maintenir. Les circonstances contribuèrent encore à faire contracter l'habitude de ces devoirs réciproques.

Les fiefs en France étoient féminins, et passoient, par des mariages, d'une maison dans une autre. Il arriva de-là qu'un seigneur eut souvent des fiefs dans les domaines de ses vassaux, et que par conséquent, il dut, comme vassal, l'hommage qu'il recevoit comme suzerain. Les Capétiens, par exemple, en qualité de rois,

ne relevoient que de dieu et de leur épée :
mais parce qu'ils possédoient des arrièrefiefs, ils étoient obligés d'en acquitter les
charges, et ils relevoient à cet égard de
leurs propres vassaux.

Les mêmes seigneurs étant, sous différens rapports, les vassaux de ceux dont
ils étoient les suzerains, on sentit l'obligation de remplir les devoirs de vasselage,
pour conserver les droits de suzeraineté.
L'intérêt commun introduisit donc peu-à-peu des devoirs comme des droits. Des
traités de paix les déterminèrent et les
confirmèrent; enfin le temps et l'usage en
firent une habitude et une loi. C'étoit une
maxime du gouvernement féodal, que si
le vassal doit au suzerain, le suzerain ne
doit pas moins au vassal.

Des coutumes, introduites par la force *La cour féodale étoit le tribunal qui jugeoit les différends.*
des circonstances pour mettre un frein à
l'anarchie, étoient sans doute susceptibles
de bien des équivoques; il falloit donc un
tribunal pour terminer les différends qui
pouvoient naître. Outre les assises, dans
lesquelles chaque seigneur jugeoit ses sujets, chaque suzerain tenoit à des temps

marqués sa cour féodale à laquelle il présidoit, et qui étoit composée de ses vassaux. C'est là qu'on jugeoit les affaires que les vassaux avoient entre eux ou avec leur suzerain, lorsqu'on préféroit la voie de la justice à celle de la guerre. Le seigneur y portoit sa plainte contre le vassal qui lui avoit manqué, et il ne pouvoit sévir, qu'après y avoir été autorisé par une sentence. Un vassal qui avoit à se plaindre de quelque injustice, sommoit son seigneur de tenir sa cour; et dans le cas du refus, il étoit en droit de ne plus le reconnoître pour suzerain.

<small>Devoirs réciproques des vassaux et des suzerains.</small> Refuser l'hommage après trois sommations, ne pas suivre son seigneur à la guerre, ne pas se rendre aux assises de sa cour, lui faire, en un mot, quelque injure grave, c'étoit autant de crimes de félonie, par lesquels on encouroit la perte de son fief. Mais le suzerain perdoit aussi tous ses droits par le refus de protections, par le déni de justice, et par les vexations qu'il commettoit. Alors le vassal s'affranchissoit de tous hommages, s'il étoit assez puissant; ou, cherchant un protecteur dans

le seigneur de son suzerain, il en devenoit le vassal immédiat.

Un seigneur n'avoit d'autorité que sur ses vassaux immédiats. Il n'étoit pas même en droit d'en exiger le service dans toutes les guerres qu'il entreprenoit. Le vassal ne le devoit, que lorsqu'on prenoit les armes pour la seigneurie dont il relevoit. Il pouvoit le refuser, s'il s'agissoit d'une autre seigneurie : il le pouvoit à plus forte raison si son suzerain n'armoit que comme allié d'un autre seigneur.

On est étonné, quand on voit la peine qu'eut Louis VI, fils de Philippe I, à soumettre de petits seigneurs, tels que ceux de Corbeil, de Couci, de Puiset et Montlhéri. Il les eût accablés, s'il fut tombé sur eux avec les forces réunies de tous ses vassaux. Mais comme comte de Paris, il ne pouvoit faire marcher que ceux qui relevoient de ce comté : de même comme comte d'Orléans, et comme duc de France ; de sorte qu'il n'étoit en droit de commander les grands vassaux, que lorsque la guerre intéressoit la couronne même. Il étoit donc toujours foible, parce qu'il ne

Pourquoi les rois et les grands vassaux ne pouvoient jamais employer qu'une partie de leurs forces.

pouvoit jamais employer qu'une partie de ses forces.

C'est ce que nous comprendrons encore mieux, si nous considérons l'état et la position de ses domaines.

Quoique le duché de France fût un des plus étendus, et que le roi fût encore comte de Paris et d'Orléans, cependant il n'avoit en propre que Paris, Orléans, Etampes, Compiègne, Melun et quelques autres villes moins considérables. Tout le reste appartenoit à des vassaux qui n'étoient pas toujours soumis, ou à des arrière-vassaux dont il ne pouvoit rien exiger. Ainsi la communication d'un domaine à l'autre étoit coupée ; il ne lui étoit seulement pas possible de réunir les troupes qu'il pouvoit lever par lui-même. On voit que le roi de France, réduit à cet état, ne pouvoit être que bien foible. Heureusement, tous les grands vassaux étoient dans une position semblable.

La France étant ainsi divisée, c'étoit de toutes parts des intérêts contraires. Les droits et les devoirs respectifs des suzerains et des vassaux pouvoient être reconnus dans des temps de calme : mais ces temps ne pouvoient pas durer. La subordination disparoissoit pour faire place à la guerre : les revolutions naissoient les unes des autres : les coutumes n'acquéroient qu'une autorité momentanée, et le gouvernement ne prenoit point de consistance.

Ce gouvernement monstrueux portoit sur quatre appuis ruineux par leur nature. Le premier est l'autorité absolue que les seigneurs exerçoient sur le peuple : mais ils en abuseront tous les jours ; et en ruinant leurs sujets, ils se ruineront enfin eux-mêmes.

<small>Quatre appuis de ce gouvernement.</small>

Le second est le droit de guerre, joint à l'impuissance de former de grandes entreprises. Car, il résulte de-là, que les uns sont assez forts pour se défendre, et que les autres sont trop foibles pour envahir. Un seigneur soutiendra un siége dans un château, et son ennemi ne pourra pas le forcer, parce qu'il ne pourra plus retenir ses troupes dès que les vassaux auront servi le temps auquel ils sont obligés. La guerre ne sera donc qu'un brigandage, funeste à tous, sans être avantageux pour aucun; et les petits seigneurs, forcés d'y renoncer, chercheront un maître qui les protège, et se donneront au plus puissant. La guerre, qui ruinera les tyrans les plus foibles, contribuera donc à détruire l'anarchie.

Le troisième appui est la puissance des seigneurs de la première classe, qui étant presque égaux en force, résistent les uns aux autres, se contiennent mutuellement, et ont intérêt à protéger chacun les vassaux de leurs ennemis. Mais si par des mariages plusieurs grands fiefs se réunissent sur une même tête, l'équilibre sera rompu, et toute la France tombera peu-à-peu sous un seul maître. C'est ce qui arrivera.

Le quatrième et dernier appui est la puissance législative, que chaque seigneur avoit dans sa terre: mais cet appui ne subsistera pas, quand les autres seront renversés. Nous allons même voir qu'à la fin du onzième siècle, les justices des seigneurs laïques étoient déjà resserrées dans des bornes bien étroites par les entreprises du clergé. Car en même temps que la noblesse usurpoit sans scrupule les terres des églises, parce qu'elle étoit toujours armée, elle perdoit le droit de rendre la justice dans ses fiefs, parce qu'elle étoit trop ignorante et trop superstitieuse, pour ne pas se soumettre jusques dans le temporel à la jurisdiction ecclésiastique ; il régnoit alors une sorte de fanatisme qu'il faut connoître, pour juger du caractère de la noblesse française. Ce sera le sujet du chapitre suivant.

CHAPITRE V.

Idée générale de la Chevalerie.

<small>Motifs des Germains pour donner avec cérémonie les premières armes aux jeunes gens.</small> Les Germains, qui regardoient comme honteux de cultiver la terre, lorsqu'on pouvoit enlever la récolte de ses voisins, n'étoient que soldats, et ne pouvoient estimer que la profession des armes. Dès l'enfance, leur imagination étoit échauffée à la vue des applaudissemens donnés à ceux qui revenoient chargés de butin. Leurs oreilles étoient continuellement frappées du récit de quelques entreprises hardies et heureuses ; et ils attendoient avec impatience le moment où ils pourroient avoir part à ce glorieux brigandage.

Il est naturel que les peuples cherchent à donner de l'éclat aux professions qu'ils considèrent davantage; c'est pourquoi les Germains donnoient avec cérémonie les premières armes aux jeunes gens qu'ils menoient à la guerre. Ils comprirent que ces cérémonies ne pouvoient qu'élever le courage. On trouve encore des traces de cet usage parmi les Français sous la première race et sous la seconde. Charlemagne donna solemnellement l'épée à Louis son fils.

Mais par la nature du gouvernement féodal, la noblesse Française étoit toute militaire. C'est par les armes seules qu'elle pouvoit conserver ou accroître une puissance qu'elle avoit acquise par les armes. Plus elle étoit riche en possessions, plus elle sentoit donc le besoin d'attacher de la considération à la profession militaire; et si elle étoit pauvre, elle le sentoit encore, puisqu'il lui importoit d'augmenter le prix des services qu'elle pouvoit rendre à ses seigneurs. *La noblesse française a eu de pareils motifs.*

Chacun voulant donc à l'envi donner de l'éclat au seul métier qu'on estimoit, on imagina d'armer les jeunes gens avec de nouvelles cérémonies, et cet usage fut l'origine de l'ordre des chevaliers, qu'on regarda bientôt comme le premier de l'état. Un vassal armé chevalier par son suzerain, armoit lui-même ses vassaux; *De-là l'ordre de la chevalerie.*

et depuis le dernier arrière-vassal jusqu'au roi, tous faisoient gloire d'appartenir au corps de la chevalerie. On ne s'en tint pas là.

Le service militaire étoit l'unique ressource de la noblesse, qui n'ayant point de fiefs n'avoit rien pour subsister. Cette noblesse pauvre étoit sans-doute très-nombreuse : or, s'il étoit de son intérêt d'offrir ses services à des seigneurs, les seigneurs n'en avoient pas moins à s'attacher des jeunes gens, toujours prêts à les suivre à la guerre. Il n'en étoit pas de ces guerriers, comme des feudataires, qui ne marchoient que dans certains cas et pour un temps limtié.

Cet ordre ne remonte guère en deçà du onzième siecle. On ne sauroit marquer exactement le temps où a commencé la chevalerie, considérée comme le premier ordre militaire; parce que ces sortes d'établissemens se font insensiblement. Mais on ne peut guère la faire remonter au-delà du onzième siècle. C'est vers ce temps qu'elle fit des progrès rapides. On se convaincra du fanatisme avec lequel toute la jeune noblesse ambitionnoit d'entrer dans cette milice; si l'on considère seulement les cérémonies qui s'observoient à la réception des chevaliers.

Des jeûnes austères, des nuits passées en prières dans une église avec un prêtre et des parrains, un aveu de toutes ses fautes, les sacremens de la pénitence et de l'eucharistie, des bains, des habits blancs, des sermons, étoient les préliminaires de la cérémonie, par laquelle le novice alloit être ceint de l'épée de chevalier. Après avoir rempli tous ces devoirs, il entroit dans une église; et s'étant avancé vers l'autel, il présentoit au prêtre célébrant, une épée passée en écharpe à son cou; le prêtre la bénissoit et la remettoit au cou du novice. Celui-ci alloit ensuite la présenter à celui qui le devoit recevoir. Il étoit à genoux, il tenoit les mains jointes; et après avoir juré que ses vœux ne tendoient qu'au maintien et à l'honneur de la religion et de la chevalerie, il recevoit les éperons en commençant par le gauche, le haubert ou la cotte de maille, la cuirasse, les brassards, les gantelets; et il étoit ceint de l'épée. C'étoient des chevaliers ou des dames, qui lui donnoient

Avec quelles cérémonies on recevoit les chevaliers.

les marques extérieures de la chevalerie; ensuite il se remettoit à genoux. Celui qui lui conféroit l'ordre lui donnoit l'accolade, en prononçant ces paroles : *au nom de Dieu, de S. Michel et de S. George, je te fais chevalier;* et il ajoutoit quelquefois : *sois preux, hardi et loyal.* L'accolade étoit d'ordinaire trois coups de plat d'épée sur l'épaule ou sur le cou, et d'autres fois un coup de la paulme de la main sur la joue. On vouloit par-là le préparer à supporter avec patience et fermeté les peines auxquelles son nouvel état pouvoit l'exposer. Devenu chevalier, il prenoit le heaume ou le casque, l'écu ou le bouclier, la lance ; il montoit à cheval, et il caracoloit, en faisant brandir sa lance et flamboyer son épée.

Vous voyez par ces détails que pour relever la chevalerie, on en vouloit presque faire un sacrement. Aussi trouve-t-on des écrivains, qui n'ont pas craint de la comparer à la prêtrise et à l'épiscopat. Mais ce mélange de cérémonies religieuses et militaires n'est que la preuve d'un aveuglement aussi fanatique qu'ignorant. On croyoit alors que la religion veut avoir des soldats pour sa défense; et on ne songeoit pas que les apôtres n'avoient pas été armés chevaliers.

Les chevaliers se devoient non-seulement à la défense de la religion; ils se devoient encore à celle des veuves, des orphelins et de tous les opprimés, qui réclamoient leur protection. Aussi galans que religieux, ils se déclaroient sur-tout les défenseurs de la vertu et de la beauté des dames. Ils couroient souvent le monde pour redresser les torts. Ils alloient provoquer au combat un chevalier célèbre, afin d'avoir la gloire de le vaincre; et souvent ils se battoient pour soutenir que la dame à laquelle ils s'étoient voués, et que quelquefois ils n'avoient jamais vue, étoit la plus belle de toutes les femmes. *A quoi ils s'engageoient.*

D'ordinaire ils consacroient les premières années de leur installation à visiter les pays lointains et les cours étrangères; étudiant les usages, le cérémonial, la galanterie; se donnant en spectacle dans tous les jeux, où ils pouvoient montrer leur adresse; et saisissant sur-tout les occasions de faire la guerre.

Ils s'engageoient souvent par serment aux *Comment ils s'engageoient.*

entreprises qu'ils méditoient : ils s'imposoient même des peines, jusqu'à ce qu'ils les eussent exécutées; comme de ne point coucher dans un lit, de s'abstenir de viande ou de vin certains jours de la semaine, etc. Enfin ils imaginoient les cérémonies les plus singulières pour rendre leurs vœux plus solemnels. Tel étoit, par exemple, le vœu du paon, ou du faisan, ou de quelqu'autre oiseau qu'ils mettoient au rang des plus nobles. Des dames ou des demoiselles portoient dans un bassin avec grand appareil un paon qu'elles présentoient successivement à tous les chevaliers assemblés pour s'engager solemnellement dans une expédition ; et chacun d'eux prononçoit ces paroles sur cet oiseau : *je voue à Dieu tout premièrement, et à la très - glorieuse Vierge sa mère et après aux dames et au paon de faire*, etc.

Ce mélange de religion, de galanterie, de vertus militaires, étoit les mœurs du temps; et les chevaliers avoient été formés dans cet esprit dès leur enfance.

A l'âge de sept ans, on retiroit des mains des femmes les enfans qu'on destinoit à la chevalerie ; et on les confioit à des hommes, qui les préparoient aux exercices et aux travaux de la guerre. Elevés à la cour d'un seigneur, les premières places qu'ils obtenoient, étoient celles de *pages*, *varlets* ou *damoiseaux*. Pendant qu'ils s'acquittoient des services domestiques auprès de la personne de leur maître, et de leur maîtresse, des dames se chargeoient de leur apprendre en même temps le catéchisme et l'art d'aimer. Toute leur éducation portoit donc sur l'amour de Dieu et des dames, autant que sur les exercices militaires. Chacun d'eux choisissoit même de bonne heure une dame, à laquelle comme à l'être souverain, il rapportoit tous ses sentimens, toutes ses pensées et toutes ses actions.

De l'état de page, un jeune homme passoit à quatorze ans à celui d'écuyer. Alors il étoit chargé du principal service de la maison, et sur-tout du soin des armes et de celui des chevaux. Il accompagnoit dans les voyages et à la guerre le chevalier qu'il servoit. Il conduisoit de la main droite les grands chevaux de bataille, et si son maître en venoit aux mains, il restoit derrière lui

Leurs fonctions lorsqu'ils étoient écuyers.

spectateur du combat; lui donnant au besoin un nouveau cheval ou de nouvelles armes, parant les coups qu'on lui portoit, et se bornant scrupuleusement à la défensive. En remplissant bien les devoirs de son état, il s'élevoit ensuite par degrés jusqu'au grade de gendarme, pour être admis quelques années après dans l'ordre des chevaliers.

<small>Les tournois, où ils se donnent en spectacle.</small> Ces guerriers donnoient souvent des jeux, alors aussi célèbres qu'autrefois ceux de la Grèce. Les tournois, c'est ainsi qu'on les nommoit, étoient des combats simulés, où il y avoit toujours du sang répandu, et où cependant tout respiroit la galanterie.

Les chevaliers, superbement équipés, entroient dans la carrière, suivis de leurs écuyers. Quelquefois des dames et des demoiselles les conduisoient elles-mêmes avec des chaînes, qu'elles leur ôtoient lorsqu'ils étoient prêts de combattre. Jamais on ne terminoit un combat, sans faire à l'honneur des dames une dernière joûte, qu'on nommoit *le coup* ou *la lance des dames*, et on leur rendoit cet hommage, en combattant à l'épée, à la hache d'armes, à la dague,

Enfin des dames ou demoiselles apportoient le prix au chevalier vainqueur, le conduisoient dans le palais, le désarmoient elles-mêmes, et le revêtoient d'habits magnifiques. La veille du tournois, les écuyers avoient donné le spectacle d'une joûte qu'on nommoit escrime, et dans laquelle ils avoient combattu avec des armes plus légères que celles des chevaliers.

Telle étoit l'ignorance des chevaliers, *Leurs études.* qu'à peine pour la plupart savoient-ils lire. La guerre, la galanterie, et la religion étoient les seules choses dont ils s'occupoient; c'étoit l'objet de tous leurs exercices et le sujet de toutes leurs conversations: mais sur la guerre, ils n'avoient aucune idée de discipline; et si le courage paroissoit leur assurer la victoire, l'imprudence la leur arrachoit souvent.

Leur galanterie dégénéroit en puérilité, *Leur galanterie.* en fanatisme et en libertinage. L'essence et le caractère du parfait amour, les situations les plus désespérantes ou les plus délicieuses d'un cœur tendre, les qualités les plus aimables d'une maîtresse ou ses défauts les plus odieux, et mille suppositions métaphysiques, étoient autant de matières qu'on traitoit sérieusement. Les questions s'élevoient les unes sur les autres, les subtilités se multiplioient, et on ne savoit plus ce que c'étoit que l'amour. Il y avoit cependant des cours d'amour, c'est-à-dire, des jurisdictions où un juge prononçoit gravement des sentences sur les disputes qu'on portoit à ce tribunal ridicule. Mais dans la conduite les chevaliers étoient si loin de se borner à ces spéculations, qu'ils traînoient après eux des courtisanes jusques dans les camps.

Leur religion. Leur religion, toute superstitieuse, consistoit dans des pratiques extérieures et journalières, recommandées par des prêtres ignorans; et lorsqu'ils ne s'étoient pas dispensés de ces obligations, ils se croyoient en droit de violer dans le reste tous les préceptes du Christianisme. Quelque crime qu'ils eussent commis, ils pensoient les expier avec des dons faits aux églises ou aux moines, avec des pélerinages dans des lieux saints, ou avec un froc, dont ils s'enveloppoient au moment de la mort. *Dieu, je te prie de faire aujourd'hui pour la Hire ce que tu voudrois que la Hire fît pour toi,*

s'il étoit Dieu et que tu fusses la Hire.
Cette prière d'un chevalier, qui croyoit bien prier, montre quelle forme la religion avoit prise dans l'esprit des gens de guerre.

Cependant, à juger de la chevalerie par les anciens écrivains, elle ne respiroit que la religion, la vertu, l'honneur et l'humanité. Les chevaliers auroient donc été des hommes d'autant plus extraordinaires, que les siècles où ils ont fleuri étoient des siècles de barbarie, de débauche et de brigandage. Mais il est plus naturel de penser que ces écrivains enthousiastes ne se faisoient pas eux-mêmes des idées bien exactes de ce qu'ils appeloient religion, vertu, honneur, humanité. Il seroit difficile d'imaginer des mœurs dans des hommes ignorans, superstitieux, fanatiques, et qui, ne connoissant pour règles que la force et le courage, auroient été bien embarrassés à consulter la justice, avant de s'engager dans quelques entreprises.

Le peu que je viens de dire sur la chevalerie est moins propre à vous la faire connoître, qu'à vous donner la curiosité de lire les mémoires de M*r*. de la Curne de Ste. Palaye (1), d'après lesquels j'ai fait ce chapitre. Vous y trouverez l'histoire de la chevalerie considérée comme un établissement politique et militaire. Vous y verrez, outre le mal que j'en dis, tout le bien qu'on en peut dire, et que je n'en dis pas. Je conviens que dans les temps où elle florissoit, elle a été utile aux gentilshommes, qui avoient des fiefs, parce qu'ils avoient besoin de soldats, et aux gentilshommes sans fiefs parce qu'ils ne pouvoient vivre qu'en vendant leurs services. Voilà pourquoi depuis le roi jusqu'au dernier gentilhomme, tous étoient chevaliers, ou aspiroient à l'être. Dès-lors cet ordre pouvoit-il n'être pas loué par la noblesse entière ; puisque cet ordre et la noblesse n'étoit qu'une même chose ? Loué par tant de bouches, il étoit naturel qu'il le fût par les écrivains du temps, et il est naturel qu'on le loue encore.

---

(1) Acad. des Inscriptions. Tome 10.

CHAPITRE VI.

Quelle étoit la puissance du clergé à la fin du onzième siècle.

L'IGNORANCE est la source des superstitions, et la superstition autorise toutes les absurdités : tout paroît alors raisonnable, parce qu'il n'y a plus de raison. C'est ce dont les peuples de l'Europe n'ont donné que trop de preuves pendant plusieurs siècles.

Moyens de l'ignorance et de la superstition pour soustraire l'innocent du coupable.

Ces barbares furent long-temps avant de connoître la nécessité de condamner à la mort ou à quelqu'autre supplice. Leur cruauté n'épargnoit que le sang des criminels, et laissoit la liberté des forfaits à quiconque les pouvoit payer.

Dans ces siècles sans mœurs, où les crimes étoient si communs, on pensoit néanmoins que dieu devoit changer tout l'ordre de la nature, plutôt que de permettre la mort d'un innocent ; et ce n'étoit pas exiger qu'il fît fréquemment des miracles.

Du jugement de Dieu.

Les causes criminelles sont souvent embarrassées d'une multitude de circonstances, qui se contredisent. Il n'est pas toujours aisé de s'assurer de la probité des témoins, de leur impartialité, de leurs lumières, de leur sincérité. Il falloit cependant juger, et on imagina des moyens bien commodes pour les juges; ce fut de demander à Dieu de montrer l'innocence par des miracles; et les miracles, qu'on crut voir, furent appelés le jugement de Dieu.

Un accusé étoit lié, garotté, et jeté dans l'eau. S'il alloit au fond, il étoit innocent : s'il surnageoit, il étoit coupable.

D'autres fois il étoit obligé de prendre un anneau au fond d'une cuve d'eau bouillante. Le juge ensuite lui enfermoit le bras dans un sac qu'il scelloit, et si trois jours après il ne paroissoit aucune marque de brûlure, l'innocence étoit reconnue. Outre ces épreuves à l'eau froide et à l'eau bouillante, il y en avoit encore d'autres; c'étoit de porter à la main l'espace de neuf pas et sans se brûler, une barre de fer ardent, de marcher sur des charbons allumés, etc.

Il faut remarquer qu'on bénissoit l'eau froide, l'eau bouillante, l'anneau, la barre de fer, les charbons; on exorcisoit toutes ces choses : on communioit l'accusé, et le tout étoit précédé d'une messe. On croyoit prendre par là les précautions les plus sages contre les enchantemens et les sorcelleries, qui pouvoient empêcher le jugement de Dieu. Je remarquerai encore que l'accusé pouvoit ne pas se soumettre lui-même à ces épreuves, s'il trouvoit quelqu'un qui voulût les subir pour lui.

Les Bourguignons avoient un usage, par lequel le plus adroit ou le plus heureux étoit toujours innocent. C'étoit encore un jugement de Dieu, et on l'appeloit le duel judiciaire. Il ne pouvoit manquer d'être adopté par les Français, naturellement braves et exercés au maniement des armes. Étoit-on accusé? on offroit de se justifier par le duel. Faisoit-on une demande? on proposoit d'en prouver la justice en se battant. Le juge ordonnoit le combat, fixoit le jour, et les plaideurs

Duel judiciaire.

armés paroissoient en champ clos. Mais on n'avoit rien négligé pour découvrir si leurs armes n'étoient point enchantées ; ou s'ils n'avoient pas sur eux quelques caractères magiques : les vieillards, les femmes, les infirmes et les mineurs nommoient des champions, qui combattoient pour eux.

Ces épreuves à l'eau froide, à l'eau chaude, à la barre de fer et au combat, étoient très-fréquentes. Ce qu'il y a de plus singulier, c'est que souvent les historiens modernes ne savent guère qu'en penser; et on les croiroit volontiers contemporains à ces temps barbares.

Ces usages ne permettoient plus de rendre la justice. Il n'y eut plus de justice, dès que l'usage des duels judiciaires eut prévalu. Car on rendoit nulle la déposition d'un témoin, en prouvant par le combat qu'il avoit été suborné; et on appeloit d'une sentence à un champ clos, où le juge étoit obligé de se battre, pour prouver qu'il ne s'étoit pas laissé corrompre. Il étoit donc impossible de plaider, de témoigner et de juger, sans s'exposer au danger d'un combat singulier. Une pareille justice n'étoit certainement pas propre à rétablir l'ordre : elle n'étoit que le boulevard des criminels les plus hardis.

Les évêques possédoient des fiefs. Ils avoient donc deux jurisdictions, l'une spirituelle et l'autre temporelle. Comme évêques, ils ne pouvoient juger que des choses qui concernent la foi : mais comme seigneurs, ils jugeoient de toutes les affaires civiles, qui se portoient à leur tribunal. Peut-être qu'alors personne en France n'en savoit assez pour distinguer ces deux titres, et ils se confondirent, parce que c'étoit l'intérêt du clergé de les confondre. Un évêque, un abbé étoit devenu juge dans le civil, parce qu'il étoit devenu seigneur de fief; et il se dit et se crut juge, parce qu'il étoit évêque ou abbé. Cette confusion, qui étoit plutôt l'ouvrage de l'ignorance que de l'adresse, étendit la jurisdiction du clergé aux dépens des tribunaux laïques, et chaque évêque s'attribua toutes les affaires de son diocèse à l'exclusion des autres seigneurs.

Etant déjà en possession d'être juge du civil dans son fief, et pensant ne l'être

s'arroge toutes les causes. qu'en vertu du sacerdoce, il crut devoir l'être encore dans tous les fiefs dont il étoit évêque. Il n'imaginoit pas qu'on pût lui-contester cette jurisdiction, lorsqu'il s'agit de sacriléges, de simonies, de sorcelleries, et d'autres crimes où la religion est directement attaquée. Personne que lui ne peut juger les clercs de son diocèse et les procès où ils sont intéressés ; et sa raison est qu'ils appartiennent à son église. Il en sera de même des veuves, des orphelins et des pélerins, parce qu'ils sont sous sa protection. Le mariage est un sacrement : il prendra donc connoissance de toutes les contestations qui naîtront sur la validité du contrat, sur la dot de la femme, sur le douaire, sur l'état des enfans, etc. Les différends au sujet des testamens lui appartiendront encore : car les dernières volontés d'une personne qui est morte, ou qui a dû mourir entre les bras d'un prêtre, qui a été enterrée dans un lieu beni, et qui a déjà subi le jugement de Dieu, ne peuvent être jugées sans doute que par l'église.

C'est par de semblables raisons, que

les ecclésiastiques en imposoient, et s'aveugloient eux-mêmes. Mais ils trouvèrent une raison supérieure à celles-là, et ils tranchèrent toutes les difficultés par un coup de génie. En vertu du pouvoir qu'a l'église de lier et de délier, dirent-ils, elle doit prendre connoissance de tout ce qui est péché. Or, en toute contestation juridique, une des parties soutient nécessairement une cause injuste, et cette injustice est un péché. L'église a donc le droit de connoître de tous les procès, de les juger; et ce droit, elle le tient de Dieu; les hommes n'y peuvent attenter sans impiété. Elle est donc le suprême et l'unique juge. Autant l'ame, ajoutoient-ils, est au-dessus du corps, autant la jurisdiction spirituelle est au-dessus de la temporelle; et c'est néanmoins la jurisdiction temporelle qu'ils vouloient.

Pendant que les ecclésiastiques raisonnoient ainsi, les seigneurs laïques se battoient, et ne raisonnoient pas. Ils ne donnoient aucune attention à leurs justices, et leurs tribunaux perdoient insensiblement tous les jours, sans qu'ils s'en apperçussent;

Négligence des seigneurs laïques.

<small>Ils perdent toutes leurs justices.</small>

Bien des raisons contribuoient à étendre le ressort des tribunaux du clergé. Premièrement les juges étoient moins ignorans ; ils pouvoient même paroître savans parce qu'au moins ils savoient lire. En second lieu, quoique la manière d'y rendre la justice ne fût pas toujours raisonnable, elle n'étoit cependant pas aussi absurde : car le duel judiciaire n'y étoit pas reçu, et c'étoit un avantage. Enfin les personnes simples y accouroient de toutes parts, puisqu'elles étoient convaincues qu'elles ne pouvoient en conscience se faire juger ailleurs. Les seigneurs laïques cessèrent donc bientôt d'être les juges de leurs sujets : leurs tribunaux ne leur furent plus qu'à charge ; et les évêques devinrent véritablement seigneurs, dans toute l'étendue de leurs diocèses.

<small>Combien cette révolution peut contribuer à l'agrandissement du clergé.</small>

Les choses étant à ce point, les ecclésiastiques n'ont plus qu'un pas à faire pour se saisir encore des justices féodales ; c'est-à-dire, pour se rendre les seuls juges des causes qui concernent les fiefs, pour soumettre les suzerains et les vassaux à leur jugement, et pour les forcer, par conséquent, d'obéir à leurs ordres, sous peine d'excommunication. Ils y seront autorisés par le grand argument que la guerre est un péché. Il est vrai que les seigneurs résisteront davantage, parce qu'ils seront attaqués dans un intérêt plus sensible, et qui les touche de plus près. Mais si le clergé réussissoit, il s'arrogeoit enfin toute la souveraineté. Nous verrons quel sera l'effet de ses entreprises.

CHAPITRE VII.

De la police de l'église dans les onze premiers siècles.

<small>Pourquoi il faut connoître la police de l'église dans les onze premiers siècles.</small>

Vous pouvez remarquer, Monseigneur, que mon dessein est de vous préparer aux révolutions, afin de vous mettre en état d'en mieux juger. C'est dans cette vue que j'ai conduit l'histoire des principaux peuples jusqu'au temps de Grégoire VII, et que j'ai tâché de vous donner une idée de l'ignorance et des désordres, qui régnoient de toutes parts. Je n'ai pas encore assez fait : car vous jugeriez mal du clergé et de ses prétentions, qui vont troubler l'Europe, si vous ne saviez pas quelle a été la police de l'église dans différens temps, et dans quelles bornes son autorité doit être renfermée. Comme j'ai déjà eu occasion d'en parler, je passerai rapidement sur ce que j'en ai dit : mais c'est ici le lieu de s'en faire un tableau général.

La police civile a pour fin la sûreté des citoyens, c'est-à-dire, la conservation de leur vie et de leur fortune. Elle y parvient par une subordination, qui met chaque individu à sa place, qui lui fait connoître ses devoirs, et qui formant un corps puissant, capable de protéger chaque citoyen, punit le vice, récompense la vertu, et encourage les talens.

Quel est l'objet de la police civile.

On dit communément que la religion chrétienne a toute une autre fin ; que ce monde, ce lieu d'exil auquel nous ne devons pas nous attacher, n'est pas ce qui l'occupe, et qu'elle se porte à un objet plus élevé, le salut de l'ame et la vie éternelle : mais ceux qui la bornent à ce seul objet, parlent avec trop peu d'exactitude, et ne se font pas une idée complète de notre religion.

Quelle est la fin de la religion chrétienne.

Quoi ! parce qu'elle a une fin plus grande que toutes les autres, elle ne feroit pas le bien que les autres ont fait ! Les superstitions du paganisme auroient à cet égard de l'avantage sur elle ? Non sans doute. Si elle tend à nous conduire à la vie éternelle, elle tend aussi à nous rendre citoyens : elle n'exclut pas une de ces fins, pour obtenir l'autre : elle les veut toutes deux.

Quels sont les devoirs de ses ministres.

Ce n'est pas que sous ce prétexte les ecclésiastiques puissent s'arroger le droit de gouverner les états : ce seroit une absurdité. Que faut-il donc conclure ? C'est qu'ils doivent respecter les lois civiles : ils doivent être les premiers à donner l'exemple de l'obéissance : en un mot, ils doivent être citoyens, pour montrer à tous le vrai chemin du salut.

Ils ne sont donc pas les ministres de la religion, pour changer à leur gré la police civile; ils ne sont donc pas les ministres de la religion, pour usurper sur les droits des peuples, des magistrats et des souverains; ils ne sont donc pas les ministres de la religion, pour sacrifier à leurs avantages temporels le bien public et les intérêts de la religion même; ils ne sont donc pas les ministres de la religion, pour délier les sujets du serment de fidélité, pour les soulever contre l'autorité légitime, et pour armer les citoyens contre les citoyens. Mais ils sont les ministres de la religion pour concourir au maintien des lois, à la tranquillité publique, et au bonheur de ce monde; de ce monde, dis-je, qu'ils méprisent, et où cependant ils n'ont voulu que trop dominer.

Les magistrats ne seroient plus rien, s'ils étoient subordonnés dans le civil aux ecclésiastiques. Si ces deux ordres étoient indépendans, il y auroit deux puissances qui se combattroient sans cesse, et les troubles naîtroient continuellement des troubles. Il faut donc que les ecclésiastiques soient subordonnés dans le civil aux magistrats. C'est alors que concourant au bien de l'état, ils feront l'avantage même de la religion : car enfin si on peut être citoyen, sans être chrétien, on ne peut pas être chrétien, sans être citoyen.

Dans le civil ils doivent être subordonnés aux magistrats.

Il est triste de voir les ministres d'une religion sainte abuser de l'ignorance des peuples, pour bouleverser les gouvernemens, et fouler aux pieds les droits les plus sacrés. C'est à regret que je mets sous vos yeux les usurpations des ecclé-

Il ne faut pas dissimuler l'abus qu'ils ont fait de leur pouvoir.

siastiques : mais ces vérités doivent être connues des princes, et ce seroit un crime à moi de vous les cacher. Je continuerai donc à vous faire connoître ce que peut l'ambition, lorsqu'elle se couvre d'un faux zéle.

<small>Dans les trois premiers siècles, point de police généralement observée.</small>

Pendant les trois premiers siècles, la police de l'église n'eut rien de fixe et d'uniforme, et fut, au contraire, forcée à varier, suivant les lieux et les circonstances. Les apôtres songèrent à toute autre chose qu'à faire des réglemens à cet égard. En effet il falloit d'abord fonder l'église, c'est-à-dire, un corps visible de fidèles, unis par une même communion et par la profession publique de la même foi. Le premier soin des apôtres fut donc de prêcher l'évangile.

<small>Celui qui gouvernoit une église se nomma évêque.</small>

Ne pouvant pas veiller immédiatement sur toutes les églises particulières qu'ils formoient, ils confièrent aux prêtres le gouvernement de celles dont ils étoient obligés de s'éloigner, choisissant parmi les prêtres un chef, qui avoit l'inspection sur tous les autres, et qui se nomma par cette raison évêque. Ainsi la forme du gouvernement de chaque église étoit proprement aristocratique et monarchique.

Ces évêques furent les successeurs des apôtres : chacun d'eux, avec son clergé, gouvernoit séparément son église. Celui de Rome jouissoit de la primauté : mais il n'avoit point de juridiction sur les autres évêques, comme S. Pierre n'en avoit point eu sur les apôtres. *L'évêque de Rome étoit le premier, mais il n'avoit point de juridiction sur les autres.*

Les églises conservoient la communion par des lettres qu'elles s'écrivoient. Elles se consultoient : mais elles se gouvernoient les unes indépendamment des autres, et il n'y avoit point encore entre elles cette subordination, qui constitue la police générale : seulement on voyoit dans chacune un évêque, des prêtres et des diacres. *Comment se conservoit la communion.*

L'évêque avoit seul le pouvoir d'ordonner les prêtres et les diacres. Quelquefois il les choisissoit lui-même : d'autres fois le peuple et le clergé concouroient à leur élection. Mais lorsqu'il s'agissoit de lui donner un successeur à lui-même, ce n'étoit qu'au peuple et au clergé qu'il appartenoit d'en faire le choix, et ils se faisoient en présence de deux ou trois autres *Pouvoir des évêques. Leur élection.*

évêques, qui confirmoient l'élection et qui ordonnoient le sujet élu.

Usages communs à toutes les églises.

J'ai déjà dit que les pénitences étoient très-sévères ; que les évêques jugeoient, comme arbitres, les procès ; et que les richesses du clergé dépendoient uniquement de la charité des fidèles. Voilà les usages qui s'observoient dans chaque église : d'ailleurs il y avoit beaucoup de variété dans la discipline.

La discipline devient plus uniforme dans le troisième siècle.

Les persécutions ne permettoient pas d'établir une police générale, parce qu'elles mettoient trop d'obstacles aux assemblées des évêques. Il falloit des temps de calme. Il y en eut dans le troisième siècle : aussi les conciles commencèrent. Les chrétiens professoient alors d'autant plus hardiment leur religion, qu'ils étoient en très-grand nombre. On voit même qu'avant Dioclétien ils avoient déjà des temples publics.

En orient, les progrès du christianisme sont plus rapides.

Les progrès du Christianisme furent plus rapides en orient qu'en occident ; il s'y tint aussi un plus grand nombre de conciles. C'est qu'en général les persécutions n'y étoient pas aussi grandes, les magistrats ne veilloient pas sur les provinces avec la même attention que le sénat, ennemi par principe de tout nouveau culte, veilloit sur Rome et sur l'Italie. On professoit déjà ouvertement le Christianisme dans les provinces éloignées, lorsqu'on se cachoit encore dans la capitale de l'empire et dans les provinces voisines. Cela fait voir combien il étoit alors impossible aux papes de s'attribuer quelque jurisdiction sur le reste des évêques.

Il eût été encore plus impossible de former des entreprises sur l'empire. Les évêques se bornoient à conserver la foi, à régler la discipline, à gouverner leurs églises, à convertir les peuples. Ils laissoient aux magistrats la connoissance de tout ce qui concerne l'ordre civil, et ils ordonnoient d'obéir à des payens, à des monstres même, lorsque ces monstres étoient empereurs.

Quelles étoient les fonctions des évêques.

La conversion de Constantin est l'époque où les églises, qui se gouvernoient jusqu'alors séparément, commencèrent à se faire un plan général de police. Mais quoiqu'elles se soient conformées à quelques égards à celui que Constantin établit dans

La subordination qui s'établit lors de Constantin ne fixe pas à demeure les droits des siéges.

l'empire, elles ne le suivirent pas exactement. La subordination des évêques ne fut pas réglée avec les mêmes soins que celle des magistrats; et on ne se concerta pas assez pour établir le même ordre dans tout l'empire : un évêque étendit sa jurisdiction sur une province; un autre l'étendit sur plusieurs; de sorte que rien ne fut fixé à demeure, et ce fut une source de prétentions et de changemens. Dans ce moment de triomphe pour l'église, chaque évêque, soit par ambition, soit par zèle pour l'agrandissement de son siége, voulut profiter de la faveur du prince, ou des circonstances favorables où il se trouvoit. Mais aucun ne fut assez habile, pour mettre sous sa jurisdiction autant de diocèses qu'un préfet du prétoire.

Etablissement des métropolitains. Dans le gouvernement civil, chaque province avoit une métropole, d'où les ordres des premiers magistrats étoient portés dans toutes les villes, et où les affaires de toute la province ressortissoient. Les églises se gouvernèrent naturellement sur ce modèle. Ainsi lorsqu'il fut nécessaire d'ordonner ou de déposer un évêque, de remédier à quelque désordre, de faire des réglemens sur la discipline, etc., l'usage s'établit peu-à-peu de s'adresser à l'évêque de la métropole, comme au chef de la province. Bientôt le métropolitain parut autorisé à prendre connoissance de ce qui se passoit dans les autres églises. Il acquit donc sur elles plus ou moins de droits, suivant qu'il sut se prévaloir de ce que l'usage lui accordoit.

C'est de la même manière que les évêques de plusieurs provinces, dont Constantin avoit formé un diocèse dans l'ordre civil, se mirent quelquefois sous la juridiction de celui qui résidoit dans la capitale de ce diocèse. De la sorte, l'évêque d'Alexandrie acquit de bonne heure une juridiction fort étendue: en effet, cette ville étant la seconde de l'empire, les évêques de plusieurs provinces se trouvèrent naturellement subordonnés à son siége. La considération d'ailleurs, dont jouissoit cette église, avoit pu encore y contribuer : car S.-Marc l'évangéliste en avoit été le premier pasteur, et après lui elle avoit encore été gouvernée par de saints personnages

Des exarques et des patriarches.

aussi éclairés que vertueux. Le rang qu'occupa cet évêque, lui fit donner dans la suite le titre de second patriarche. Par de semblables raisons, l'évêque d'Antioche étendit sa jurisdiction sur tout le diocèse d'orient proprement dit, et il fut le troisième patriarche. Ainsi se formèrent les exarques d'Ephèse, de Césarée en Cappadoce, etc. Mais il restoit des métropolitains, qui n'étoient subordonnés à aucun patriarche ni à aucun exarque.

Il faut encore remarquer que ces deux titres ne sont pas également anciens. Celui d'exarque est le premier qui ait été donné aux évêques qui présidoient sur toutes les provinces d'un diocèse. Dans la suite celui de patriarche, après avoir été donné à tous les exarques, ne fut plus accordé qu'à cinq; et le pape ne le prit lui-même que vers le temps de Valentinien III.

L'Italie étoit en partie sous la jurisdiction de l'évêque de Rome et en partie sous celle de l'évêque de Milan.

La même subordination ne s'établit pas en Italie. Deux vicaires la gouvernoient sous le préfet du prétoire. L'un faisoit sa résidence à Rome, et l'autre à Milan. Le premier avoit dans son département les provinces suburbicaires, c'est-à-dire, la

Campanie, la Pouille, la Calabre, la Lucanie, le Brutium, le Samnium, l'Etrurie, l'Ombrie, le Picénum suburbicaire, la Sicile, la Sardaigne, la Corse, la Valérie. Le reste de l'Italie, l'Istrie, les Alpes Cotiennes et la Réthie faisoient le département du second.

L'évêque de Rome, qui fut regardé comme le premier patriarche, eut une jurisdiction immédiate sur toutes les églises suburbicaires ; et celui de Milan en eut une pareille sur toutes les églises comprises dans le second vicariat ; mais on ne voit pas qu'il ait été distingué par aucun titre. D'ailleurs dans toute l'Italie chaque métropole étoit gouvernée par un simple évêque, qui n'avoit aucune autorité sur les autres églises de la province.

Enfin tout le reste de l'occident avoit des métropolitains et des suffragans, mais il ne s'y forma ni exarque ni patriarche : soit qu'il n'y eût pas de ville assez considérable, soit que les évêques n'aient pas su, ou n'aient pas voulu profiter des avantages de leurs siéges. Si on a donné à quelques-uns le nom de patriarches, c'étoit un

Le même ordre de subordination ne s'établit pas également partout.

titre d'honneur sans jurisdiction. Les églises d'Afrique avoient un usage particulier : il n'y avoit point de métropolitain, et cette dignité appartenoit au plus ancien évêque de la province. Celui de Carthage avoit cependant de grandes prérogatives, et une espèce de jurisdiction sur toute l'Afrique.

<small>Cet ordre pou-voit varier à la moin provinces ne varioit que trop.</small>

Cet ordre, par la manière dont il s'étoit établi, devenoit susceptible de bien des variations. Une nouvelle division des provinces civiles faisoit un changement dans les provinces ecclésiastiques ; et lorsqu'une ville devenoit métropole, son évêque aussitôt vouloit être métropolitain. Quelquefois l'empereur pour favoriser un simple évêque, et pour humilier un métropolitain, divisoit une province en deux ; et n'en laissant qu'une partie à l'ancien métropolitain, donnoit l'autre à l'évêque, dont il érigeoit la ville en métropole. Nous avons vu que celui de Jérusalem et celui de Constantinople furent faits patriarches, et que celui-ci ayant obtenu le second rang, étendit continuellement sa jurisdiction.

Cette police avoit à-peu-près les mêmes inconvéniens que le gouvernement féodal ;

et les évêques devoient être continuellement occupés à étendre ou défendre leurs droits et leurs limites. On travailla souvent dans les conciles à fixer ces choses : mais comme le plan, qui se trouvoit établi, péchoit par les fondemens, il n'étoit plus possible de le corriger. Pouvoit-on étouffer l'ambition qu'il nourrissoit? Il continua donc d'y avoir des prétentions et des troubles. L'événement a prouvé, que Constantin changeant tout, brouilla tout, et a fait beaucoup de mal à l'église, comme à l'empire.

Telle étoit la subordination entre les différens siéges jusqu'au temps de Valentinien III. Il nous reste à examiner quelles étoient, dans cet intervalle, les matières dont le jugement étoit réservé aux évêques.

Il est certain qu'il n'appartenoit, et ne pouvoit appartenir qu'à l'église de juger de tout ce qui concerne la foi. Constantin lui-même le reconnoissoit ; et lorsque par une conduite contradictoire à cet aveu, il entreprit sur les droits du sacerdoce, on réclama, et on ne se soumit pas. Il n'en fut pas de même de la police ecclésiastique: car il fit des lois pour la régler, excluant même

Les évêques demandoient des loix à Constantin, lorsque la discipline avoit besoin de nouveaux réglemens.

de la cléricature ceux qu'il ne jugeoit pas devoir y être admis. Ce fut lui qui ordonna de célébrer le dimanche. C'est lui seul qui convoquoit les conciles généraux ; et c'est sous sa protection que les conciles provinciaux s'assembloient, quoique convoqués par les métropolitains ou par les exarques. Dans toutes ces choses on ne lui reprocha point de passer ses pouvoirs, et les évêques s'adressèrent à lui, comme au seul législateur, bien loin d'imaginer que le droit d'en décider n'appartint qu'à eux. C'étoit avec raison : car dans tout bon gouvernement la police de chaque corps doit être soumise à l'inspection des magistrats et du souverain. Un corps seroit bientôt indépendant, s'il pouvoit se donner des lois de sa propre autorité : l'harmonie seroit détruite, et il n'y auroit plus que des désordres. L'histoire n'en donne que trop de preuves.

Les rois Goths, quoiqu'Ariens, jouirent également sans contestations, du droit de donner des lois aux différentes églises. Les successeurs de Constantin dans l'un et l'autre empire, jouirent des mêmes droits et veillèrent également sur la police de l'église. L'Italie ne contesta pas même ces droits aux rois Goths, tout Ariens qu'ils étoient ; et cependant ils en usèrent, toutes les fois qu'ils le jugèrent convenable. Ils furent obligés de prendre connoissance des élections, pour empêcher les troubles qu'elles occasionnoient. Non-seulement ils prirent sur eux d'assembler des conciles, pour terminer les dissentions qui s'élevoient, mais encore ils firent eux-mêmes des lois contre les brigues, contre la simonie, et sur la manière dont on devoit procéder aux élections. D'ailleurs, sans rien changer aux anciens usages, ils les laissèrent au clergé et au peuple, comme ils laissèrent les ordinations aux évêques, à qui elles appartenoient.

Telle fut la conduite de Théodoric le grand, qui ne cherchant qu'à maintenir la paix, protégea également les Catholiques et les Ariens, et prévint les désordres que pouvoit occasionner la différence des communions dans des églises, où souvent il y avoit à-la-fois deux évêques, l'un Arien et l'autre Catholique. Ce fut à lui que le clergé de Rome eut recours, lorsqu'à la fin du cinquième siècle, Laurent et Symmaque furent tout-à-la-fois élevés sur le saint-siége. Il jugea en faveur de Symmaque, et on ne l'accusa pas d'avoir usurpé sur les droits du sacerdoce. Les partisans mêmes de Laurent le reconnurent pour juge : mais voulant le faire changer de sentiment, ils supposèrent plusieurs crimes à Symmaque, et prièrent le roi de nommer des commissaires, qui jugeassent de leurs accusations. Théodoric fit assembler un concile, qui confirma le jugement qu'il avoit porté.

Atalaric, son successeur, voulant prévenir ces sortes de schismes, fit, à l'exemple des empereurs d'orient, un édit pour régler l'élection des papes et des autres évêques d'Italie : il l'adressa à Jean II, qui le reçut avec respect, et qui n'imagina pas de contester à son souverain la juridiction qu'il s'attribuoit.

Législateur en matière ecclésiastique, le souverain l'étoit à plus forte raison en matière civile.

Si les empereurs et les rois avoient ce droit sur la police ecclésiastique, à plus forte raison pouvoient-ils seuls décider de tout ce qui concerne plus particulièrement la police civile. C'étoit à eux seuls, par exemple, qu'il appartenoit de régler les conditions nécessaires pour la validité des mariages ; et de marquer les degrés de parenté où ils seroient défendus. Eux seuls pouvoient donner des dispenses ; et il n'y avoit que le magistrat qui pût prendre connoissance des causes matrimoniales. Tout cela étoit fondé en raison ; car si le mariage est un sacrement, il est aussi un acte civil; et de ce que les prêtres confèrent l'un, ce n'est pas une conséquence qu'ils soient juges de l'autre. Mais comme ils ont cru disposer des couronnes parce qu'ils sacrent les rois, ils se sont imaginés être les juges de la validité du mariage parce qu'ils en confèrent le sacrement. Cependant la bénédiction nuptiale suppose le contrat civil et les lois qui le rendent légitime : par conséquent, si les papes se sont arrogé à eux seuls de prohiber les mariages dans certains degrés de parenté, et de dispenser des lois arbitraires qu'ils faisoient à cet égard, et qu'ils ne faisoient souvent que dans la vue d'en pouvoir vendre les dispenses : c'est un abus dont les souverains, ignorans de leurs droits, ont été cause, et qu'ils ne doivent plus souffrir s'ils sont plus éclairés.

De tous les empereurs et de tous les rois Goths, Justinien est celui qui donna le plus

<small>Pouvoir étendu et non contesté qu'exerce Justinien.</small>

d'attention à la police de l'église, et qui usa dans cette partie de ses pouvoirs avec plus d'étendue. L'élection des évêques, leur ordination, l'âge et les qualités qu'ils devoient avoir, furent l'objet de ses réglemens, ainsi que les conciles, et ce qui concerne les prêtres, les diacres, et les différens ordres du clergé. Il n'oublia pas même les moines; et il fit encore des lois contre l'abus que les évêques pouvoient faire des excommunications. Il n'éprouva cependant aucune contradiction de la part du clergé.

Jusqu'ici la distinction des deux puissances est marquée très-clairement; et si l'on dit aujourd'hui qu'il est difficile d'en fixer les limites, c'est qu'on voit les choses dans l'état de confusion où elles sont, et qu'on ne se rappelle pas l'état où elles ont été pendant six siècles.

Soumission des évêques à cet égard. Depuis l'an 570, que les Lombards s'établirent en Italie, jusqu'à Léon l'Isaurien, il paroît que les évêques se sont contenus dans les bornes que Justinien leur avoit prescrites; et que, se soumettant à la police que les souverains leur ont donnée, ils n'entreprirent point sur les droits des magistrats : mais il y eut d'ailleurs bien des changemens.

Les rois Lombards conservèrent les priviléges dont les rois Goths avoient joui; ils ne persécutèrent pas les Catholiques, quoiqu'ils fussent pour la plupart Ariens; et ils ne troublèrent l'Italie que par les guerres qu'ils entreprirent contre les Grecs, ou qu'ils se firent à eux-mêmes. Mais le peuple commençoit à ne savoir plus user de la liberté d'élire ses pasteurs ; et la nécessité de prévenir des troubles donna lieu à deux nouveautés.

Les factions du peuple et du clergé, qui élisoient les évêques, donnent lieu à des nouveautés.

D'un côté, lorsque dans les églises suburbicaires plusieurs factions ne pouvoient pas s'accorder, l'usage s'introduisit de nommer deux ou trois commissaires, qui, représentant le peuple et le clergé, alloient à Rome, et faisoient l'élection avec le pape. De l'autre, les rois Lombards agirent avec plus d'autorité dans les églises de leur domination : ou ils obligeoient le peuple à choisir ceux qu'ils désignoient, ou ils nommoient eux-mêmes aux siéges vacans. Ce sont les grandes richesses des églises qui occasionnoient les factions, parce qu'alors ce n'étoit pas toujours par zèle qu'on ambitionnoit de les gouverner. Ainsi ce n'étoit plus le temps de laisser entièrement les élections au peuple et au clergé.

Comment le patriarche de Constantinople étend sa juridiction.

En Orient, les empereurs portèrent leurs entreprises plus loin, étendant ou rétrécissant les jurisdictions des évêques, faisant de nouveaux métropolitains, et changeant continuellement l'ordre des siéges. Ils abusoient d'autant plus de leur pouvoir, que d'ordinaire ils n'innovoient que par faveur. Les patriarches de Constantinople, qui en surent profiter, s'élevèrent de plus en plus; de sorte que, vers la fin du sixième siècle, ne trouvant point de titre trop fastueux pour eux, ils prirent celui de patriarches œcuméniques. Dans le cours du septième, ils s'élevèrent encore par l'abaissement où tombèrent les patriarches d'Alexandrie, d'Antioche et de Jérusalem.

Comment le pape étend la sienne.

Lorsque les Sarrazins se furent répandus dans ces provinces, le pape ne faisoit pas de moindres progrès. Il est vrai que ce ne fut pas d'abord par ambition. S. Grégoire étoit monté sur le saint siége en 590, et ce sont ses vertus et ses lumières qui, lui attirant la considération de tout l'Occident, invitèrent toutes les églises à le consulter. Mais il étoit à craindre que, parce qu'il avoit donné des conseils, ses successeurs ne s'accoutumassent insensiblement à donner des ordres. C'est lui qui prit le premier le titre de *serviteur des serviteurs de Dieu*, par opposition au titre d'œcuménique. Il étoit si éloigné d'entreprendre sur l'empire, que, lorsque l'empereur Maurice défendit de recevoir les soldats dans aucun monastère, il se contenta de faire des plaintes sur cette loi; et il ne contesta pas au législateur le droit de la faire.

Ce pape s'occupa avec zèle et avec succès de la discipline de l'église et de la conversion des peuples, il acquit au saint siége la jurisdiction sur l'Angleterre, par les missionnaires qu'il envoya dans cette île. Ses successeurs étendirent cette jurisdiction sur d'autres Barbares, parce qu'ils furent attentifs à envoyer de bonne heure des évêques chez ceux qui se convertissoient, ou parce qu'étant consultés par les évêques qui travailloient à ces conversions, ils leur répondirent comme s'ils avoient seuls le droit de les établir missionnaires, et de les autoriser à fonder de nouvelles églises. Ce langage accoutumoit insensiblement tout l'Occident à reconnoître le pape pour son patriarche.

<small>Cependant les papes restoient dans la dépendance des empereurs d'Orient.</small>

Quoique les papes acquissent tous les jours de l'autorité, l'empereur, qui étoit alors maître de Rome, les tenoit encore dans la dépendance, et avoit la plus grande part à leur élection. Il est vrai qu'il paroissoit la laisser au clergé et au peuple mais il faisoit élire celui qu'il vouloit; et l'ordination ne pouvoit être canonique qu'autant que celui qui avoit été élu avoit l'agrément de la cour de Constantinople.

<small>Ils en secouent le joug sous Léon l'Isaurien.</small>

Le règne de Léon l'Isaurien est la principale époque de la grandeur des papes parce qu'alors ils se mirent sous la protection des rois de France pour se soustraire aux persécutions des empereurs. Les Pepin ayant besoin de la cour de Rome pour s'assurer sur le trône, l'enhardirent à former des prétentions : enrichie par leurs bienfaits, elle fut plus en état de soutenir ses entreprises; et la foiblesse des successeurs de Charlemargne ne lui en fournit que trop d'occasions.

Sous la première race, les églises de France s'étoient gouvernées elles-mêmes : elles ne connoissoient d'autres lois que les canons des conciles de la nation. Sous la seconde, elles devinrent sujettes au tribunal des papes, auquel les princes mêmes ne surent pas se soustraire. Mais cette révolution se fit par degrés. *La subordination s'altère par degrés.*

Dans le huitième siècle, il n'y avoit presque plus en Occident ni connoissances, ni mœurs, ni discipline. La simonie, la brigue, les violences, élevoient aux dignités de l'église. Les ecclésiastiques n'étoient occupés que de leur temporel ; et on employoit pour le défendre les excommunications, qui ne sont destinées qu'à la défense de la foi. Les désordres n'étoient guères moindres en Orient, et il étoit nécessaire de travailler de toutes parts à une réforme générale. *Les désordres invitent les deux puissances à faire des réglemens.*

C'est ce dont les souverains et la partie la plus saine du clergé firent leur objet : mais, dans la confusion où étoient les choses, il étoit difficile que les deux puissances *Mais elles usurpent l'une sur l'autre.*

se continssent dans leurs limites; on ne les connoissoit plus. Le zèle même devoit donc contribuer à confondre encore l'ordre civil et l'ordre ecclésiastique, et autoriser de part et d'autre de nouvelles usurpations.

A Constantinople, les empereurs trouvent dans le patriarche qui a besoin de leur protection, beaucoup de facilité pour usurper sur le sacerdoce.

Les empereurs grecs se saisirent du sacerdoce, décidant du dogme, jugeant de toutes les constestations de l'église, présidant aux conciles, disposant arbitrairement de toutes les dignités, et changeant tout au gré de leurs caprices. N'étant pas, comme les souverains d'Occident, dans la nécessité de ménager le clergé, ils pouvoient entreprendre davantage, et ils trouvoient peu d'opposition. Si quelquefois les évêques les désapprouvoient, ils n'auroient osé employer les censures, parce qu'enfin ils n'étoient que sujets. Dans cette position, ils aimoient mieux abandonner une partie de leurs droits, et s'assurer en échange de la faveur du prince. Aussi c'est sous la protection des empereurs que les patriarches de Constantinople ont obtenu le second rang. C'est sous leur protection qu'ils ont enlevé aux papes les églises suburbicaires, qui étoient encore de l'empire d'Orient.

Pour y trouver plus de facilité, ils donnèrent le titre et les priviléges de métropolitains aux principaux évêques de ces églises; et par-là ils mirent dans leurs intérêts des prélats, qui trouvoient d'ailleurs de l'avantage à être sous la juridiction d'un patriarche plus éloigné d'eux.

En Occident les souverains usèrent de leur autorité avec plus de retenue. Si Charles-Martel ne voulut régner que par la force; s'il ne fit que soulever la noblesse et le clergé l'un contre l'autre, en ravissant les biens de l'église pour enrichir ses soldats; enfin si, jaloux de son autorité, il mit sa volonté à la place des lois, il n'imagina pas de se donner pour juge de la discipline et de la doctrine. Pepin et Charlemagne, plus modérés, n'y pensèrent pas davantage. Les princes d'Occident, qui n'avoient jamais été pontifes, n'avoient pas eu occasion de s'arroger une pareille autorité. Charlemagne, sur-tout, n'avoit garde de vouloir gouverner l'église à sa volonté, lui qui vouloit que le peuple se fît lui-même ses lois. Il voulut donc que le clergé, comme le reste de la nation, se réformât lui-

En Occident le souverain ne fait pas les mêmes usurpations, parce qu'il a besoin de ménager le clergé;

même. Ce fut dans le champ de mai qu'on y travailla : car c'étoit là tout-à-la-fois une assemblée des états, et un concile national, parce que les évêques et les abbés s'y trouvoient, ainsi que les grands et les représentans du peuple.

<small>Et les circonstances favorables aux ecclésiastiques leur donnent trop d'autorité dans l'ordre civil.</small>

Il est vrai que ces assemblées avoient un inconvénient : car les fonctions des laïcs et celle des ecclésiastiques n'y pouvoient pas être assez distinguées, tous concourant aux lois qui se faisoient pour l'état comme pour l'église. Mais comme l'abus, qui donnoit aux empereurs d'Orient trop d'autorité en matière de doctrine, étoit aussi ancien que la religion chrétienne, celui qui, en France, donnoit aux clercs trop de part au gouvernement civil, étoit aussi ancien que la monarchie; et Charlemagne n'entreprit pas de le déraciner, parce qu'il eût été impossible d'y réussir. Tout, sous son règne, tendoit donc à confondre les deux puissances. Cette confusion augmenta même par les ménagemens qu'il fut contraint d'avoir pour les ecclésiastiques : car ce n'est qu'en leur donnant une nouvelle autorité qu'il put les dédommager des pertes qu'ils avoient faites, et les porter à concourir au bien de l'état.

Si les successeurs de ce prince avoient eu autant de génie que lui, ils auroient pu apporter peu-à-peu des remèdes aux maux qu'il n'avoit fait que pallier. Mais les désordres ne firent qu'augmenter. Les évêques, les abbés et les prieurs devinrent ducs, comtes ou seigneurs de grandes terres. Les abus, qui avoient commencé dans le neuvième siècle, se multiplièrent dans le dixième, et furent communs en France, en Italie et en Allemagne.

Cet abus devien tous les jour plus grand sou les successeur de Charlemagne

Charlemagne avoit soustrait les ecclésiastiques aux magistrats civils, et ne les avoit soumis qu'au tribunal des évêques. Cette loi distinguoit au moins deux classes de citoyens, qui avoient chacune leur juridiction séparée; mais cette distinction ne subsista pas : car les ecclésiastiques, ayant confondu la puissance spirituelle avec la puissance seigneuriale, envahirent enfin la jurisdiction de tous les tribunaux. Nous avons vu comment cet abus s'introduisit en France.

Depuis Constantin l'église étoit dans l'u-

Comment l'égl se arroge

puissance législative, même en matière civile.

sage de faire, sur la police ecclésiastique ou même civile, des canons conformes aux lois des empereurs, ordonnant et défendant les mêmes choses sous des peines spirituelles. Elle ordonna, par exemple, de célébrer le dimanche ; et elle défendit les mariages dans les degrés de parenté où la loi ne les permettoit pas. Cela étoit très-sage : car il importoit que les deux puissances concourussent au maintien de l'ordre.

Mais, lorsque les évêques ne faisoient que répéter les lois des empereurs, ils ne prétendoient pas avoir par eux-mêmes la puissance législative, ils vouloient seulement porter à l'obéissance par un motif de plus. Quand le besoin l'exigeoit, ils demandoient des lois à Constantin, ils y conformoient ensuite leurs canons : on ne voit pas qu'ils aient jamais pris sur eux de le prévenir, et tout étoit dans l'ordre.

Dans les siècles d'ignorance, on oublia que les lois des empereurs avoient précédé les canons où elles étoient répétées. On vit que les conciles avoient également réglé la foi et la police. On ne remarqua pas que, s'ils avoient seuls le droit de décider sur le dogme, ils ne pouvoient rien ordonner sur la police que de l'aveu du souverain. On s'imagina, au contraire, qu'ils avoient la même autorité, et qu'ils l'avoient également seuls dans l'un et l'autre cas.

Cette erreur fit faire aux papes de nouvelles usurpations. Ils prétendirent avoir seuls le droit de régler la police, et ils persuadèrent: s'ils faisoient les lois, ils crurent pouvoir en dispenser, et ils vendirent les dispenses. Alors, pour augmenter les revenus du saint siége, on défendit les mariages jusqu'au septième degré de parenté; et on regarda comme un empêchement l'alliance spirituelle que contractent deux personnes qui portent un enfant sur les fonts. Au dixième siècle cet abus fut porté à son comble. Les papes, qui déshonoroient alors la chaire de S. Pierre, dispensoient même des canons de l'église, jugeant qu'ils pouvoient ce qu'ils vouloient. On obtenoit tout d'eux pour de l'argent; et ce fut une opinion générale, que tout est licite quand on a la dispense de Rome.

Puissance qu'acquiérent alors les papes, et abus qu'ils en font.

La puissance du pape augmenta beaucoup dans ce siècle et dans le onzième. Il devint véritablement le patriarche de tout l'Occident, créant à son gré des évêques et des métropolitains, évoquant à lui les affaires, citant les évêques à son tribunal, envoyant des légats dans les différens royaumes pour juger en son nom, cassant les décrets des conciles nationaux, s'arrogeant en un mot, une juridiction absolue sur toutes les églises. Cette puissance, que Grégoire VII agrandira par de nouvelles prétentions, a été l'effet des entreprises continuelles des papes, de la foiblesse des souverains, de l'ignorance générale où étoit le clergé, et de la stupide superstition des peuples.

<small>Cependant les empereurs allemands élisoient encore les papes, ou confirmoient au moins leur élection.</small>

Cependant, jusques vers le milieu du onzième siècle, les empereurs allemands furent en possession, non seulement de confirmer l'élection des papes, mais encore de les choisir eux-mêmes, ou de les faire élire dans des conciles tenus en Allemagne. Ce n'étoit pas une usurpation de leur part; premièrement parce que les papes avoient reconnu la justice de leurs prétentions à cet égard; et en second lieu parce que les désordres qui arrivoient à chaque vacance du saint siége ne permettoient plus de laisser au peuple et au clergé le droit d'élire, et que dès-lors ce droit ne pouvoit appartenir qu'au souverain. (1)

C'est par de semblables raisons que tous les princes de l'Europe étoient alors dans l'usage de nommer eux-mêmes aux évêchés ou de ne pas souffrir au moins qu'aucun siége de leurs églises fût rempli sans leur agrément. Ils étoient d'autant plus fondés, que les évêques étoient leurs vassaux : car comme suzerains, ils pouvoient seuls donner les fiefs. Et à qui le droit de les conférer devoit-il appartenir, si ce n'étoit aux princes qui en avoient enrichi les églises ?

De même l'élection des évêques avoit besoin d'être confirmée par le souverain.

Comme les princes donnoient un fief à un laïc en présentant un sceptre et une

Les princes donnoient l'investiture des bénéfices.

---

(1) Les empereurs d'Allemagne étoient alors souverains de Rome et du pape. Ils l'étoient de fait, puisque les Romains, soumis à Henri III, ne lui ont rien contesté. Ils l'étoient de droit, puisqu'on pensoit que les titres de patrice et d'empereur donnoient la souveraineté sur Rome. Les premières démarches de Grégoire VII en seront la preuve : car, lorsqu'il sera élu pape, il reconnoîtra avoir besoin de l'agrément de Henri IV.

épée, ils conféroient le temporel ou le domaine d'un évêché en donnant une crosse et un anneau. C'est ce qu'on appeloit donner l'investiture d'un fief ou d'un évêché; et, jusqu'à ce que cette cérémonie eût été faite, le seigneur suzerain jouissoit des terres vacantes par la mort du dernier feudataire. La crosse représentoit la houlette du pasteur, et l'anneau son mariage avec l'église. Cette pure cérémonie n'usurpoit certainement pas sur le sacerdoce, dont les droits consistent uniquement dans la consécration par l'imposition des mains : cependant ce sera là un grand sujet de contestation.

Mais au milieu de l'ignorance et de la corruption, l'autorité, même légitime, dégénéroit en abus,

Il est vrai que les souverains abusèrent aussi du droit qu'ils avoient de nommer aux bénéfices ecclésiastiques. Il semble que le malheur des temps ne permettoit pas de remédier à aucun abus. En vain fit-on des lois pour rétablir la discipline : elles ne réformèrent rien, et elles sont aujourd'hui un monument de la corruption où étoient les mœurs.

Et le clergé s'en abusoit.

Cependant les désordres des ecclésiastiques ne refroidissoient point la piété libérale des fidelles. Les richesses des églises augmentoient toujours, parce que le clergé donnoit d'autant plus de soins à s'enrichir qu'il en donnoit moins à la discipline. De nouveaux saints, de nouvelles reliques, de nouveaux miracles attiroient continuellement de nouvelles offrandes : et les crimes, dont on se rachetoit par des fondations, étoient une source intarissable, qui entraînoit l'or, l'argent et les terres dans les églises. Les excommunications, qui étoient alors le grand et le seul épouvantail des peuples, s'embloient assurer les ecclésiastiques dans leurs possessions. Leurs biens étoient les seuls qu'on respectoit, dans ces siècles où tout étoit aux plus hardis ravisseurs; et ce fut pour eux une nouvelle occasion d'acquérir : car les citoyens, trop foibles pour se défendre dans leurs possessions, imaginèrent de les donner à un évêque ou à un abbé, et de les recevoir ensuite de lui comme des fiefs, pour lesquels ils payoient une certaine redevance. Ces fiefs restoient à l'église lorsque la famille des feudataires s'éteignoit.

Les ordres monastiques, si saints dans leur origine, contribuèrent beaucoup à tous ces abus par le relâchement où ils tombèrent.

Comment les ordres monastiques ont contribué aux abus.

Dans les commencemens, s'étant dérobés aux dissipations mondaines, qui ne sont que trop souvent l'écueil de la piété, les moines édifièrent si fort par la sainteté de leur vie, qu'on crut devoir les arracher à leur solitude, pour les élever aux ordres, ou pour leur confier le gouvernement des principales églises. De laïcs ils devinrent prêtres, évêques; ils se mêlèrent insensiblement avec le clergé; ils firent partie de la hiérarchie ecclésiastique; ils en partagèrent toute la puissance; ils occupèrent les principaux siéges, et ils firent mouvoir le clergé à leur volonté. Il fut un temps où on ne pouvoit parvenir au sacerdoce qu'en passant par l'ordre monastique.

Mais les moines ne furent pas long-temps à s'écarter de l'esprit de leur institution. Dès le quatrième siècle, on les voit se répandre dans les villes, se mêler dans toutes les affaires, intriguer dans les places, troubler les tribunaux, et causer des tumultes. Au cinquième, ils s'étoient déjà fort multipliés dans toutes les provinces de l'Orient; lorsqu'ils commencèrent à passer en Occident. Leurs premiers établissemens furent dans les provinces méridionales de l'Italie, où l'ordre que S. Basile avoit fondé en Cappadoce fit des progrès rapides. Mais le monastère du Mont-Cassin, dont S. Benoît fut le fondateur au commencement du sixième siècle, est le plus célèbre de tous. Dans l'espace d'environ quinze ans que ce saint gouverna cet ordre, il le vit se multiplier, s'enrichir, se répandre, et bientôt après il s'étendit dans toute l'Europe. Depuis, quantité d'autres s'élevèrent sur ce modèle, et s'enrichirent de même. L'esprit des peuples se trouvoit tous les jours plus favorable à ces sortes d'établissemens, les princes et les riches ne se lassant pas de faire des fondations, avec lesquelles ils croyoient assurer le salut de leur ame.

Jusqu'au huitième siècle, presque tous les monastères avoient été sous la jurisdiction des évêques du diocèse où ils étoient établis : mais le pape Zacharie, ne croyant pas qu'un monastère aussi célèbre que celui du Mont-Cassin dût être sous l'inspection d'un simple évêque, le mit sous l'obéissance immédiate du saint siége, ainsi que toutes les maisons qui en dépendoient : et il enleva à tous les évêques particuliers la jurisdiction qu'ils avoient sur cet ordre. Dans la suite, les autres monastères demandèrent la même exemption, parce qu'ils trouvoient un avantage à ne pas dépendre des évêques qui pouvoient veiller de près sur eux; et les papes la leur accordèrent volontiers, parce que, dans le plan qu'ils avoient d'abaisser les évêques, il leur importoit d'élever les moines. Par-là ils eurent dans toute l'Europe des hommes qui leur étoient dévoués, et qui les servirent avec zèle.

Il est évident que les papes et les moines ne consultèrent que leurs intérêts réciproques, auxquels ils sacrifièrent ceux de l'église. Si les évêques avoient été plus éclairés, ils n'auroient pas souffert cette usurpation. De quel droit le saint siége pouvoit-il leur enlever une jurisdiction dont ils avoient toujours joui ? Cette entreprise fut, par ses suites, funeste à toutes les églises, et même aux souverains : comme les moines avoient une grande autorité sur le peuple, qui avoit pour eux une foi aveugle, ils ne manquèrent pas de faire valoir la puissance des papes, et de faire redouter jusqu'aux excommunications les plus injustes. Aussi les verrons-nous, au milieu des troubles, soulever les citoyens, et les armer les uns contre les autres.

Telle étoit la puissance des moines au onzième siècle, et long-temps auparavant: ils avoient des richesses immenses, ils possédoient des fiefs, ils avoient tout pouvoir sur le peuple. Cependant, lorsqu'on joignoit les lumières à la piété, on ne pouvoit pas se dissimuler les désordres qui régnoient parmi eux. Que fera-t-on pour y remédier? On fondera de nouveaux ordres monastiques, avec une règle plus austère. Ces nouveaux moines mèneront une vie édifiante, tant que la ferveur de leur établissement se soutiendra. Mais enfin ils s'enrichiront encore, et ils se corrompront. On fera de la sorte continuellement réformes sur réformes, et on verra aussi continuellement renaître les mêmes abus. On aura donc multiplié les monastères pour enrichir de nouveaux ordres, qui se corrompront comme les autres.

Alors, voulant garantir les moines de la contagion des richesses, on en créera qui feront vœu de pauvreté. Ils seront obligés de mendier, ils ne subsisteront que par la charité des fidelles, ils vivront du travail des autres. Mais leur désintéressement redoublera le zèle du peuple : on voudra leur donner d'autant plus qu'ils paroîtront desirer moins : ils ne résisteront pas à la tentation : ils deviendront riches, et ils trouveront le moyen de concilier les richesses avec le vœu de pauvreté.

Enfin il y aura des moines qui, s'assujettissant à une règle plus austère que celle des mendians, feront non seulement vœu de pauvreté, mais qui s'obligeront encore à ne pas demander l'aumône. Comptant sur la providence, qui nourrit tant d'animaux sans aucun travail de leur part, ils attendront que le pain tombe du ciel dans leur réfectoire. Il y tombera. On leur apportera de l'argent, on leur donnera des terres. Il faudra bien recevoir ce que la providence envoie. Ils s'enrichiront donc encore, malgré le vœu de pauvreté.

Vous voyez comment les deux puissances, confondues par une suite d'usurpations réciproques, ont ruiné entièrement la police civile et ecclésiastique ; et vous n'aurez plus de peine à comprendre les événemens que je vais faire passer rapidement sous vos yeux.

LIVRE QUATRIÈME.

CHAPITRE PREMIER.

Grégoire VII, pape.

<small>Il ne faut s'arrêter sur les temps de désordres qu'autant qu'il est nécessaire, pour en voir naître un meilleur ordre.</small>

Toute l'Europe étoit livrée à l'anarchie féodale : par-tout le clergé avoit les mêmes prétentions, et à-peu-près la même puissance. Les abus vont donc continuer, et ils se multiplieront, jusqu'à ce que l'ordre naisse de l'anarchie, qui se détruira elle-même. Je me propose de vous montrer par quelle suite de développemens les sociétés civiles prendront une forme régulière; je négligerai les détails que vous pourrez lire dans l'histoire de chaque nation, et je ne m'arrêterai que sur les choses qui me conduiront à mon objet.

<small>État de l'Europe lors de Grégoire VII.</small> Henri IV, mal affermi sur le trône d'Allemagne, luttoit contre des ligues puissantes;

Guillaume-le-Conquérant étoit presque obligé d'avoir continuellement les armes à la main, soit pour s'assurer sa conquête, soit pour conserver ses possessions dans le continent : Philippe Ier., roi de France, incapable d'application, pouvoit tomber si ses grands vassaux se soulevoient contre lui : l'Italie étoit partagée entre quantité de petits princes ennemis : en Espagne, les Maures et les Chrétiens, toujours en guerre, ne paroissoient prendre aucune part à ce qui se passoit dans le reste de l'Europe. Les royaumes du Nord, nouvellement convertis, n'étoient pas moins troublés, et d'ailleurs ils croyoient à la monarchie du pape comme à l'évangile, parce qu'on leur prêchoit l'un et l'autre en même temps. En un mot, comme il n'y avoit proprement ni souverains, ni magistrats, ni sujets, on ne voyoit que des princes foibles, des tyrans, et des peuples opprimés.

Tout étoit donc divisé, et dans un mouvement continuel, où rien ne se pouvoit conserver dans le même état. Il y avoit seulement une faction qui se répandant de toutes parts, agissoit toujours et par-tout avec les mêmes vues. Semblable en quelque sorte à cette ame universelle qui, selon les anciens philosophes, remuoit le chaos; mais avec cette différence qu'elle le remuoit seulement pour le conserver, et pour empêcher la lumière de naître. Il semble que cette faction devoit enfin tout subjuguer. Or elle étoit elle-même soumise aux papes : je veux parler du clergé.

<small>Conduite qui an ou pu don ner aux papes la plus grande puissance.</small>

Si dans de pareilles circonstances la cour de Rome se fût conduite avec circonspection et sans rien précipiter, le pape seroit devenu le seigneur suzerain de toute l'Europe, et son empire auroit duré tant qu'il n'auroit point abusé de son autorité, ou qu'il auroit maintenu l'ignorance. Il falloit que, parlant et agissant seulement comme le premier pasteur des fidèles, il n'usât de sa puissance que pour ramener l'ordre; qu'il se donnât pour arbitre entre les souverains, sans paroître vouloir être leur juge; qu'enfin il ne s'élevât que contre les abus, d'abord contre les plus crians, et dont tout le monde avoit à se plaindre. Les peuples, accablés depuis si long-temps sous le poids de l'anarchie, étoient préparés à se soumettre à un législateur qui seroit devenu leur père : les censures, qu'on redoutoit, auroient hâté l'ouvrage si on les eût employées avec sagesse, et cet empire eût été, beau parce qu'il eût été juste.

Mais au contraire les papes ont cru aug-menter leur autorité en augmentant les désordres. Leur maxime a été de diviser pour commander; maxime triviale de ces petits politiques, qui réussissent quelquefois par des moyens injustes, et qui sont tôt ou tard la victime de leur ambition. Une puissance qui se forme dans le désordre ne peut être que passagère, parce qu'elle est détruite par les mêmes causes qui l'ont produite. Parcourez l'histoire, et vous verrez que les souverains les plus justes ont toujours été les plus puissans et le plus solidement établis. Auguste en étoit bien persuadé, puisqu'après s'être élevé par des attentats, il se crut forcé à devenir juste pour ne pas tomber. *Une conduite opposée a préparé leur chute.*

Dans les siècles d'ignorance, on n'en savoit pas assez pour combattre toutes les prétentions des papes : on céda, tant qu'en cédant on conservoit encore quelque chose: *Parce qu'elle a forcé l'Europe à ouvrir les yeux.*

quand ils voulurent tout usurper, l'intérêt fit enfin naître des doutes. On raisonna d'abord assez mal : mais c'étoit déjà beaucoup que d'oser raisonner.

C'est Grégoire VII qui a l'avantage d'avoir ouvert les yeux à toute la chrétienté : il a préparé la décadence d'une puissance qu'il a voulu trop étendre. Voyons quelle a été sa conduite.

Commencement des querelles entre Henri IV et Grégoire VII.

Godefroi, archevêque de Milan, avoit été excommunié pour être parvenu à l'épiscopat par simonie; et comme, bien loin de se soumettre, il avoit entraîné dans son parti tous les évêques de Lombardie, le premier soin de Grégoire fut de faire exécuter l'excommunication qui avoit été portée ; et ce fut l'origine des démêlés qu'il eut avec Henri, parce que cet empereur protégeoit l'archevêque de Milan et les évêques de Lombardie.

1073.

Décret de Grégoire contre les prêtres simoniaques et concubinaires.

Henri, alors occupé de la guerre de Saxe, n'osoit résister ouvertement au pape ; et cependant il ne vouloit pas abandonner les évêques qui s'étoient mis sous sa protection. Il invita le pape à joindre son autorité à la sienne pour remédier aux abus, avouant les fautes qu'il avoit faites jusques alors, et montrant beaucoup de soumission au saint siége. Grégoire, content des dispositions où étoit l'empereur, tint à Rome un concile contre les prêtres simoniaques, concubinaires ou mariés, et il envoya des légats en Allemagne, pour y tenir un nouveau concile, pour y faire recevoir les décrets de celui de Rome, et pour obliger Henri d'abandonner les évêques de Lombardie.

Les évêques d'Allemagne, simoniaques pour la plupart, s'opposoient à la tenue d'un concile, dans lequel ils prévoyoient qu'ils seroient condamnés; et Henri se refusa à la demande des légats, sous prétexte que les archevêques de Brème et de Mayence, établis vicaires du saint siége par les prédécesseurs de Grégoire, pouvoient seuls convoquer un concile. Cette raison n'étoit pas bonne; car on ne pouvoit pas contester au pape le privilége de pouvoir changer ses vicaires. Si Henri, et les évêques qui le conseilloient, eussent été mieux instruits de l'histoire des premiers siècles de l'église, on ne se fût pas borné à ne pas reconnoître les pouvoirs des légats ; on eût encore nié ceux des archevêques de Brême et de Mayence, ceux de Grégoire même, et l'empereur eût répondu que dans ses états aucune puissance n'avoit droit d'assembler un concile sans son agrément.

Henri reçut d'ailleurs parfaitement bien les légats : il écrivit au pape pour l'inviter à chercher quelques moyens de conciliation, il se soumit encore au saint siége ; mais il s'y soumit trop ; car il ne pesa pas les expressions dont il se servoit, et cependant il donnoit des droits sur lui.

<small>Tout le clergé de la Chrétienté se soulève contre le decret de Grégoire.</small> Le décret contre les prêtres simoniaques, mariés ou concubinaires, souleva tout le clergé, non seulement en Allemagne, mais encore en France et en Italie. Plusieurs déclaroient qu'ils aimoient mieux quitter le sacerdoce que le mariage, et qu'alors le pape verroit où il pourroit trouver des anges pour gouverner les églises à la place des hommes qu'il dédaignoit. Telle étoit alors la corruption.

<small>Ce pape veut que le bras séculier force le clergé à se soumettre, quoiqu'il reconnoisse que ce moyen est nouveau.</small> Cette résistance ne fit qu'allumer le zèle de Grégoire ; et il écrivit aux princes d'employer la force même pour contraindre le clergé à se soumettre aux décrets du concile

de Rome. Ce qu'il y a de plus remarquable dans sa lettre, dit l'abbé Fleuri, c'est que le pape reconnoît la nouveauté de ce moyen, de faire observer les canons par la force du bras séculier.

Grégoire tint un second concile à Rome, renouvela les décrets du premier, déposa des évêques ou les suspendit, et excommunia plusieurs personnes de la cour de l'empereur. Comme la guerre avec les Saxons n'étoit pas encore terminée, Henri dissimuloit par la crainte qu'il avoit de se jeter dans de nouveaux embarras : il promettoit donc de satisfaire le pape ; et cependant il n'exécutoit aucune de ses promesses. Grégoire démêla les vues de l'empereur ; et, voulant saisir un moment aussi favorable, il lui envoya des légats pour lui ordonner de venir à Rome se défendre des accusations intentées contre lui, et pour lui déclarer qu'il seroit excommunié, s'il refusoit de s'y rendre : mais les circonstances avoient changé; car Henri venoit de terminer glorieusement la guerre lorsque les légats lui apportèrent les ordres du pape. Croyant donc n'avoir plus rien à ménager avec un sujet qui osoit

1075. Henri le fait déposer dans le concile de Worms.

se porter pour juge de son souverain (1), il convoqua un concile qui se tint à Worms, et dans lequel Grégoire fut déposé.

1076. Grégoire excommunie Henri dans un concile tenu à Rome.

Le pape, à qui cette sentence des évêques d'Allemagne fut signifiée, assembla lui-même un concile à Rome, et prononça contre l'empereur une excommunication en ces termes :

« S. Pierre, prince des apôtres, écou-
» tez votre serviteur, que vous avez nourri
» dès l'enfance et délivré jusqu'à ce jour de
» la main des méchans qui me haïssent,
» parce que je vous suis fidelle. Vous m'êtes
» témoin, vous et la sainte mère de Dieu,
» S. Paul votre frère, et tous les saints,
» que l'église romaine m'a obligé malgré
» moi à la gouverner, et que j'eusse mieux
» aimé finir ma vie en exil que d'usurper
» votre place par des moyens humains :

---

(1) Le pape avoit été sujet de Henri III. Il l'étoit donc de Henri IV, qui avoit succédé à tous les droits de son père. Grégoire VII l'avoit reconnu lui-même pour son souverain : car, ayant été élu, ne s'avouoit-il pas sujet lorsqu'il demandoit que son élection fût confirmée par Henri IV ?

» mais, m'y trouvant par votre grace et sans
» l'avoir mérité, je crois que votre inten-
» tion est que le peuple chrétien m'obéisse,
» suivant le pouvoir que Dieu m'a donné
» à votre place de lier et de délier au ciel
» et sur la terre. C'est en cette confiance
» que, pour l'honneur et la défense de l'égli-
» se, de la part de Dieu tout-puissant, Père,
» Fils et S. Esprit, et par votre autorité, je
» défends à Henri, fils de l'empereur Hen-
» ri, qui, par un orgueil inoui, s'est élevé
» contre votre église, de gouverner le royau-
» me Teutonique et l'Italie; j'absous tous
» les chrétiens du serment qu'ils lui ont
» fait ou feront, et je défends à personne
» de le servir comme roi ; car celui qui
» veut donner atteinte à l'autorité de votre
» église mérite de perdre la dignité dont
» il est revêtu; et, parce qu'il a refusé d'obéir
» comme chrétien, et n'est point revenu au
» seigneur qu'il a quitté en communi-
» quant avec des excommuniés, méprisant
» les avis que je lui avois donnés pour son
» salut, vous le savez, et se séparant de
» votre église qu'il a voulu diviser, je le
» charge d'anathêmes en votre nom, afin

» que les peuples sachent même par expé-
» rience que vous êtes Pierre; que, sur cette
» pierre, le fils du Dieu vivant a édifié son
» église, et que les portes de l'enfer ne pré-
» vaudront point contre elle. »

<small>Cette sentence, jusqu'alors sans exemple, cause des soulèvemens contre Henri.</small>

Cette sentence, qui étoit sans exemple, fut publiée; et Grégoire écrivit encore en Allemagne pour achever de soulever le peuple, et pour faire élire un autre souverain, si Henri ne se convertissoit pas; exigeant d'ailleurs que la nouvelle élection s'y fît du consentement et de l'autorité du saint siége. Les moines, qui furent des premiers à se joindre à lui, ne cessèrent dans leurs écrits et dans leurs sermons de traiter Henri de schismatique et d'hérétique; et les ennemis de ce prince, voyant les esprits ébranlés, songèrent à profiter de cette disposition pour l'accabler. Ainsi l'ignorance, le fanatisme et l'ambition, tout armoit les peuples contre leur souverain.

<small>Elle aliène jusqu'aux évêques qui avoient déposé Grégoire.</small>

Il semble au moins que les évêques, qui avoient déposé Grégoire, auroient dû faire peu de cas d'une excommunication portée par un homme qu'ils ne reconnoissoient plus pour pape. Cependant, soit foiblesse, soit tout autre motif, le plus grand nombre abandonna l'empereur; il arriva même que ceux qui lui restèrent attachés le défendirent mal : car ils ne doutoient pas que l'excommunication ne dépouillât un souverain de tous ses droits, et ils soutenoient seulement qu'un roi ne peut pas être excommunié.

Henri, trop foible pour agir d'autorité, temporisoit, lorsqu'il se tint une assemblée à Tibur, dans laquelle les légats du pape, après l'avoir chargé de bien des crimes, conclurent à mettre la couronne sur la tête d'un autre prince : cependant, après plusieurs débats, on convint de tenir une autre assemblée à Augsbourg, où le pape se trouveroit, et où, après avoir écouté les raisons des deux parties, il condamneroit l'empereur, ou le renverroit absous; et on déclara à ce prince que si, dans un an, il n'étoit pas relevé de son excommunication, il seroit privé du trône sans espérance d'y remonter.

On déclare que Henri perdra la couronne dans un an s'il n'est pas relevé de son excommunication.

Henri se hâta de passer en Italie, appréhendant les suites d'une assemblée, où ses ennemis seroient en plus grand nombre, et se flattant d'appaiser le pape par sa sou-

Fausse démarche de Henri.

mission. Il croyoit d'ailleurs pouvoir compter sur l'impératrice Agnès sa mère, sur la duchesse Béatrix sa tante, et sur la comtesse Mathilde sa cousine germaine. Ces princesses, très-puissantes en Italie, avoient en effet beaucoup de crédit auprès de Grégoire : mais elles lui étoient aussi tout-à-fait dévouées; et, bien loin d'être disposées à prendre la défense de l'empereur, elles ne songeoient qu'à le poursuivre. Mathilde, souveraine de Mantoue, de Reggio, de Parme, de Lucques et d'une partie de la Toscane, venoit de remettre au pape toutes ses troupes et toutes ses places.

A l'arrivée de Henri, le bruit se répandit qu'il étoit venu pour déposer le pape : déjà les Lombards lui offroient à l'envi leurs services; et Grégoire, qui étoit en chemin pour se rendre en Allemagne, alarmé lui-même, s'étoit retiré dans le château de Canosse, près de Reggio. Cependant Henri, persistant dans son premier dessein, ne songea qu'à négocier pour obtenir son absolution. Qu'il vienne, dit le pape, et qu'il répare par sa soumission l'injure faite au saint siége.

La forteresse de Canosse avoit trois en- *Son humiliation.*
ceintes. Henri, introduit dans la seconde,
sans aucune marque de sa dignité, nus pieds,
vêtu de laine sur la chair, passa le premier
jour sans manger jusqu'au soir. Pendant
deux autres, il attendit de la même manière
les ordres du pape. Enfin le quatrième, Grégoire lui donna audience, et convint de l'ab-
soudre à condition qu'il se rendroit à la diète
générale des seigneurs allemands, au jour
et au lieu qui lui seroient indiqués ; qu'il
répondroit aux accusations intentées contre
lui, et dont le pape seroit juge ; que, suivant qu'il seroit jugé innocent ou coupable,
il garderoit la couronne, ou y renonceroit ;
que, jusqu'au jugement, il ne porteroit aucune marque de sa dignité, et ne prendroit
aucune part au gouvernement de l'état ;
que si, après s'être justifié, il étoit maintenu
sur le trône, il seroit toujours soumis et
obéissant au saint siége ; enfin que, s'il manquoit à quelqu'une de ces conditions, il seroit tenu pour convaincu, et que les Allemands auroient la liberté d'élire un autre
souverain.

Henri se rendit méprisable par cette hu- *Il s'arma.*

miliation ; il aliéna les Lombards, qui furent d'autant plus indignés de sa démarche, qu'il rejetèrent eux-mêmes avec mépris l'absolution que Grégoire leur fit offrir. Ils parloient déjà de donner la couronne au fils de ce prince, et d'élire un autre pape, lorsque Henri rompit le traité qu'il venoit de faire, et dont il s'excusa en alléguant le bien de la paix. Il ramena par ce moyen une partie des Lombards, et il se vit à la tête d'une armée.

Embarras de Grégoire entre Henri IV et Rodolphe de Suabe, que les Allemands ont élu à sa sollicitation.

Cependant les Allemands, assemblés à Forcheim, venoient d'élever sur le trône Rodolphe, duc de Suabe, et le pape n'avoit pu se rendre en Allemagne, ni retourner à Rome. Henri armé l'embarrassoit. Il n'osoit plus se déclarer contre lui, parce qu'il commençoit à le craindre ; et il ne pouvoit refuser d'approuver l'élection du nouveau souverain, puisqu'il l'avoit sollicitée. Honteux de reculer, il n'avoit pas le courage d'avancer dans la route où il s'étoit engagé. Il envoyoit des légats à Henri comme à Rodolphe : il paroissoit reconnoître deux rois à-la-fois Ainsi, après avoir divisé l'Allemagne par un faux zèle, il augmentoit la division par une timidité qui ne permettoit plus de savoir auquel souverain on devoit obéir; et cependant il armoit tous les citoyens les uns contre les autres. Les Allemands lui représentoient les désordres qu'il faisoit naître en montrant de la réserve pour les deux partis. Nous croyons, lui disoient-ils, que vos intentions sont pures ; mais vous agissez par des vues trop fines pour nous, et nous sommes trop grossiers pour les pénétrer. Grégoire répondoit mal, parce qu'il ne vouloit pas avouer son imprudence, et qu'il n'osoit pas la soutenir.

Il eut la liberté de se déclarer ouvertement, lorsque Henri, forcé de marcher contre Rodolphe, prit enfin le parti de quitter l'Italie; et il tint deux conciles dans la même année : mais, comme il avoit balancé jusqu'alors, il suspendit encore son jugement: il arrêta seulement qu'il enverroit des légats en Allemagne, pour juger entre Rodolphe et Henri, excommuniant d'ailleurs tous ceux qui s'opposeroient à la commission des légats. Dans ces conciles, il suspendit, déposa et excommunia plusieurs évêques, et défendit, sous peine d'excom-

Il tient deux conciles.

1077.

munication, à tout laïc, quel qu'il fût, de donner l'investiture des bénéfices.

Il défend aux princes laïcs de donner l'investiture des bénéfices, avec combien peu de fondement.

Jusqu'à Grégoire VII, on n'avoit point contesté aux souverains le droit de donner aux évêques et aux abbés l'investiture par la crosse et par l'anneau ; et ce droit étoit fondé en raison, sur-tout par rapport aux fiefs, qui faisoient la plus grande partie des richesses des églises. Car, dans le gouvernement féodal, tout fief vacant retournoit au suzerain; il le pouvoit garder ou donner à sa volonté ; et, s'il étoit dans l'usage de le conférer à l'évêque élu, ce n'est que parce qu'il approuvoit le choix qui avoit été fait. L'élection, la consécration même, ne donnoit aucun droit à ces sortes de domaines : on n'en pouvoit prendre possession qu'en vertu de l'investiture. Vous voyez par-là que les princes laïcs avoient la plus grande part dans les élections ; car on ne pouvoit manquer d'élire et de consacrer ceux qu'ils vouloient investir, parce qu'autrement les églises auroient été dépouillées de la plus grande partie de leurs biens.

Voilà les investitures que Grégoire VII condamna dans plusieurs conciles. Elles attachoient les ecclésiastiques à leurs maîtres légitimes : c'en étoit assez pour être désapprouvées par un pontife, qui auroit voulu que le clergé de toute la chrétienté n'eût dépendu que du saint siége.

Il eût été à souhaiter que, dans la solemnité des investitures, les princes eussent pris la précaution de distinguer les fiefs de l'épiscopat. Ils y pensèrent d'autant moins, que les évêques aimoient eux-mêmes à confondre en leur personne les droits du sacerdoce avec ceux de la souveraineté. C'est pourquoi, par la formule des investitures, les suzerains laïcs paroissoient donner l'épiscopat même.

Cependant, comme il étoit généralement reconnu que la consécration seule fait l'évêque, il est certain que cette confusion ne pouvoit jeter dans aucune erreur. Mais Grégoire VII feignit d'y tomber. Quoique les princes laïcs n'eussent pas la prétention de donner l'épiscopat, il leur soutint qu'ils l'avoient. Parce que, dans la solemnité des investitures, ils donnoient la crosse et l'anneau, il les accusa de s'arroger le droit de donner la puissance spirituelle, dont la crosse et l'anneau sont les symboles : il nomma les investitures le don de l'épiscopat, et cette dénomination suffisoit pour soulever contre cet usage ceux qui se laissent tromper par un mot, c'est-à-dire, le plus grand nombre.

<small>Plusieurs évêques condamnent son entreprise.</small>

Tous les évêques n'approuvèrent pas néanmoins cette entreprise de Grégoire. Plusieurs reconnurent avec raison que les suzerains laïcs ont le droit de donner l'investiture des biens de l'église, et qu'il importe peu qu'ils se servent à cet effet de l'anneau, de la crosse, ou de toute autre chose. Malgré Grégoire et ses conciles, l'empereur conserva ses droits à cet égard : il en fut de même du roi de France et de celui d'Angleterre.

<small>Grégoire excommunie Henri et lui ôte toute force dans les combats. 1080.</small>

Pendant qu'on disputoit sur les investitures, la guerre continuoit en Allemagne. Rodolphe avoit eu même quelques avantages. Ils n'étoient pas décisifs ; mais Grégoire, mal instruit, crut n'avoir plus de ménagemens à garder. Il adressa donc encore la parole à S. Pierre et à S. Paul ; et, leur rendant compte de ce qui s'étoit passé, il renouvela l'excommunication contre Henri, le liant par l'autorité apostolique, non seulement quant à l'esprit, mais quant au corps, et lui ôtant toute prospérité, en sorte qu'il n'eût plus aucune force dans les combats, et qu'il ne gagnât de sa vie aucune victoire. Ce pape prétendoit donc régler le sort des armes en vertu du pouvoir de lier et de délier. Cette prétention étoit un peu trop hasardée: mais, si l'événement eût répondu à ses vues, sans doute que, de ce jour-là, les papes auroient été en possession de donner la victoire. Grégoire n'en doutoit pas lui-même : car il menaça des plus grands malheurs, en cette vie et en l'autre, ceux qui resteroient attachés au parti de Henri; et il promit à ceux qui seroient fidelles au saint siége les plus grandes prospérités dans ce monde, en attendant la vie éternelle: afin même d'assurer la couronne à Rodolphe, il lui en envoya une, autour de laquelle étoit un mauvais vers latin.

L'empereur ayant assemblé un concile, où Hildebrand fut déposé pour la seconde fois, et où Guibert, archevêque de Ravenne, fut choisi pour occuper le saint

<small>Cependant Henri lefait Rodolphe, et fait déposer Hildebrand dans un concile.</small>

siége, marcha contre Rodolphe, qui fut défait et perdit la vie.

<small>Grégoire s'étoit allié de Robert Guiscard, 1081.</small>

Grégoire avoit eu la prudence de s'assurer un secours, en se réconciliant avec Robert Guiscard, qu'il avoit d'abord excommunié. Mais ce prince venoit de s'engager dans une guerre lorsque Henri passoit les Alpes pour contraindre le pape à changer de conduite. Il avoit armé en apparence pour l'empereur Michel Ducas, dont le fils avoit épousé sa fille Hélène, et qui avoit été détrôné, et enfermé par Nicéphore Botoniates. Afin même d'attirer les Grecs dans son parti, il menoit avec lui un imposteur qui se disoit l'empereur Michel, échappé des fers; et quoique, par une nouvelle révolution, Alexis Comnène eût chassé du trône Nicéphore, et rendu la liberté à la princesse Hélène, il ne changea rien à son premier dessein, parce que, dans le vrai, il ne cherchoit qu'un prétexte à de nouvelles conquêtes. Il s'étoit rendu maître de Corfou, et il avoit remporté de grands avantages en Bulgarie, lorsque, cédant aux pressantes lettres de Grégoire, il laissa le commandement de l'armée à Bohémond, son fils aîné, et revint en Italie.

Pendant cette guerre d'Orient, quoique les Allemands eussent donné Herman, comte de Luxembourg, pour successeur à Rodolphe, Henri, après avoir surmonté les difficultés qu'il rencontroit en Italie, assiégea Rome, força cette ville, fit intrôniser Guibert sous le nom de Clément III, reçut la couronne impériale des mains de cet antipape, et forma le siége du château S. Ange, où Grégoire s'étoit renfermé; mais il fut contraint de se retirer à l'approche de Robert, parce qu'il n'avoit pas assez de forces pour lui résister.

1084. Qui le délivre, lorsque Henri l'assiégeoit dans le château S. Ange.

Grégoire qui, ambitionnant l'empire de la chrétienté, n'avoit pas seulement su ménager les Romains, se crut trop heureux d'avoir été délivré. Il se retira à Salerne, où il vécut comme en exil, ne se croyant pas en sûreté à Rome. Il confirma à son libérateur l'investiture des duchés de la Pouille, de la Calabre et de la Sicile : mais il eut assez de fermeté pour refuser d'y comprendre la principauté de Salerne, le duché d'Amalfi et une partie de la Marche

Il se retire à Salerne, où il meurt.

de Fermo, pays qu'il prétendoit devoir appartenir au saint siége. Il mourut l'année suivante.

<small>1085. Conduite de ce pape avec les autres souverains, et ses prétentions.</small>

Si Grégoire se révolta contre son souverain, il ne respecta pas davantage les autres princes de l'Europe. Il traita Philippe de tyran, d'homme chargé de crimes, menaça de le déposer, et écrivit quantité de lettres aux évêques et aux seigneurs pour soulever toute la France : mais les affaires d'Allemagne ne lui permirent pas de soutenir ces premières démarches.

Il menaça aussi de sa disgrace le roi d'Angleterre : cependant il se conduisit avec plus de retenue, parce que Guillaume n'étoit pas homme à se laisser facilement intimider.

Il menaça Orsoque, souverain de Sardaigne, de le dépouiller de cette île, s'il ne se reconnoissoit pas pour vassal du saint siége. Il excommunia Nicéphore, empereur de Constantinople, et il écrivit aux rois chrétiens d'Espagne : *Je crois que vous n'ignorez pas que, depuis plusieurs siècles, S. Pierre est le propriétaire du royaume d'Espagne ; que, quoique ce pays ait été envahi par les infidelles depuis longtemps, on ne peut lui en disputer la propriété avec justice, et qu'il appartient au saint siége apostolique.* Sur ce droit imaginaire, il ne leur permettoit de faire des conquêtes sur les Sarrazins, qu'à condition qu'ils lui rendroient hommage et lui paieroient un tribut; ajoutant que, s'ils en usoient autrement, il agiroit contre eux par les censures et par l'interdit.

En un mot, il s'établit le juge de tous les souverains. Toujours prêt à lancer des excommunications sur ceux qui ne voudroient pas se soumettre, il donnoit à tous tantôt des conseils, tantôt des ordres; envoyant dans chaque royaume des légats, pour observer ce qui s'y passoit et pour porter ses décrets. Il croyoit sur-tout avoir des droits incontestables sur les peuples nouvellement convertis : enfin sa vigilance se portoit sur toutes les nations chrétiennes, depuis l'Afrique jusqu'en Norwège et en Russie.

Le clergé principalement acheva d'être subjugué. Les droits des métropolitains disparurent sous un pontife qui s'arrogeoit à lui- *Autorité qu'il s'est arrogée sur toutes les églises d'Occident.*

même le gouvernement immédiat de l'église. L'ancienne police fut abolie. Il ne pouvoit rester aucune trace de la hiérarchie ecclésiastique, dès que le pape se fut réservé à lui seul la connoissance des affaires, le pouvoir d'assembler des conciles, la puissance législative, et le droit de juger souverainement de tout. Cependant cet abus devenoit la source de plusieurs autres : car il falloit que les affaires fussent jugées à Rome, ou qu'elles le fussent sur les lieux. Dans le premier cas, les évêques étoient dans la nécessité d'abandonner leurs églises. Les désordres devoient donc se multiplier de plus en plus; et il n'en résultoit aucun avantage, parce que cette marque de soumission au saint siége assuroit d'ordinaire aux accusés un jugement favorable, quelle qu'eût d'ailleurs été leur conduite. Dans le second cas, les affaires étoient jugées par des évêques que le pape avoit choisis dans chaque royaume pour le représenter, et plus souvent par des légats qu'il envoyoit de Rome, et pour lesquels il avoit plus de confiance. Ces prélats, défrayés par-tout où ils passoient, marchoient avec un faste à charge à toutes les églises : ils exerçoient leur despotisme, sans égard pour les usages dont ils ne daignoient pas s'instruire : encore arrivoit-il que les jugemens, qu'ils portoient à la tête du concile, n'étoient pas définitifs. Les parties qui se croyoient lésées pouvoient en appeler au pape, qui ne cherchoit qu'un prétexte pour juger par lui-même : il falloit donc encore faire le voyage de Rome. Ainsi l'église devenoit une espèce de monarchie, dans laquelle les évêques n'étoient que les sujets du pape, des courtisans intéressés à soutenir ses démarches, ou des ministres aveugles de ses volontés. Les églises particulières étoient ruinées par les dépenses auxquelles on les forçoit : les affaires étoient jugées par des commissaires, et l'intérêt du souverain pontife étoit la première loi. Celui qui refusoit de reconnoître ce nouveau tribunal étoit toujours condamné ; et le coupable, qui devenoit innocent par sa soumission seule, s'assuroit l'impunité à l'abri du saint siége. Ce n'est là qu'une légère idée des abus qui régnoient. Il faut lire sur ce sujet le quatrième discours de l'abbé Fleuri.

Comment les cardinaux s'élèvent.

C'est vers le temps de Grégoire VII que les cardinaux, qui n'étoient d'abord que des prêtres, des diacres, ou seulement des sous-diacres, commencèrent à s'élever au-dessus des évêques, et à avoir la plus grande part à l'élection des papes. Ce nom qu'on leur donnoit ne marquoit dans l'origine que l'union que des ecclésiastiques étrangers contractoient avec une église à laquelle ils s'attachoient (1), et il y avoit des cardinaux dans bien des églises; mais, comme les cardinaux Romains étoient souvent les légats du saint siége, ils en exercèrent toute l'autorité dans les lieux où ils étoient envoyés. C'est pourquoi les évêques se firent une habitude de leur obéir, s'accoutumant insensiblement à les regarder comme leurs supérieurs. Ce premier avantage leur en procura un autre; car, dès qu'ils occupèrent le premier rang, ils ne purent

---

(1) C'est l'explication que Giannone en donne, et elle peut être conforme aux usages des églises d'Italie. Cependant il y avoit, dès le second siècle, des prêtres qu'on nommoit cardinaux parce qu'ils desservoient les principales églises, et qu'ils étoient alors ce que sont aujourd'hui nos curés.

manquer d'avoir plus d'influence dans les affaires, et, par conséquent, dans l'élection des papes. Ils s'élèveront même encore, parce qu'il sera de l'intérêt du saint siége d'augmenter la considération de ses ministres; et nous les verrons se prétendre égaux aux rois, et supérieurs aux autres souverains.

Les écrivains ont jugé différemment de Grégoire. Je ne fouillerai pas dans son ame; mais il me paroît difficile de concilier avec un zèle sincère sa conduite et ses raisonnemens. Il falloit qu'il comptât beaucoup sur l'ignorance des peuples, ou qu'il fût bien ignorant lui même. On le met cependant au nombre des grands hommes, parce qu'on juge d'ordinaire ainsi lorsqu'on entrevoit quelque chose de grand. Or Grégoire en effet a causé de grands désordres. Il a vu que ses prédécesseurs s'étoient fait des droits en formant des prétentions, et il a formé des prétentions. Les Allemands se soulevoient contre leur souverain, et il les a armés : en un mot, il a trouvé de la confusion par-tout, et il l'a augmentée. Quel bien a-t-il fait ?

Grégoire VII n'a fait que du mal.

Il ne faut pas se faire illusion. Si les pa- *C'est sans connoître la politi-*

que que la cour de Rome s'est agrandie. pes ont réussi, c'est moins par leurs talens que par la foiblesse des rois, l'ignorance des évêques et l'imbécillité des peuples. Ils n'ont même jamais fait de plan d'usurpation : mais ils ont pris ce qu'on leur a laissé prendre, parce qu'on ne savoit rien contester. Ils ont fait ce que faisoient alors tous les seigneurs lorsqu'ils étoient les plus forts : ces seigneurs cependant n'étoient pas tous de grands hommes : les papes avoient seulement l'avantage d'être sur un plus grand théâtre, et c'est ce qui nous en impose.

Cela en imposoit à plus forte raison dans les siècles grossiers où ils s'agrandissoient. On crut voir la politique la plus profonde dans leur conduite; et, leur réputation ayant été faite à cet égard, on a continué de voir de la même manière; quoiqu'on eût pu remarquer que leur grandeur diminuoit à mesure que les lumières croissoient. Nous disons même encore, par habitude, que Rome est le centre de la politique; mais j'ai bien peur qu'elle ne soit aujourd'hui que le centre de quelques petites intrigues, propres, tout au plus, à couvrir d'une calotte rouge la tête d'un prélat ou d'un moine.

CHAPITRE II.

Jusqu'à la mort de Henri IV, empereur.

L'empereur, ayant levé le siége du château S. Ange, quitta l'Italie; et il se tint des conciles, qui n'étoient pas pour l'Allemagne un moindre fléau que les armées qui la ravageoient. Cependant Herman, forcé de céder, se retira en Saxe où il mourut; et Ecbert, marquis de Misnie, qui lui succéda, fut défait et perdit la vie. Les rebelles furent alors sans chefs; mais la guerre pouvoit toujours renaître parce que, si Henri savoit vaincre, il ne savoit pas gagner ses ennemis. *(Henri IV soumet l'Allemagne.)*

Victor III, monté sur le saint siége en 1086, l'occupa pendant quelques mois, et eut pour successeur Urbain II. L'un et l'autre renouvelèrent les excommunications contre Henri, et contre les laïcs qui donnoient l'investiture des bénéfices. En vain les esprits sages continuoient de distinguer *(Il repasse en Italie, où les troubles continuoient.)*

entre l'épiscopat et les biens des églises, ces deux papes, ne voulant point d'une distinction qui les eût désarmés, s'obstinoient à tout confondre. Ils eurent des troupes. L'antipape Clément III en eut également; et les deux partis s'enlevèrent tour-à-tour l'église de S. Pierre. Mais la puissance de Henri en Italie s'étant fort affoiblie par son absence, il y revint; et les avantages qu'il remporta ouvrirent Rome à Clément III.

Conrad, son fils aîné, se révolte. Cependant Conrad, fils aîné de Henri, corrompit les troupes avec l'argent qu'il reçut de la comtesse Mathilde. Il arma contre son père, se fit proclamer roi de Lombardie, et s'appuya des Normands, en épousant la fille de Roger, fils de Robert Guiscard. Urbain lui-même reçut ce fils dénaturé pour fils de l'église, et promit de l'aider de ses conseils et de ses secours pour l'élever à l'empire : il exigea seulement de lui qu'il renonçât aux investitures.

Des fléaux surviennent, et les prédicateurs persuadent aux peuples que Dieu les punit d'obéir à leur souverain légitime. Dans le même temps, la peste, la famine et des orages furent une occasion d'abuser de la crédulité des peuples. On leur persuada que le ciel se déclaroit contre eux, parce qu'ils obéissoient à un prince excommunié. Les chaires des prédicateurs retentirent du cri de la révolte, et les sujets coururent aux pieds des prêtres pour obtenir l'absolution du crime d'avoir obéi à leur légitime souverain. La révolution fut si subite et si générale, que Henri n'étoit plus en sûreté, ni en Allemagne, ni en Italie. Son unique ressource fut de se retirer dans une forteresse près des Alpes. Urbain cependant prêchoit une autre guerre qui devoit armer l'Europe contre l'Orient.

1095.

La Palestine ou Terre Sainte étoit sous la domination des khalifes Phatimites, qui toléroient l'exercice de la religion chrétienne dans leurs états, et qui, moyennant une certaine rétribution, souffroient les pélerinages que les Chrétiens d'occident faisoient au saint sépulcre : il y avoit même encore un patriarche à Jérusalem. Les Chrétiens cependant, exposés aux insultes d'un peuple qui croyoit les devoir haïr par principe de religion, gémissoient sous le joug des Musulmans, et demandoient depuis long-temps des secours aux princes de l'Europe. Pierre l'Hermite, gentilhomme de Picardie, devenu pélerin après avoir été ecclésiasti-

Occasion de la première croisade.

que, soldat, marié, et prêtre, entreprit le voyage de la Terre Sainte, à pieds nus et couvert de haillons, pour aller pleurer ses péchés sur le saint sépulcre. A son retour il fit une peinture si vive de l'état malheureux des Chrétiens en Judée, qu'Urbain forma le projet de les délivrer. Ainsi, pendant que Pierre alloit de cour en cour, prêchant aux princes de prendre les armes contre les infidelles, Urbain prêchoit la même chose dans des conciles : ils persuadèrent.

1095. Urbain II la prêche dans le concile de Clermont en Auvergne.

C'est dans le concile de Clermont en Auvergne que ce pape, après avoir prononcé contre Philippe une excommunication capable de causer une guerre civile en France, excita par un long discours les peuples à marcher contre les Musulmans de la Palestine. Tous ceux qui s'enrôlèrent mirent sur leurs épaules une petite croix de drap rouge : ce qui les fit nommer croisés. Il fut arrêté qu'en considération des fatigues et des périls auxquels ils alloient s'exposer, ils seroient absous de leurs péchés, et dispensés de toute œuvre pénale; mais qu'ils seroient excommuniés s'ils ne remplissoient pas l'engagement qu'ils avoient contracté. Il ne fut donc plus possible ce reculer. On ne mit pas en question si la guerre étoit juste, on n'y songea seulement pas; et cela n'étoit plus nécessaire, puisqu'on se trouvoit entre l'excommunication et l'absolution. Il auroit au moins fallu songer aux moyens de la faire avec succès, en choisissant des chefs, et en établissant quelque discipline. Mais Urbain, dont la guerre n'étoit pas le métier, crut qu'il suffisoit d'armer les peuples, et de les envoyer en Asie. Il n'avoit pas tenu à Grégoire d'être encore plus imprudent ; car il avoit déjà conçu le projet d'une croisade; il s'étoit assuré de cinquante mille hommes, et il les eût commandés lui-même si les affaires d'Allemagne lui avoient permis de penser à des conquêtes en Asie.

L'absolution des péchés, et l'exemption des œuvres pénales, qui servit de solde aux croisés, fut ce qu'on nomma indulgence plénière, chose jusques alors sans exemple. « De tout temps, dit l'abbé Fleuri, l'église
» avoit laissé à la discrétion des évêques
» de remettre quelque partie de la péni-

L'indulgence plénière, nouvellement inventée, est la solde des croisés.

» tence canonique, suivant la ferveur des
» pénitens et les autres circonstances: mais
» on n'avoit point encore vu qu'en faveur
» d'une seule œuvre le pécheur fût dé-
» chargé de toutes les peines temporelles
» dont il pouvoit être redevable à la justice
» de Dieu. Depuis plus de deux siècles les
» évêques avoient beaucoup de peine à sou-
» mettre les pécheurs aux pénitences ca-
» noniques; on les avoit même rendues
» impraticables, en les multipliant selon
» le nombre des péchés, d'où étoit venue
» l'invention de les commuer pour en ra-
» cheter des années entières en peu de
» jours. Or, entre les commutations de pé-
» nitence, on employoit depuis long-temps
» les pélerinages de Rome, de Compostelle
» ou de Jérusalem, et la croisade ajoutoit
» les périls de la guerre.

» Les nobles, qui se sentoient pour la
» plupart chargés de crimes, s'estimèrent
» heureux d'avoir pour toute pénitence leur
» exercice ordinaire, qui étoit de faire la
» guerre, avec espérance, s'ils étoient tués,
» de la gloire du martyre. Auparavant, une

» partie de la pénitence étoit de ne point
» porter les armes, et de ne point monter à
» cheval : ici, l'un et l'autre étoit non seu-
» lement permis, mais commandé ; en sorte
» que les croisés changeoient seulement
» d'objets, sans rien changer en leur ma-
» nière de vie. La noblesse entraînoit le
» petit peuple, dont la plupart étoit des
» serfs attachés aux terres, et entièrement
» dépendans de leurs seigneurs ; et plu-
» sieurs sans doute aimoient mieux les
» suivre dans ce voyage que de demeurer
» chez eux occupés à l'agriculture et aux
» métiers. »

Ces réflexions de l'abbé Fleuri vous préparent à comprendre comment vont se former des armées innombrables. On croira
qu'il suffit de marcher à la Terre Sainte
pour assurer son salut. Non seulement les
laïcs se croiseront ; mais encore des moines,
des prêtres, des évêques, des femmes, et
même des religieuses. Nous verrons par
quelles œuvres ces hordes de Chrétiens ga-
gneront l'indulgence plénière.

Depuis plusieurs siècles on croyoit de
bonne foi qu'on peut et qu'on doit même

répandre la religion par les armes. Il ne faut donc pas s'étonner si une guerre, entreprise pour recouvrer les saints lieux, a paru juste, pieuse et méritoire. L'usage, qui paroît autoriser les abus jusques dans les siècles éclairés, doit nous rendre indulgens pour nos pères, qui vivoient dans des temps de ténèbres. S'ils ont eu des préjugés, n'en avons-nous pas? Et n'avons-nous pas besoin de l'indulgence de la postérité? Y a-t-il si long-temps que nous avons nous-mêmes ouvert les yeux sur l'abus des croisades? Et n'a-t-on pas cru jusqu'à nos jours que la religion est intéressée à défendre ces sortes de guerres? Tel est le sort des préjugés : ils s'établissent dans des temps d'ignorance, ils durent encore lorsque la lumière a dissipé les ténèbres, et il faut des siècles pour les détruire.

{1096. Premières expéditions des croisés.} La guerre commença par des brigandages, que commirent en Hongrie et en Bulgarie quatre-vingt mille hommes qui marchoient sous les ordres de Pierre l'Hermite et de Gautier *Sans-avoir :* mais ils furent presque tous exterminés par les Chrétiens, sur qui ils avoient voulu faire l'essai de leurs armes; et les deux chefs n'en sauvèrent qu'un petit nombre, avec lequel ils vinrent camper aux environs de Constantinople. Les Hongrois, voyant ensuite arriver une autre multitude de pélerins qui portoient des croix rouges, les prirent à ce signe pour des brigands; et sans autre examen ils les massacrèrent. Cette troupe étoit conduite par un prédicateur Allemand. Deux cent mille hommes, sans chef, marchèrent sur les traces de ces premiers. Ils égorgèrent les Juifs qu'ils trouvèrent à Mayence, à Cologne, à Worms, etc., et gagnèrent les indulgences en Hongrie, où ils périrent comme ceux qui les avoient précédés. Voilà les expéditions de la première année.

L'Asie mineure fut le tombeau des croisés qui étoient arrivés jusqu'à Constantinople. Un nommé Rainaud, qui étoit à la tête d'une troupe d'aventuriers Allemands et Lombards, en fit bientôt des martyrs ou des esclaves; et, renonçant lui-même aux indulgences, il embrassa le mahométisme pour conserver ses jours. Cautier Sans-avoir ayant perdu la vie dans un combat, les Turcs passèrent au fil de l'épée tous ceux qui l'avoient suivi, réservant seulement pour leurs sérails les enfans, les jeunes filles et les religieuses. Enfin Pierre, avec le secours des généraux de l'empereur Grec, reconduisit à Constantinople les débris de sa horde, c'est-à-dire, trois mille hommes.

<small>Autre expédition dont les chefs sont des seigneurs qui ont engagé leurs domaines.</small> Cependant plus de quatre cent mille hommes étoient arrivés à Constantinople. A en juger par les noms, ce ne sont pas des aventuriers qui les commandent. Ils ont pour chefs Godefroi de Bouillon, duc de Lorraine; Raimond, comte de Toulouse; Robert, comte de Flandre; Robert, duc de Normandie; Étienne, comte de Chartres et de Blois; Hugues, frère de Philippe; Boémond, fils de Robert Guiscard; Adhémar, évêque du Puy, que le concile de Clermont avoit nommé chef de cette entreprise, et une multitude d'autres seigneurs.

Pour fournir aux frais de ce pélerinage, Robert, duc de Normandie, et fils aîné de Guillaume le Conquérant, engagea son duché à son frère Guillaume II, qui lui avoit déjà enlevé l'Angleterre. Les autres, pour la plupart, avoient aussi engagé leurs domaines, et plusieurs même les avoient vendus; abandonnant les états qu'ils avoient en Europe, pour en aller fonder d'autres en Asie. On eût dit que ces héros, comme Alexandre, ne se réservoient que l'espérance : ils ne lui ressembloient qu'en cela. C'étoit ordinairement le clergé qui achetoit les terres qu'on vendoit pour entreprendre cette guerre de religion.

Quelques-uns de ces seigneurs, n'ayant rien, profitoient du délire général pour réaliser leurs espérances. Tel étoit Boémond à qui les états de Robert Guiscard auroient dû appartenir : mais Roger son frère s'en étoit rendu maître.

Alexis Comnène, attaqué tout-à-la-fois en Asie par les Musulmans, et en Europe par les Tartares, avoit demandé du secours au pape; et, ses ambassadeurs s'étant trouvés à Plaisance quand on s'occupoit d'une croisade, il paroissoit avoir trouvé en Occident les dispositions qu'il souhaitoit. Mais il fut alarmé lorsqu'il vit ses états inondés d'une si grande multitude sans discipline. Il craignoit que Boémond, qui lui avoit déjà fait la guerre, ne portât ses vues

Alexis Comnène, empereur de Constantinople, se hâte de faire passer les croisés en Asie.

sur le trône de Constantinople : il connoissoit d'ailleurs l'ambition des papes, leur jalousie contre le patriarche Grec, et les droits qu'ils s'arrogeoient sur les royaumes schismatiques. En effet les croisés se conduisirent comme en pays ennemi ; ils commirent toutes sortes de désordres. L'évêque du Puy vouloit même que l'on commençât par le siége de Constantinople, et Boémond appuya cet avis : mais Alexis fut assez habile pour détourner l'orage dont il étoit menacé. Il engagea même les croisés à lui prêter hommage pour toutes les terres qu'ils conquerroient ; et il se hâta de leur fournir les moyens de passer en Asie. L'armée étoit alors de cent mille hommes de cheval, et de six cent mille hommes de pied, en comptant les femmes pour des hommes. C'étoit beaucoup plus qu'il ne falloit pour conquérir l'Asie mineure, la Syrie et l'Égypte, si dans cette multitude il y eût eu de la discipline, des soldats et des généraux.

Siége de Nicée, qui se rend à l'empereur Alexis. On commença la guerre par le siége de Nicée. Cette place fit une si grande résistance, que les assiégeans, rebutés, parloient de se retirer. Cependant on fit de nouveaux efforts : la brèche fut ouverte; et on alloit donner l'assaut, lorsqu'un officier d'Alexis, ayant persuadé aux habitans de se rendre à son maître, enleva cette conquête aux croisés.

1097.

Kilidge Arslan régnoit alors dans l'Asie mineure. Il avoit perdu une bataille pendant le siége. Il en perdit encore une ; et, considérant alors que ces Européens n'avoient pas dessein de s'établir dans ses états, il prit le parti de ne plus s'opposer à leur passage.

Kilidge Arslan, battu deux fois, cesse de s'opposer au passage des croisés.

On s'apperçut bientôt que les croisés se divisoient par des vues particulières, et que chacun d'eux, songeant à former quelque part de nouveaux établissemens, la Terre Sainte n'étoit plus que le prétexte de la guerre. Ils s'engagèrent imprudemment dans des chemins où la disette d'eau et de vivres en fit mourir un si grand nombre, que, lorsqu'ils arrivèrent près d'Antioche, l'armée étoit réduite à moins de la moitié.

La plus grande partie de leur armée périt dans les chemins.

Il y avoit neuf mois qu'on assiégeoit cette place, lorsqu'on pouvoit s'en rendre maître par les intelligences que Boémond s'étoit ménagées : mais il vouloit aupara-

Siége d'Antioche.

vaut qu'on promît de la lui céder; et le comte de Toulouse, qui la vouloit pour lui-même, s'y opposoit. Cependant l'armée diminuoit tous les jours par les maladies qu'occasionnoient les pluies, la chaleur et la famine. Un grand nombre de croisés, las de souffrir, s'étoit déjà même retiré, et un des généraux du sultan de Perse amenoit deux cent mille hommes au secours d'Antioche. Il fallut donc accorder à Boémond tout ce qu'il vouloit, malgré les oppositions du comte de Toulouse, et la ville fut prise : mais il restoit à forcer la citadelle, et à se défendre contre les Perses.

Les croisés, tout-à-la-fois assiégeans et assiégés, se trouvèrent dans la plus cruelle situation : ils manquoient de tout. Des chefs même abandonnèrent l'entreprise, et Pierre l'Hermite fut des premiers à prendre la fuite.

Fraude pieuse. Alors un prêtre, nommé Pierre Barthélemy, publia que Jésus-Christ lui avoit révélé que, si les Chrétiens passoient trois jours dans le jeûne et dans la prière, ils trouveroient le fer de la lance qui lui avoit percé le côté ; que par ce fer ils seroient vainqueurs des ennemis. Les croisés qui manquoient de vivres n'eurent pas de peine à jeûner, et Barthélemy n'en eut pas davantage à leur faire trouver un fer. Cependant les chefs profitèrent de la confiance que cette fraude pieuse rendit aux soldats, et les Perses furent vaincus.

Cette conquête ouvrit la Syrie aux croisés, qui, après s'être assurés de plusieurs villes, vinrent mettre le siége devant Jérusalem. Ils forcèrent cette place le quarantième jour, égorgèrent tous les Musulmans sans distinction d'âge ni de sexe, cherchèrent jusques dans les souterrains ceux qui se déroboient à la mort, et se rendirent à pieds nus au saint sépulcre.

Godefroi de Bouillon fut élu roi de Jérusalem ; mais le légat d'Aimbert, choisi pour patriarche, voulant cette ville pour lui, prétendit qu'elle devoit être donnée à Dieu ; et en effet il fallut la donner à d'Aimbert. Il ne resta presque à Godefroi qu'un titre, pour lequel encore il voulut recevoir l'investiture des mains du patriarche. Il est à remarquer que les croisés n'eurent point d'égard aux droits des évéques qu'ils trouvèrent dans les villes conquises, et qu'ils ne se souvinrent pas non plus des engagemens qu'ils avoient contractés avec Alexis. Les seigneurs qui n'eurent point de principauté en Asie repassèrent en Europe, et Godefroi resta avec trois cents chevaux et deux mille hommes d'infanterie. C'étoit bien peu pour se soutenir; mais la Syrie étoit divisée entre plusieurs souverains Musulmans, qui n'étoient pas moins ennemis les uns des autres qu'ils l'étoient des Chrétiens. Cette division avoit facilité les succès des croisés; et ces succès avoient répandu une consternation qui les faisoit paroître redoutables malgré leur foiblesse.

Urbain mourut avant d'avoir su la prise de Jérusalem, et après avoir vu Henri se relever. Ce prince avoit des ressources dans l'adversité; et, sans son humiliation à Canosse, on auroit pu dire qu'il ne s'est jamais abattu. Une partie des peuples avoit ouvert les yeux, et plusieurs vassaux étoient revenus à lui; mais le clergé s'opiniâtroit dans la révolte. Henri néanmoins sut si bien manier les esprits dans une diète qui se tint à Mayence, que l'archevêque de cette ville fut déposé parce qu'il osoit encore soutenir le parti des rebelles. Dans une autre diète, tenue à Aix-la-Chapelle, Conrad fut déclaré inhabile à succéder à l'empire; et Henri, second fils de l'empereur, fut élu roi des Romains. Il jura de ne jamais prendre les armes contre son père : précaution bien étonnante, et qui devint inutile.

L'empereur parcourut ensuite l'Allemagne, visitant les places, rendant la justice, établissant des tribunaux, et faisant des lois pour rétablir l'ordre autant que les circonstances pouvoient le permettre.

Une source des désordres étoit l'abus que le clergé faisoit de son autorité. Comme il s'étoit attribué à lui seul le droit de juger les clercs, il les laissoit jouir de l'impunité, ou il ne les condamnoit qu'à des peines légères pour les plus grands crimes; et les laïcs étoient exposés aux excès de ces hommes, qui pouvoient tout et ne redoutoient rien. Henri fit un réglement qui comprenoit trois articles; le premier, que les ecclésiastiques, accusés d'un crime capital seroient jugés par un tribunal composé d'évêques et de seigneurs de la province; le

Mais ses soins, pour achever de rétablir l'ordre, soulèvent encore le clergé.

second, que les affaires ecclésiastiques, qui intéressoient tout le peuple, seroient immédiatement portées à ce tribunal; le troisieme, que, sans le consentement des états de la province, personne ne pourroit appeler à la cour de Rome, quand même il y seroit cité par le pape. Une loi aussi juste et aussi sage souleva les évêques et les abbés, qui s'adressèrent à Pascal II, successeur d'Urbain, et l'exhortèrent à la casser.

Pascal l'excommunie. Clément III étoit mort en 1100, après avoir été chassé par les armes de Pascal; et trois autres antipapes s'étoient succédés, et n'avoient fait que paroître. Le schisme étoit donc fini, et Pascal maître du saint siége, songeoit à marcher sur les traces de Grégoire et d'Urbain. Il perdit un appui en 1101 par la mort de Conrad: mais, comme il en trouvoit un puissant dans les dispositions du clergé d'Allemagne, il renouvela toutes les excommunications portées contre l'empereur.

Il porte Henri V à se révolter contre son père. Cet anathême fit alors peu d'impression sur les seigneurs allemands: mais Henri, qui connoissoit le pouvoir de ces censures sur des esprits portés à la rebellion et au fanatisme, entreprit d'en détourner les effets en publiant qu'il vouloit céder l'empire à son fils, et marcher lui-même au secours des Chrétiens de la Palestine. Ce dessein lui gagnoit déjà l'affection des peuples, et même encore d'une partie du clergé; et tout étoit tranquille lorsque le roi Henri se hâta de prendre les armes à la sollicitation de Pascal, qui l'exhortoit à secourir l'église, c'est-à-dire, à se révolter contre son père. Ce prince, soutenu par plusieurs seigneurs, se fit reconnoître dans la Saxe, et déclara dans un concile qu'il se soumettoit au saint siége, et qu'il étoit prêt de quitter les armes, si son père vouloit s'y soumettre.

L'empereur, ne voulant pas attendre que la révolte prît de nouvelles forces, convoqua une diète à Mayence, pour juger entre son fils et lui : le roi des Romains para ce coup. Comme il craignoit que cette assemblée ne lui fût pas favorable, il feignit de rentrer dans le devoir, allant à son père avec confiance, et le priant, les larmes aux yeux, d'oublier le passé. L'empereur trompé se livra à son fils, qui, l'ayant enfermé dans le château de Bingenheim, le fit déposer à Mayence. Ce malheureux prince, échappé de sa prison, trouva des sujets fidelles à Cologne et à Liége, même parmi le clergé, qui combattit les prétentions de Rome. Il avoit une armée; plusieurs seigneurs de l'empire étoient indignés de la conduite de son fils, et il pouvoit s'attendre à une révolution favorable, lorsqu'il mourut à Liége dans la cinquante-sixième année de son âge, et dans la cinquante-deuxième de son règne.

CHAPITRE III.

De l'Angleterre, de la France, de l'Allemagne et de l'Italie, jusqu'à la seconde Croisade.

GUILLAUME II, qui avoit tous les vices de son père, sans en avoir les vertus, étant mort en 1100, Henri Ier, troisième fils de Guillaume le Conquérant, profita de l'absence de Robert, son frère aîné, pour monter sur le trône d'Angleterre. Robert, à son retour, ayant fait de vains efforts pour recouvrer cette couronne, n'y songeoit déjà plus lorsque Henri lui déclara la guerre, lui enleva la Normandie, le fit prisonnier, et l'enferma dans un château pour le reste de ses jours.

Henri premier, roi d'Angleterre.

Les investitures troublèrent aussi l'Angleterre. Anselme, archevêque de Cantorberi, qui soutenoit hautement les prétentions de l'église, défendit de recevoir du roi les investitures; et Henri, qui fit saisir les

Il renonce aux investitures qui lui sont contestées par Anselme, archevêque de Cantorberi.

revenus de cet archevêque, fut sur le point d'être excommunié par le pape Pascal : mais, après une contestation d'environ trois ans, Anselme consentit que les prélats fissent hommage au roi, et ce prince se désista du droit de les investir.

Louis VI donne l'investiture de la Normandie à Cliton, fils de Robert.

Louis le Gros, roi de France, qui voyoit avec inquiétude la puissance du roi d'Angleterre, donna l'investiture de la Normandie à Guillaume Cliton, fils de Robert, à qui au moins ce duché appartenoit. Ce fut le sujet d'une guerre dont les succès furent variés. Elle fut suspendue, elle recommença à plusieurs reprises jusqu'à la mort de Cliton, et elle continua encore, quoique plus foiblement, jusqu'à celle de Henri, arrivée en 1135. Deux ans après le roi de France mourut, lorsque Louis son fils épousa Eléonore, qui lui apportoit en dot le duché de Guienne, un des plus grands domaines de la France.

1137.

Etienne, comte de Boulogne, est fait roi d'Angleterre, au préjudice de Mathilde.

Il y avoit plusieurs années que Henri avoit fait prêter serment à Mathilde, sa fille unique, à qui il fit ensuite épouser Geoffroi Plantagenet, comte d'Anjou. Ce prince étoit fils de Foulques, qui avoit abandonné ses états pour aller prendre possession de la couronne de Jérusalem.

Cependant les Normands et les Anglais mirent sur le trône Étienne, comte de Boulogne, petit-fils par sa mère de Guillaume le Conquérant. Ils oublièrent leur serment, parce qu'ils préférèrent un souverain auquel ils pouvoient faire la loi. En effet, Étienne assura par une charte les privilèges de la nation, et les immunités du clergé : priviléges et immunités qui seront la cause de bien des troubles ; car le peuple voudra les conserver, les rois tenteront de les abolir, et les esprits seront toujours dans une méfiance réciproque.

Etienne ne tarda pas à l'éprouver. Les seigneurs se plaignirent qu'il ne remplissoit pas ses engagemens ; ils prirent les armes ; et le roi d'Écosse fit une irruption dans le Nord pour soutenir les droits de Mathilde : c'étoit au moins son prétexte.

Le roi d'Angleterre, actif et courageux, fit face à tous ses ennemis : il vainquit, et ses succès paroissoient lui promettre quelque repos lorsque, considérant les richesses, les troupes et les châteaux fortifiés des ec-

Vainqueur de ses ennemis, il tente d'abaisser le clergé, qui le fait déposer.

clésiastiques, il entreprit d'abaisser le clergé, pour n'avoir pas à le craindre : mais il fut cité dans un synode par un de ses sujets, l'évêque de Winchester, légat du pape; et, sur le refus qu'il fit de comparoître, la révolte devint si générale, qu'il fut déposé et mis aux fers.

Mathilde, qui ne ménage pas l'évêque de Winchester, est chassée, et Etienne rétabli.

Mathilde, qui sut profiter de cette conjoncture, monta sur le trône, fit bientôt des mécontens, et eut sur-tout l'imprudence de ne pas ménager l'évêque de Winchester. Ce prélat changea donc tout-à-coup : avec quelques excommunications prononcées contre les partisans de cette princesse, il rétablit Etienne, et Mathilde repassa la mer. Pendant ces troubles de l'Angleterre, la France avoit été assez tranquille sous Louis VII : il n'y avoit eu qu'une petite guerre, dans laquelle les troupes du roi ayant brûlé une église, ce prince crut ne pouvoir expier le péché de ses soldats qu'en faisant vœu d'aller brûler quelques mosquées en Palestine : il se préparoit donc à cette sainte expédition.

1147. La question des Investitures continuoit de trou-

Cependant l'Allemagne et l'Italie offroient toujours les mêmes scènes. Henri V, assuré sur le trône, se hâta de promettre une obéissance filiale au pape. Ce n'étoit pas promettre beaucoup de sa part : aussi ne songea-t-il qu'à faire valoir ses droits. Lorsqu'il apprit que Pascal renouveloit dans des conciles la défense aux laïcs de donner les investitures, il arma et passa les Alpes. Le pape mit dans ses intérêts Richard II, prince de Capoue; et Roger II duc de la Pouille et de la Calabre.

Il paroît qu'en 1095 Philippe Ier., roi de France, abandonna la solemnité de la crosse et de l'anneau, afin de se soustraire aux anathêmes qu'Urbain II renouvela contre les investitures, dans le concile de Clermont en Auvergne : mais, en renonçant à cette cérémonie, les rois de France ne perdirent rien de leurs droits ; car on ne pouvoit prendre possession d'un bénéfice qu'en vertu d'un brevet qui tenoit lieu d'investiture. Les évêques, qui avoient des fiefs continuoient de rendre hommage ; et ceux qui n'en avoient pas prêtoient serment de fidélité : Urbain même parut s'être prêté à cet accommodement. Pascal II se montra plus difficile ; confondant l'église avec les biens temporels dont elle jouit, il trouvoit que les investitures rendoient la mort de Jésus-Christ tout-à-fait inutile. Car, disoit-il, il est mort pour racheter son église, pour lui rendre la liberté : or elle est dans la servitude si un évêque ne peut pas être élu sans le consentement de l'empereur, et s'il doit être investi par la crosse et par l'anneau. C'est-à-dire, selon ce pontife; que l'église ne peut être libre qu'autant que les évêques cesseront d'être sujets, et que, parce qu'ils sont indépendans du souverain dans le spirituel, ils doivent l'être dans tout le reste.

Fausse démarche de ce pontife.

Pascal prétendoit plus encore : il soutenoit que les évêques dérogeoient à leur caractère lorsqu'ils prêtoient serment de fidélité à leur souverain légitime, parce que leurs mains, consacrées au corps de Jésus-Christ, se souilloient entre les mains ensanglantées des princes laïcs. Il se préta néanmoins à un accommodement bien étrange ; car, Henri V ayant renoncé au droit d'investir les évêques et les abbés, il renonça pour le clergé d'Allemagne aux régales. On comprenoit alors sous ce nom tous les domaines qui doivent hommage, et tous les priviléges des feudataires. En conséquence il ordonna aux évêques et aux abbés de rendre à l'empereur les duchés, les comtés, les marquisats, les châteaux, les monnoies, les justices, etc. C'étoit les ruiner : mais Pascal n'étoit pas fâché de les sacrifier à ses prétentions. Il me paroît qu'il s'aveugloit sur ses vrais intérêts ; car la ruine du clergé d'Allemagne n'étoit certainement pas une chose avantageuse au saint siége.

Après ces préliminaires, Henri vint à Rome ; jugeant qu'il gagnoit assez, si le traité avoit lieu ; et qu'il rentreroit dans ses droits, s'il n'étoit pas exécuté. La cérémonie du couronnement étoit le moment critique où l'on devoit s'expliquer, et le traité alloit être bientôt conclu ou rompu.

Les évêques d'Allemagne s'opposèrent à un traité où l'on disposoit de leurs biens : ils conseillèrent à l'empereur de faire arrêter le pape, qui ne le vouloit plus couronner ; et Pascal fut saisi avec ses cardinaux, et emmené hors de Rome.

Pascal, saisi, cède les investitures à l'empereur.

Il fallut se rendre aux menaces d'un prince, dont on connoissoit le caractère violent. Le pape rendit donc les investitures à l'empereur, jura de ne jamais l'inquiéter à ce sujet, de ne prononcer jamais anathême contre lui, de l'aider de bonne foi à conserver sa couronne; et il donna une bulle pour servir de titre à la concession qu'il lui faisoit. Henri rendit la liberté à ses prisonniers, et retourna en Allemagne.

Plusieurs conciles annullent cette cession.

Aussitôt un concile, tenu à Rome, annulle la bulle comme extorquée. Le même jugement est ensuite confirmé dans deux autres, qui s'assemblent à Latran. On déclare que c'est une hérésie de croire aux investitures données par les laïcs ; et on agite même, comme une question, si le pape qui les a accordées n'est pas hérétique. Pascal approuva tout, excepté cette dernière question. D'ailleurs fidelle à ses sermens, il ne permit pas à ces conciles de prononcer anathême contre l'empereur ; mais il approuva que d'autres où il n'étoit pas, l'eussent excommunié. C'est ainsi qu'il l'aidoit de bonne foi à conserver sa couronne.

Nouveaux troubles.

Ces excommunications produisirent leur effet, c'est-à-dire, des révoltes ; et elles mirent Henri dans la nécessité de terminer cette longue querelle. C'est à quoi il réussit sous le pontificat de Calixte II, qui avoit succédé à Gélase II, successeur de Pascal. Je passe sur bien des circonstances; mais la conclusion va vous faire connoître ce que c'étoit que la politique tant vantée des Romains.

Pour peu que les disputes durent, ou même souvent sans qu'elles lurent, on fait de mauvais raisonnemens, et, perdant de vue l'état de la question, on oublie le principal, pour s'arrêter sur des accessoires.

Comment la question des investitures est terminée.

Il y avoit deux choses à considérer; l'une, l'investiture en elle-même, que Grégoire, Victor et Urbain avoient absolument condamnée; l'autre, la cérémonie avec laquelle elle se faisoit, et qui consistoit à donner la crosse et l'anneau comme symbole de la dignité. Or Pascal, considérant cette cérémonie, crut avoir trouvé un argument sans réplique : car, disoit-il, celui qui donne le symbole d'une puissance ecclésiastique donne la puissance ecclésiastique même ; il paroît au moins y prétendre. L'empereur usurperoit donc sur le sacerdoce, s'il donnoit l'investiture d'un bénéfice ; et peut-on penser, sans être hérétique, qu'un laïc puisse jouir d'un pareil droit ?

Ce mauvais raisonnement, qu'on ne cessa de répéter comme victorieux, trompa Calixte II, qui ne vit plus dans les investitures que la cérémonie de la crosse et de l'anneau. Cette erreur fut heureuse : car l'empereur, voyant qu'on s'arrêtoit à la crosse et à l'anneau, fit offrir au pape de renoncer à cette cérémonie, et de ne donner désormais les investitures qu'avec le sceptre. Calixte crut avoir tout gagné : il félicita Henri de son obéissance à l'église : ses légats le reçurent à la communion : on donna l'absolution à tous ceux qui avoient eu part au schisme ; et le traité qu'on fit fut confirmé dans le concile de Latran, tenu l'année suivante.

Cependant, par ce traité, on reconnoissoit que les abbés et les évêques seroient élus en la présence de l'empereur : qu'ils seroient investis par le sceptre ; et qu'ils seroient tenus à remplir tous les services des fiefs. Henri conservoit donc les principaux droits qu'on lui avoit auparavant contestés ; et il sembloit qu'on n'eût disputé jusqu'alors que sur les mots de crosse et d'anneau. Il est assez singulier de voir se terminer de la sorte un démêlé qui duroit depuis plus de cinquante ans, et qui avoit causé tant de désordres dans l'église et dans l'empire.

Quoiqu'il fût temps de mettre fin à cette malheureuse dispute, on reproche à Henri V d'avoir fait un traité honteux. Je ne vois pas pourquoi, à la vérité, il consentit à laisser aux chapitres l'élection libre des évêques et des abbés; mais auparavant il ne nommoit proprement ni aux évêchés, ni aux abbayes. Il n'en disposoit que parce qu'étant présent aux élections par lui-même ou par ses envoyés, il déterminoit les suffrages. Or elles se feront encore en sa présence, les élus tiendront encore de lui les fiefs, ils seront tenus à l'hommage; à tous les services de feudataires, sous peine de perdre leurs fiefs : avec de l'adresse, il pourra donc disposer des bénéfices comme auparavant. Cependant Calixte II a abandonné les prétentions de Grégoire VII, de Victor III, d'Urbain II et de Pascal II. Car enfin il n'est pas douteux que, sous prétexte de la vaine cérémonie de la crosse et de l'anneau, tous ces papes avoient voulu enlever aux empereurs le droit d'investir les ecclésiastiques; et c'étoit pour se mettre à l'abri de leurs censures que Philippe Ier. avoit eu la sagesse de renoncer à cette cérémonie. Heureusement Calixte II n'eut pas la même politique qu'eux. Jaloux de terminer cette vieille querelle, il prit la question dans son véritable sens, et il a montré plus de bonne foi que ses prédécesseurs.

1125.
Lothaire succède à Henri V.
Henri étant mort deux ans après, les Allemands, qui ne vouloient pas que l'empire devînt héréditaire, refusèrent leurs suffrages à ses neveux, Frédéric et Conrad, et donnèrent la couronne à Lothaire II, comte de Supplembourg. Les deux princes exclus eurent néanmoins assez de partisans pour exciter une guerre civile: heureusement elle ne fut pas longue, et ils se désistèrent. L'Italie n'étoit pas sans troubles.

1124.
Schisme à Rome.
Calixte eut tout-à-la-fois deux successeurs, Célestin II, qui fut bientôt abandonné, et Honorius II, qui resta maître du saint siége.

De toute la race de Tancrède de Hauteville, il ne restoit plus en Italie que Roger II, comte de Sicile, qui, en 1112, avoit joint à ses états la principauté de Capoue, et le duché de la Pouille, et qui, quelques années après, se fit couronner roi.

Honorius II fait marcher une croisade contre un prince chrétien.

Vers le même temps Boémond étoit mort prince d'Antioche, laissant un fils du même nom, qui succéda à sa principauté, et une fille qu'il recommanda à Tancrède son neveu, un des héros de la Terre Sainte.

Roger n'ayant pas demandé l'investiture, Honorius l'excommunia jusqu'à trois fois : mais il semble que les excommunications étoient moins redoutables quand on les voyoit de près : car le pape fut obligé de faire marcher une armée contre ce prince. Roger se tint sur la défensive, sachant que les armées du saint siége se dissipoient aussi facilement qu'elles s'assembloient : en effet, les mauvais temps refroidirent le zèle des soldats, et le pape se trouva sans troupes, quoiqu'il eût promis la rémission de tous péchés à ceux qui mourroient dans cette expédition, et la moitié de l'indulgence à ceux qui n'y mourroient pas : on se contenta de cette moitié.

Voilà la première croisade contre un prince chrétien. Lorsque les princes de l'Europe se croisoient peu auparavant contre les infidelles, ils ne prévoyoient pas qu'on se croiseroit si tôt contre eux. Mais les papes, jaloux des intérêts du saint siége, savent profiter de tous les moyens qui se présentent. Ce nouvel abus des indulgences causera de grands désordres.

<small>Schisme à Rome.</small> Après la mort d'Honorius, il y eut encore deux papes, Anaclet II, qui resta maître du saint siége, parce qu'il eut pour lui le peuple, et Innocent II, qui se retira en <small>1130.</small> France, où S. Bernard le fit reconnoître dans un concile. Ce saint lui ménagea même la protection de Lothaire; et ce prince, deux ans après, vint à Rome, mit Innocent sur la chaire apostolique, reçut de lui la couronne impériale, et repassa les Alpes.

<small>Ce schisme occasionne une guerre.</small> Cependant Anaclet étoit reconnu et soutenu par le roi de Sicile; qui avoit reçu de lui une investiture plus étendue que d'aucun autre pape; car elle comprenoit même le duché de Naples, qui appartenoit encore

aux empereurs d'Orient. Innocent fut donc forcé de céder une seconde fois, et Lothaire revint en Italie pour le rétablir, et pour enlever la Pouille et la Calabre au roi de Sicile. Des succès rapides avoient soumis plusieurs provinces à l'empereur, lorsque la prise de Salerne fut le sujet d'une contestation entre lui et le pape, qui prétendoit que cette ville appartenoit au saint siége. Lothaire, moins vif pour les intérêts d'Innocent, songea à retourner en Allemagne, et confia le soin de ses conquêtes au duc Rainolfe : il mourut en chemin.

Tout changea : Roger reparut avec la victoire; il reprit toutes les provinces qui lui avoient été enlevées : Naples même se soumit; et le pape, qui avoit osé se mettre à la tête d'une armée, fut fait prisonnier. Touché de la manière dont il fut traité par son vainqueur, il lui donna l'absolution, et l'investit du royaume de Sicile. Le schisme même finit : car Victor IV, qui avoit succédé à Anaclet, se désista volontairement.

Conrad III, duc de Franconie, et neveu de Henri V, ayant succédé à Lothaire, se

Innocent II et Roger de Sicile suscitent une guerre contre

Conrad III, successeur de Lothaire.

plaignit du traité que le roi de Sicile venoit de faire avec le pape, parce qu'il pensoit que les états de ce prince devoient relever de l'empire. Innocent et Roger craignirent qu'il ne portât ses armes en Italie: pour l'en détourner, ils suscitèrent une guerre civile en Allemagne, et donnèrent des secours à Welf, ou Guelphe, qui avoit des droits sur la Bavière et sur la Saxe: mais, après plusieurs combats, le duc de Guelphe, retiré dans un château fut contraint

1140.

de se rendre à discrétion. La duchesse, qui craignit les effets du courroux de l'empereur, fit demander un sauf-conduit pour elle et pour toutes les femmes, avec permission d'emporter ce qu'elles jugeroient à propos; et, la chose étant accordée, elles sortirent chargées de leurs maris, comptant les soustraire par cette ruse à la colère de Conrad. Une action si généreuse n'empêcha pas les généraux de conseiller de punir les rebelles; mais Conrad pardonna, faisant une paix sincère avec les maris, et comblant les femmes d'éloges.

Troubles à Rome où les nobles se soulèvent contre le pape.

Innocent, mort en 1143, eut pour successeur Célestin II, qui mourut cinq mois, après avoir été élu, et Luce II, qui ne survécut pas une année entière à son élection. Sous ce dernier pontificat, les Romains entreprirent de rétablir la république, signifiant au pape qu'un prêtre ne devoit pas s'ingérer dans le gouvernement de l'état; et on prétend que Luce fut tué d'un coup de pierre, lorsqu'il commandoit lui-même ses troupes contre les sénateurs. Eugène III, qui lui succéda, soumit le peuple avec des soldats et des excommunications. Toute l'Italie fut alors tranquille: l'Allemagne l'étoit encore, et le pape profita de ce temps de calme pour faire prêcher une nouvelle croisade.

CHAPITRE IV.

Seconde Croisade.

Armées de croisés exterminées.

Dès l'année 1100, les succès exagérés de la première croisade armèrent plus de deux cent mille hommes Italiens, Allemands et Français, qui périrent dans l'Asie mineure, au milieu des montagnes, des déserts et des ennemis. Le peu qui échappa revint à Constantinople; et Hugues, frère de Philippe I, qui avoit encore voulu être de cette expédition, mourut à Tarse.

Le sultan Arslan avoit à peine exterminé cette multitude, qu'il en parut une nouvelle beaucoup moins considérable, qu'il extermina de la même manière. Elle étoit de quinze mille hommes, sans compter les femmes. Le comte de Nevers, qui la commandoit, se sauva seul à Antioche. Huit jours après, cent soixante mille eurent le même sort; et le comte de Poitou alla joindre le comte de Nevers avec un seul écuyer. Il ne pouvoit guères arriver dans la Terre

Sainte que de petites troupes, qui marchoient plutôt en pélerins qu'en soldats. C'est avec ces secours que les Chrétiens s'y soutenoient : cependant ils en reçurent par mer un plus considérable en 1124 : car les Vénitiens vinrent former avec eux le siége de Tyr : mais il fallut leur faire part de cette conquête.

Les Chrétiens auroient été chassés de la Palestine, si les Musulmans avoient pu oublier leurs querelles pour se réunir contre l'ennemi commun. Cependant ils s'affoiblissoient, et faisoient tous les jours de nouvelles pertes : c'est ce qui excita le zèle d'Eugène.

S. Bernard, que les puissances consultoient, qui menaçoit les rois (1), qui donnoit même des leçons aux papes, qui remuoit l'Europe par la force de son imagination, et qui, gémissant sous le poids des affaires, se reprochoit d'avoir quitté la vie d'un moine sans en quitter l'habit, se chargea de prêcher la croisade.

Croisade prêchée par S. Bernard.

---

(1) Il menaça Louis le Gros d'écrire au pape contre lui, et il écrivit en effet.

Louis VII, saisissant l'occasion d'accomplir un vœu qu'il avoit déjà fait, convoqua les seigneurs et les évêques à Vezelai en Bourgogne. Au milieu d'une plaine, remplie d'une multitude immense, Bernard, élevé sur un échafaud, harangua au nom de Dieu, dont il se croyoit l'organe et l'interprète, et promit les plus grands succès. Louis donna l'exemple, les seigneurs le suivirent, et tout le peuple n'eut qu'un cri: *La croix! la croix!* Quoiqu'on en eût préparé une grande quantité, il n'y en eut pas assez, et Bernard, dit-on, mit son habit en morceaux pour y suppléer.

Dans une autre assemblée, où l'on traita des moyens de faire réussir cette entreprise, un des plus applaudis fut de prendre Bernard pour généralissime des armées. Il eut la sagesse de s'y refuser; et, se contentant d'augmenter le nombre des généraux et des soldats, il alla prêcher en Allemagne, et donner la croix à l'empereur.

Suger, abbé de S. Denis et ministre de Louis, fut chargé de la régence du royaume; et la France fut heureuse que ce moine restât lorsque le roi s'éloignoit. C'étoit un homme éclairé. Il fit tout ce qu'il put pour détourner son maître de cette entreprise ; mais les prophéties de S. Bernard eurent plus de puissance que les conseils du sage ministre. On comptoit si fort sur les croisades, et on les croyoit un moyen si propre à répandre la religion, que, vers le même temps, Eugène III fit prendre les armes dans le Nord contre les nations idolâtres, comme s'il falloit détruire les peuples pour les faire Chrétiens : cette mission n'eut pas de grands succès.

Les croisés prirent leur route par Constantinople, chemin tracé par tant de cadavres. Contre l'avis de ceux qui réfléchissoient sur la première croisade, le parti le moins prudent fut préféré. Les armées paroissoient si belles, qu'on croyoit déjà les prophéties accomplies. Il y avoit dans chacune soixante-dix mille gendarmes, une cavalerie légère encore plus nombreuse : on ne compta pas les fantassins.

1147. Mauvais succès des croisés.

Conrad, arrivé le premier à Constantinople, passa le Bosphore. Ensuite il s'embarrassa parmi des rochers, où il laissa les neuf dixièmes de ses troupes. Le roi de

France, qui le suivit, prit une route semblable, fut battu comme lui, et ils arrivèrent tous deux à Antioche avec les débris de leurs armées. On a dit que Manuel Comnène, empereur grec, les avoit trahis; cela peut être : les croisés, sur-tout, aimoient mieux le croire que d'avoir à se reprocher leur imprudence. Mais, si l'empereur grec vouloit leur perte, il n'avoit qu'à l'attendre; il n'étoit pas nécessaire qu'il y contribuât. Ce qu'il y a de vrai, c'est que, dans le camp des Français, on proposa, comme dans la premier croisade, de commencer la guerre contre les Musulmans par la prise de Constantinople, la seconde ville de la chrétienté; et ce fut encore un évêque qui ouvrit cet avis. Le père Daniel trouve même que la proposition étoit fort prudente et fort juste.

Baudouin III, roi de Jérusalem, Conrad et Louis, mirent le siége devant Damas, et le levèrent bientôt, ayant été trahis par les Chrétiens de la Palestine. Les croisés les trouvèrent divisés, et vécurent avec eux dans une grande méfiance; ce fut tout le succès de cette entreprise.

Conrad revint le premier. Louis le suivit

après avoir passé les fêtes de pâques à Jérusalem. Tous deux s'embarquèrent avec leur monde, et n'eurent pas besoin de beaucoup de vaisseaux.

Il n'y eut encore qu'un cri; mais ce fut contre S. Bernard, qui fit son apologie, en rejetant les mauvais succès sur les crimes des croisés. Il auroit bien pu prévoir ces crimes sans être prophète.

Quoi qu'aient dit les croisés de Manuel Comnène, il étoit digne du trône à bien des égards; il remporta de grands avantages sur les Dalmates et les Hongrois, qu'il força de recourir à sa clémence. Il humilia le sultan d'Iconium. Il se rendit redoutable à Noradin, sultan d'Alep, alors le plus puissant des princes musulmans : il l'obligea de rendre la liberté à six mille croisés, tant Français qu'Allemands ; et il reconquit plusieurs provinces en Asie. Il semble que les princes d'Occident auroient pu subjuguer les Mahométans, si, au lieu d'abandonner leurs états, ils eussent seulement envoyé des soldats à Manuel. Ils en étoient bien éloignés. Ceux même qui étoient établis en Orient, et qui auroient dû par les

Manuel Comnène.

traités lui rendre hommage, commirent, au contraire, des hostilités contre l'empire. Telle fut Renaud de Chatillon, prince d'Antioche : aussi fut-il obligé de se rendre au camp de l'empereur, la tête découverte, les bras et les pieds nus, la corde au cou, et de se prosterner devant son vainqueur, qui voulut bien lui donner la paix. La guerre que fit Manuel par ses généraux contre le roi de Sicile fut variée de succès et de revers. Ses dernières expéditions contre le sultan d'Iconium furent moins heureuses. Il fit une grande faute en abolissant la marine parce qu'elle coûtoit trop à entretenir. Il mourut en 1180, dans la trente-huitième année de son règne.

CHAPITRE V.

De l'Angleterre, de la France, de l'Allemagne et de l'Italie, jusqu'à la troisième Croisade.

Suger avoit gouverné la France avec au- Henri Planta-
genet, roi d'An-
gleterre.
tant de prudence que de fermeté, et tout
avoit été tranquille : il mourut, et Louis se
hâta d'accomplir un dessein dont ce sage
ministre l'avoit détourné. Sous le prétexte
qu'Éléonore, qui lui avoit donné des sujets
de mécontentement, étoit sa parente, il fit
casser son mariage dans un concile : divorce
qui enleva la Guienne à la couronne. Quelques
semaines après, Henri Plantagenet
épousa cette princesse. Devenue dès-lors un
vassal redoutable à la France, il entreprit
encore de faire valoir les droits que Mathilde,
sa mère, lui donnoit au royaume
d'Angleterre. Tout lui réussit : Étienne,
forcé par la noblesse et le clergé, le reconnut
pour son successeur, à l'exclusion
de son propre fils.

1154.

Étienne mourut l'année suivante. Henri II assura sa puissance en Angleterre; vint en France rendre hommage, pour la Normandie, la Guienne, le Poitou, l'Anjou, la Touraine et le Maine; acquit le comté de Nantes par la mort de son frère Geoffroi; entreprit de faire valoir ses droits sur le comté de Toulouse; et eut toujours quelques démélés avec Louis, jusqu'en 1163. La paix se fit alors entre les deux couronnes. Mais Henri se fit un ennemi, en nommant Thomas Becket, son chancelier, à l'archevêché de Cantorbéri.

Thomas Becket défend les prétentions du clergé.

A peine Becket fut archevêque, qu'il renvoya les sceaux, embrassa une vie austère, se déclara le défenseur des priviléges que le clergé s'attribuoit; et prétendit, en conséquence, que les clercs ne pouvoient être jugés par les tribunaux laïcs. C'étoit en quelque sorte leur donner le privilége de l'impunité, car il y avoit alors en Angleterre à-peu-près les mêmes abus que nous avons remarqués en Allemagne.

Assemblées qui défendent les droits de la couronne.

Henri convoqua une assemblée, où il proposa que personne ne pourroit porter des appels à Rome, sans le consentement du souverain; qu'aucun évêque n'y pourroit aller, quand même il seroit cité par le pape, s'il n'en avoit obtenu la permission du roi; que, sans le consentement du prince, aucun vassal, ni aucun officier de la couronne, ne pourroit être excommunié; que tous les ecclésiastiques, accusés d'un crime capital, seroient jugés par les cours royales; et que les affaires ecclésiastiques, qui pouvoient intéresser la nation, seroient immédiatement portées aux cours laïques. Ces réglemens furent approuvés dans cette assemblée, et confirmés dans une seconde. Les barons ne firent aucune difficulté; mais les évêques ne se rendirent qu'aux instances les plus vives. Cependant le pape Alexandre III ayant condamné ces articles comme contraires aux immunités de l'église, Becket se repentit de les avoir signés; et en fit pénitence.

Se voyant soutenu par Alexandre, il résista vivement au roi et à la nation. Abandonné néanmoins du plus grand'nombre des évêques, il fut poursuivi avec la même chaleur: on l'accusa de péculat, de parjure, de rebellion : ses biens furent saisis; et les

Becket, poursuivi, se réfugie en France.

pairs le condamnèrent à la prison. Becket, qui avoit refusé de comparoître devant ses juges, parce qu'il prétendoit n'en pouvoir avoir d'autres que le pape, sortit du royaume et se retira en Flandre, d'où il passa en France. Louis l'accueillit, charmé d'entretenir des troubles en Angleterre, et ne considérant pas qu'en autorisant les prétentions de l'archevêque de Cantorberi il en autorisoit de semblables dans son clergé.

Rappelé et réconcilié, il est assassiné. Becket, fait légat du saint siége en Angleterre, employa les censures, fulmina des excommunications, des interdits, et menaça même le roi. Henri, de son côté, ordonna d'emprisonner les parens de ceux qui avoient suivi Becket; de saisir les biens des ecclésiastiques qui étoient dans les intérêts de cet archevêque; de punir sévèrement ceux qu'on trouveroit munis d'excommunications contre quelque particulier, et il fit supprimer le denier de S. Pierre. Les troubles duroient et croissoient depuis neuf ans; et des légats, envoyés par le pape, n'avoient rien terminé, lorsqu'une maladie donna des scrupules au roi, qui n'avoit pas assez de lumières pour démêler la justice dans une affaire de cette nature. On se réconcilia donc. L'archevêque revint en Angleterre : il fut rétabli dans le même état où il étoit avant cette contestation, et tous ses partisans rentrèrent dans leurs biens. Mais, comme il refusa de lever les excommunications qu'il avoit prononcées contre quelques prélats, ils s'en plaignirent au roi ; et ce prince, impatient de trouver tant de résistance, eut l'imprudence de s'écrier : Personne ne me délivrera-t-il d'un sujet qui me donne plus de peine que tout le royaume ensemble ? Becket fut assassiné dans l'église de Cantorberi.

Le roi, pénétré de douleur, se reprocha vivement une parole échappée par imprudence. Il envoya des ambassadeurs au pape pour se justifier, et il offrit de se soumettre au jugement que les légats du saint siége prononceroient contre lui. On lui donna donc pour pénitence d'entretenir deux cents soldats pour servir pendant une année dans la Terre Sainte ; d'y aller lui-même, si le pape le lui ordonnoit ; d'abolir les coutumes qu'il avoit voulu introduire

1170.
Pénitence de Henri.

au préjudice de l'église; de réformer, suivant les conseils du pape, celles qu'il avoit trouvées établies; de restituer les biens aux églises; enfin d'aller nu-pieds au tombeau de l'evêquet, et d'y recevoir la discipline des mains des moines : il obéit.

<small>1173.
Révolte de ses fils.</small>

Presque aussitôt après, il eut d'autres chagrins par la révolte de ses fils, Henri, Richard et Geoffroi, à qui Louis donna des secours. Mais, ayant forcé le roi de France à la paix, les princes rebelles furent contraints de se soumettre, et d'avoir recours à la clémence de leur père. Cependant ils songeoient encore à reprendre les armes, lorsque leurs mesures furent rompues par la mort de Henri le Jeune.

<small>1180.
Sa mort.</small>

Louis VII étoit mort deux ans auparavant, et Philippe II, son fils, qui étoit monté sur le trône, ne cherchoit que l'occasion d'enlever au roi d'Angleterre les provinces qu'il avoit en France. Après des hostilités sans succès, il réussit à soulever Richard; et Henri mourut de chagrin, soit de la révolte de son fils, soit d'un traité désavantageux, auquel il fut forcé. Richard lui succéda,

Il y avoit déjà quelques années qu'Héraclius, patriarche de Jérusalem, étoit venu en Europe prêcher une croisade, et que Richard et Philippe s'étoient engagés à marcher au secours des Chrétiens de la Palestine. Impatiens d'accomplir leur vœu, ces deux rois firent la paix, et marchèrent ensemble contre les Infidelles. Afin même de fournir aux frais de cette entreprise, Richard aliéna tous les domaines de sa couronne, et vendit plusieurs places au roi d'Écosse.

<small>Philippe-Auguste et Richard partent pour la Palestine.</small>

L'empereur Conrad III étoit mort en 1152, et son neveu Frédéric Ier., surnommé Barberousse, lui avoit été donné pour successeur. Alors de nouveaux désordres naissoient des désordres précédens. Plusieurs villes de Lombardie, secouant le joug de l'empire, s'érigeoient en républiques. On ne savoit point encore à Rome à qui appartenoit la souveraineté, et c'étoit un sujet de discorde entre le pape, qui vouloit dominer, et le peuple, qui vouloit être libre. Enfin en Allemagne, où les droits n'étoient pas mieux réglés, les prétentions armoient continuellement les vassaux les uns

<small>Frédéric Barberousse avoit succédé à Conrad III.</small>

contre les autres. Ce règne sera donc fort agité : mais il mettra dans un plus grand jour l'activité, le courage et la sagesse de Frédéric.

Son couronnement.

1155.

Après avoir tenu une diète, et rétabli la tranquillité en Allemagne, Frédéric passa les Alpes, soumit rapidement les principales villes de Lombardie, et accorda son secours au pape Adrien IV, que le peuple avoit contraint de sortir de Rome.

Cependant il ne pouvoit pas y avoir une confiance entière entre un empereur d'Allemagne et un pape : ils se craignoient lors même que l'intérêt commun les forçoit à se réunir. Ainsi leur entrevue fut précédée d'une négociation, où le pape promit de couronner Frédéric, et où Frédéric jura de conserver au pape la vie, les membres, la liberté, l'honneur et les biens. C'étoit en pareil cas la formule des sermens. Il est bien étrange de se croire obligé d'exiger de pareils sermens de ceux à qui on demande des secours; et cela seul suffiroit pour faire connoître les mœurs de ce siècle.

Adrien, ayant été conduit à la tente de l'empereur, se trouva fort embarrassé; il ne savoit comment descendre de cheval, parce que Frédéric refusa de tenir l'étrier. Il descendit pourtant : mais il refusa le baiser de paix à ce prince, jusqu'à ce qu'il lui eût rendu les honneurs dus au successeur du chef des apôtres. Frédéric, après s'être informé des usages, consentit à servir d'écuyer le lendemain au pape : il s'y prit fort mal-adroitement, s'excusant sur ce que cet emploi étoit nouveau pour lui.

Le peuple Romain avoit aussi ses prétentions. Il croyoit être encore ce qu'il avoit été autrefois, quoiqu'il sût à peine ce qu'il avoit été. Le sénat fit donc offrir à Frédéric, par ses ambassadeurs, sa bienveillance, les honneurs du triomphe, et la couronne impériale, lui prescrivant d'ailleurs les largesses qu'il devoit faire, et les lois auxquelles il devoit s'assujettir.

Il y avoit bien long-temps que ce langage n'étoit point d'usage, et Frédéric, interrompant une harangue dont l'orgueil l'offensoit : Rome, dit-il, n'est plus ce qu'elle a été, Charlemagne et Othon l'ont conquise, je suis votre maître : je vous dois la justice et la protection : je fais mes libéralités comme il me plaît : mes sujets ne me donneront pas la loi. Il fut ensuite couronné, et il conduisit le pape à Rome : il y eut cependant des soulèvemens et du sang répandu.

<small>Comment le pape Adrien IV interprète la cérémonie de ce couronnement.</small>

Par la cérémonie du couronnement, Frédéric étoit reconnu souverain de Rome : ainsi le pape, pour soumettre le peuple, devenoit lui-même sujet de l'empereur : mais c'étoit beaucoup que d'avoir subjugué les Romains, d'autant plus qu'en interprétant la cérémonie du couronnement Adrien pouvoit prétendre avoir donné l'empire; aussi écrivit-il à tous ceux à qui il fit part de ce couronnement, qu'il avoit conféré à Frédéric le bénéfice de l'empire Romain; et ce mot de *bénéfice* faisoit entendre qu'il l'avoit donné comme fief du saint siége. On se faisoit des idées si exactes, que le pape paroissoit tout-à-la-fois et le sujet et le seigneur suzerain de l'empereur.

<small>Frédéric, qui fait respecter son autorité, force le pape à désavouer cette interprétation.</small>

Cependant de nouveaux troubles avoient rappelé Frédéric en Allemagne. Il tint une diète, où les princes qui avoient pris les armes furent cités, et condamnés, comme perturbateurs du repos public, aux peines portées par la loi; c'est-à-dire, les comtes à porter sur le dos un chien d'un comté à l'autre; les gentilshommes, une escabelle; et les autres, la roue d'une charrue.

L'empereur, ayant ensuite appris les lettres que le pape avoit écrites, s'en plaignit hautement, reçut fort mal les légats du saint siége, résolut même de faire un second voyage en Italie; et il se fit précéder par des commissaires, qui devoient tout observer, et faire reconnoître par-tout son autorité. Le pape effrayé renvoya des légats, qui saluèrent Frédéric comme empereur et souverain de Rome, et qui lui remirent des lettres de sa sainteté. Adrien l'assuroit qu'en se servant du mot de bénéfice, il ne prétendoit pas lui avoir conféré un fief, mais seulement que c'étoit un bienfait, une chose bien faite de lui avoir mis la couronne sur la tête. Quelque forcée que fût cette interprétation, elle étoit un aveu des droits de l'empire, et Frédéric s'en contenta : cependant il n'abandonna pas le projet de passer en Italie.

Il y revint en effet, aussitôt qu'il crut avoir assuré la tranquillité en Allemagne,

1159.
Prétentions d'Adrien.

et il fit des recherches pour assurer les droits de l'empire sur les villes de la Lombardie. Il étoit occupé à soumettre les plus rebelles, lorsque le pape désapprouva l'hommage qu'il exigeoit des évêques ; demanda la restitution de plusieurs fiefs, entre autres, de ceux de Mathilde, qu'il disoit avoir comme ayant été donnés au saint siége par cette princesse ; et prétendit que les régales et les magistratures de Rome ne pouvoient appartenir qu'à S. Pierre. C'étoit s'arroger la souveraineté dans cette ville : cette contestation n'eut pas de suite parce que Adrien mourut.

<small>1159.
La mort d'Adrien est suivie d'un schisme.
1160.</small>

A peine Alexandre III eut été élu, que trois cardinaux élurent Victor IV. L'empereur, qui avoit des raisons pour exclure le premier, fit tenir un concile à Pavie, où le second fut reconnu. Alexandre prononça anathême contre Victor et contre Frédéric, et déclara les sujets de l'empire absous du serment de fidélité. La France et l'Angleterre se déclarèrent en sa faveur, et Louis VII lui ayant donné un asyle dans ses états, il y prononça de nouveaux anathêmes.

Cependant, comme les Milanais étoient les plus puissans des peuples, qui portoient impatiemment le joug de l'empire, Frédéric résolut d'en faire un exemple. La ville, forcée après un long siége, fut démolie entièrement, à l'exception des églises : on y passa la charrue, et on sema du sel sur ses débris. Mais les troubles, qui recommencèrent en Allemagne, demandoient encore la présence de l'empereur : il alla les appaiser et revint.

Troubles en Allemagne et en Italie.

1162.

Pendant son absence, plusieurs peuples s'étoient soulevés à la sollicitation d'Alexandre, qui avoit cru la circonstance favorable pour s'établir à Rome. Frédéric soumit les peuples, chassa le pape, et mit Pascal III, successeur de Victor, en possession du saint siége. Mais une maladie contagieuse qui se mit dans ses troupes, ne lui permettant pas de soutenir ses avantages, il repassa les Alpes. Alors presque toute l'Italie secoua le joug. Les Milanais rebâtirent leur ville, et Alexandre affermit sa puissance de plus en plus. Cependant des affaires retenoient l'empereur en Allemagne.

1166.

1167.

Quoique, dans son dernier voyage en Ita-

1174. *Frédéric fait*

la paix avec Alexandre III. lie, il eut des succès ; des revers encore plus grands, et des révoltes, dont il étoit menacé en Allemagne, le forcèrent d'entrer en négociation avec le pape. Cependant, ne voulant pas recevoir la loi, il fit un dernier effort ; et, ayant vaincu, il envoya des

1177. ambassadeurs pour traiter de la paix. Elle fut ratifiée à Venise, où il eut une entrevue avec Alexandre, qu'il reconnut pour pape, et qui lui donna l'absolution. Il accorda une amnistie générale aux villes d'Italie, il leur rendit leurs priviléges, et elles lui prêtèrent serment comme à leur sou-

1179. verain. L'antipape se soumit aussi.

Les cardinaux jouissoient seuls du droit d'élire les papes.
Le concile général de Latran, qui se tint à Rome deux ans après, arrêta que, lorsque les cardinaux ne s'accorderoient pas tous à nommer la même personne au souverain pontificat, on ne pourroit reconnoître pour légitimement élu que celui qui auroit eu les deux tiers des suffrages. Ce règlement, fait pour prévenir des schismes qu'il ne prévint pas, montre que les cardinaux commençoient à jouir seuls du droit d'élire les papes, et que les droits du peuple et de l'empereur ne paroissoient plus que

des prétentions surannées. Aussi la paix d'Alexandre avec Frédéric est l'époque où la puissance des papes commence à s'affermir dans Rome ; et ils trouveront désormais moins d'obstacles à se saisir de la souveraineté. Mais il faut convenir que cette principauté aura coûté plus de sang que la fondation des plus grands empires; et, si on réfléchit bien sur la conduite des papes, on ne jugera pas de leur politique par leurs succès. Ils seroient devenus souverains beaucoup plus tôt, s'ils n'avoient eux-mêmes retardé le moment, en brusquant toujours les circonstances. Étoit-il sage d'appeler continuellement en Italie des étrangers plus puissans qu'eux ? Ils avoient tant de moyens pour réussir auprès du peuple dans des temps d'ignorance et de superstition! Déjà respectables par leur caractère, il ne leur restoit qu'à se faire aimer. Cependant, parce que les hommes ne changent pas facilement d'allure, et qu'ils paroissent condamnés à se copier lorsqu'ils se suivent, les papes continueront à faire les mêmes fautes, et trouveront encore des obstacles. Ils donneront, par exemple, le royaume de Naples à plusieurs princes, croyant toujours en trouver un qui leur sera soumis, et ils ne le trouveront pas. Ils ne deviendront réellement souverains de Rome que lorsque, forcés à être plus tranquilles sur le saint siége, il ne sera pas en leur pouvoir d'appeler l'étranger. C'est ce qui arrivera lorsque Laurent de Médicis gouvernera Florence, et donnera la paix à l'Italie.

<small>Cession d'Adrien IV à Guillaume I, roi de Sicile.</small>

<small>1156.</small>

Vers le commencement du règne de Frédéric, le royaume de Sicile fut déchiré par une longue guerre civile, où le pape Adrien IV, ayant mêlé ses armes temporelles à ses armes spirituelles, fut assiégé dans Bénévent. Trop heureux d'obtenir la paix, il accorda plus que ses prédécesseurs n'avoient fait; car il investit le roi Guillaume Ier. de toutes les provinces que le saint siége avoit contestées jusqu'alors. Ce qu'il y a de plus singulier, c'est qu'Adrien et Guillaume partagèrent entre eux la jurisdiction ecclésiastique, qui originairement appartenoit toute entière au souverain pontife. Le pape se la réserva sur la Calabre, la Pouille et les lieux adjacens; mais il céda presque toute celle qu'il avoit sur l'île de Sicile, renonçant aux appellations et au droit d'y envoyer des légats. Ainsi ce roi, seul roi feudataire du saint siége, en dépendit cependant moins que tous les autres. Ce vassal étoit de tous les princes celui qui redoutoit le moins les foudres du vatican, parce qu'il les voyoit de plus près, et que les papes avoient besoin de le ménager.

Guillaume II, fils de celui qui avoit fait ce traité avantageux avec Adrien, envoya une flotte au secours des Chrétiens de la Palestine, et fit la guerre à l'empereur de Constantinople. Enfin en 1186, n'ayant point d'enfant, il maria Constance, fille du roi Roger, et seule héritière du royaume de Sicile, à Henri, fils de Frédéric Barberousse; ce sera l'origine de bien des troubles.

Henri, fils de Frédéric, épouse l'héritière du royaume de Sicile.

Frédéric, ayant joui d'un règne assez tranquille depuis la paix faite avec Alexandre, arma pour aller au secours des Chrétiens de la Terre Sainte, et partit en 1189.

CHAPITRE VI.

Troisième Croisade.

<small>Les Chrétiens de la Terre Sainte avoient presque tout perdu.</small> C'ÉTOIT en 1173 que Guillaume II, roi de Sicile, envoya des secours dans la Terre Sainte. En 1177, Philippe, comte de Flandre, y vint avec de nouvelles forces : et, en 1179, le comte de Champagne, Pierre de Courtenai, frère de Louis VII, y conduisit encore une armée de croisés. Cependant, en 1188, les Chrétiens avoient perdu Jérusalem, et ne conservoient plus qu'Antioche, Tyr et Tripoli.

<small>Causes de leur ruine : 1°. Le gouvernement féodal.</small> Ils s'étoient détruits pas leurs propres divisions. Les chefs, ayant abandonné les marquisats, les comtés et les seigneuries qu'ils avoient en Europe, voulurent avoir de semblables principautés en Syrie. Ils y établirent donc le gouvernement féodal, avec tous ses vices : il y eut des princes d'Antioche, des princes de Sidon, des marquis de Tyr, des comtes de Joppé, des comtes d'Édesse, etc. Tous ces tyrans se fi-

rent la guerre lorsqu'ils ne la faisoient pas aux infidelles ; et souvent quelques-uns s'allièrent avec les Mahométans contre les Chrétiens.

Les papes y régnoient par la puissance du clergé ; et cette puissance s'y exerçoit avec les mêmes excès, ou même avec de plus grands qu'en Europe. Les évêques, qui prétendoient être seigneurs dans leurs diocèses, avoient des serfs, des vassaux et des armées. Presque toujours désunis, ils étoient peu soumis au roi de Jérusalem ; et, d'un autre côté, ils n'avoient aucune autorité sur les moines, qui se maintenoient dans l'indépendance, parce qu'ils avoient aussi des seigneuries, ou parce que les peuples dont ils nourrissoient la superstition, se déclaroient pour eux. Ainsi les seigneurs laïcs, les évêques, les prêtres et les moines, tous se faisoient la guerre.

2°. La puissance d'un clergé, dont les différentes parties étoient sans subordination.

Les religieux les plus puissans étoient les Hospitaliers et les Templiers, qui avoient été fondés, les uns pour garder les malades, et les autres pour veiller à la sûreté des chemins. Ils firent vœu de se battre, et ils se battirent en effet contre les infidelles et contre les Chrétiens. Devenus puissans de bonne heure, ils eurent des provinces entières, et ils se rendirent redoutables au reste du clergé, comme aux seigneurs laïcs.

<small>Enfin des vices féroces joints à une superstition grossière.</small>

Ce qui habitoit la Syrie étoit alors un mélange de Juifs, d'Arabes, de Turcs, de Grecs schismatiques, d'Arméniens, de Jacobites, de Maronites, de Nestoriens, d'Hérétiques de toute espèce, d'Allemands, d'Italiens, d'Anglais, de Français. Ces nations se communiquèrent leurs vices, sans se communiquer leurs vertus; et on lit avec horreur les crimes dont elles souilloient la Terre Sainte. Cependant ces hommes, qui avoient si peu de religion dans le cœur, en avoient toujours le nom dans la bouche. C'étoit pour la religion que les Hospitaliers et les Templiers s'égorgeoient entre eux, que les religieux se battoient dans les processions publiques, qu'ils usurpoient les décimes et les droits des évêques. C'étoit pour la religion que le clergé devenoit parjure, en déliant les princes des sermens faits aux Mahométans, et les sujets, des sermens faits aux princes chrétiens; enfin c'étoit pour la religion qu'on violoit toutes les lois, qu'on méprisoit la foi des traités, et qu'on exerçoit sur les Musulmans les cruautés les plus contraires à l'esprit de l'évangile. Tel étoit jusqu'alors l'effet des croisades ; et c'est là ce qu'on appeloit rétablir la religion chrétienne en Asie : c'est aussi ce qu'on avoit dû attendre des hordes féroces et superstitieuses qui s'y étoient répandues.

Pendant que les Chrétiens, toujours divisés, cruels et parjures, préparoient leur ruine, régnoit en l'Egypte Selaheddin ou Saladin, prince humain, généreux, fidelle à ses engagemens, et grand capitaine. Il fut d'abord lieutenant de Nourraddin ou Noradin, sultan d'Alep. Fait ensuite grand visir du khalife Phatimite, il eut ensuite toute l'autorité sous ce pontife. Lorsque le khalife fut mort, il ne permit pas qu'on lui donnât un successeur. Il fit reconnoître en Égypte le khalife de Bagdad, et il mit fin au grand schisme qui divisoit, depuis deux cent soixante et quelques années, les sectateurs de Mahomet, et qui, armant les deux partis l'un contre l'autre, avoit fait répandre des flots de sang pour des opinions dans le fond peu importantes.

Quel étoit Saladin.

Il protégeoit les Chrétiens.

Après la mort de Noradin, qui mérita l'estime des Musulmans, et même des Chrétiens, Saladin étendit sa puissance, autant par sa politique que par ses armes. Le Sultan d'Alep avoit persécuté les chrétiens par principe de religion; celui d'Égypte tint une conduite toute différente. Il abolit les lois qui avoient été portées contre eux; il leur accorda les droits de citoyen, appela même les plus habiles auprès de sa personne, et leur donna de l'emploi.

Les Chrétiens le forcèrent à prendre les armes contre eux.

Si les Chrétiens avoient su profiter des dispositions où ce prince étoit à leur égard, et s'ils s'étoient fait une loi d'entretenir la paix avec lui, ils se seroient insensiblement affermis; les secours qu'ils recevoient de temps en temps de l'Europe les auroient mis en état de faire des conquêtes sur d'autres Musulmans; enfin, après la mort de Saladin, ils auroient pu profiter de la division qui devoit se faire de son empire, entre un grand nombre d'enfans, et donner la loi à des princes qui devoient s'affoiblir mutuellement par des guerres civiles; mais, toujours infidelles, ils ne firent des traités que pour les violer, et ils forcèrent le sultan d'Égypte à travailler à leur destruction.

C'est le souverain de l'Égypte, de l'Arabie, de la Syrie, de la Mésopotamie et de la Perse, qui arme pour conquérir le royaume de Jérusalem ; et déjà des Hospitaliers, des Templiers et des Chrétiens de toute condition, passent dans les états de ce prince, jugeant que la Palestine va tomber sous sa puissance.

Plusieurs passent dans ces états.

Cependant Gui de Lusignan, mal affermi sur un trône d'où une faction menace de le faire descendre, rassemble tous les Chrétiens qui lui sont fidelles, ou que le péril commun réunit. Il fait prendre les armes à tous ceux qui sont capables de les porter, dégarnit toutes les places ; il marche contre Saladin, à la tête de cinquante mille hommes.

Gui de Lusignan est défait.

Cette armée, conduite à travers des déserts arides, où elle manquoit de tout, fut vaincue sans résistance. Presque tous furent tués ou faits prisonniers ; et du nombre de ceux-ci furent Gui de Lusignan, Geoffroi son frère, Rainaud de Châtillon, les deux grands maîtres, plusieurs autres seigneurs.

et plusieurs évêques. Saladin fit tomber d'un coup de sabre la tête de Rainaud de Châtillon, après lui avoir reproché ses infractions aux traités, et ses cruautés contre les Musulmans. D'ailleurs il ne se montra au roi et aux prisonniers qu'humain et généreux.

<small>Générosité de Saladin.</small>

<small>1187.</small>

Les villes ouvrirent les portes au vainqueur, ou résistèrent foiblement : et Jérusalem, qui soutint un siége, fut forcée de se rendre à discrétion. Le sultan mit la rançon des hommes à dix besans d'or, celle des femmes à cinq, celle des enfans à deux, et déclara esclaves tous ceux qui ne pourroient pas payer ces sommes. Cependant il en délivra mille à la prière de son frère, mille autres à la sollicitation d'un Chrétien; enfin il permit à tous les pauvres de se retirer. Alors les femmes en pleurs vinrent lui demander leurs maris, leurs fils ou leurs pères, qui gémissoient dans les fers; il les leur accorda, et il fit même encore des présens à chacune.

<small>Inhumanité des Chrétiens de la Palestine.</small>

Une partie de ces infortunés se retira sur les terres de Boémond, comte de Tripoli : mais les Chrétiens refusèrent de leur ouvrir les portes, et leur enlevèrent le peu qu'ils avoient emporté avec eux. Une autre partie prit la route d'Alexandrie, et les Musulmans leur fournirent des tentes et des vivres. Des Génois, des Pisans et des Vénitiens refusèrent de recevoir dans leurs vaisseaux les Chrétiens qui n'étoient pas en état de payer : l'émir qui commandoit dans Alexandrie paya pour ces misérables.

Antioche, Tripoli et Tyr, étoient les seules places qui n'avoient pas succombé sous les armes de Saladin, lorsque toute l'Europe s'ébranla pour aller encore au secours de la Palestine. Anglais, Français, Italiens, Allemands, Danois, tous les peuples fournirent des armées de croisés. Le khalife de Bagdad promit une félicité éternelle aux Musulmans qui mourroient en combattant contre les Chrétiens ; et Saladin réunit sous ses drapeaux tous les princes Mahométans qui étoient à portée de lui donner des secours. Il avoit d'ailleurs fait alliance avec le sultan d'Iconium, et avec Isaac l'Ange, empereur de Constantinople.

Cependant des troupes de croisés étoient arrivées par mer, et Lusignan, qui avoit

Nouveaux secours que l'Europe leur envoie.

recouvré sa liberté, en jurant sur l'évangile de ne jamais prendre les armes contre Saladin, avoit recommencé la guerre, et se voyoit à la tête de quatre-vingt mille hommes. Les évêques avoient délié ce roi de ses sermens, et il se crut bien délié.

Succès et mort de Frédéric.

Le sultan, par plusieurs victoires, avoit déjà bien diminué cette multitude de croisés, lorsqu'il craignoit encore Frédéric, qui, après avoir forcé Isaac l'Ange à lui livrer les passages, battu deux fois les armées de Kilidge Arslan II, et pris Iconium d'assaut, étoit mort pour s'être baigné dans le fleuve Salif, qu'on croit être le Cydnus d'Alexandre. De cent cinquante mille hommes, le duc de Suabe, fils de Frédéric, n'en put sauver que sept à huit mille, qu'il conduisit au roi de Jérusalem. Peu de temps après il perdit la vie auprès de Ptolémaïs, que les Chrétiens assiégoient.

1190.

Ptolémaïs assiégée par les Chrétiens.

Le siége de cette place n'avançoit point quoiqu'on eût reçu de nouveaux secours par mer. Le comte de Champagne étoit arrivé avec un grand nombre d'Anglais, de Français et d'Italiens; cependant l'armée dépérissoit, parce qu'elle souffroit tout-à-la-fois de la disette et d'une maladie contagieuse. Heureusement pour les croisés, Saladin étoit malade, et la contagion régnoit aussi parmi ses troupes. On n'imagineroit pas que, dans cette situation, Conrad, marquis de Tyr, et Lusignan, étoient sur le point d'en venir aux mains pour savoir qui des deux devoit être roi de Jérusalem, de ce royaume dont le sultan étoit alors seul roi lui-même. On suspendit leurs hostilités, en les engageant à s'en remettre à la décision de Philippe et de Richard.

Ces deux rois débarquèrent, et la contestation en devint plus vive, parce que Philippe se déclara pour Conrad, et que Richard prit le parti de Lusignan. D'autres tracasseries divisoient encore Philippe et Richard, naturellement jaloux l'un de l'autre, et retardoient les opérations d'une armée, qui, dit-on, étoit composée de trois cent mille combattans. Sur ces entrefaites, ils tombèrent malades l'un et l'autre; et, parce que Saladin eut la générosité de leur envoyer tout ce qui pouvoit être utile à leur guérison, on publia dans l'armée qu'ils trahissoient la chose commune,

Arrivée de Philippe et de Richard. 1191.

et qu'ils étoient d'intelligence avec le sultan.

1191. Enfin Ptolémaïs capitula, et se rendit après s'être défendue près de trois ans. Philippe-Auguste, jaloux de la supériorité que Richard acquéroit, se rembarqua pour revenir en France, ayant laissé en Palestine cinq cents gendarmes et mille fantassins.

Action inhumaine de Richard. Par le traité de capitulation, Saladin devoit donner en trois paiemens une somme convenue pour la liberté des habitans de Ptolémaïs. Lorsque le terme du premier fut arrivé, il demanda qu'en le délivrant on lui garantît par des otages la sûreté des prisonniers, ou qu'on les lui remît, offrant lui-même des otages pour ce qu'il devoit encore. Les Chrétiens avoient bien mérité qu'on prît ces précautions avec eux : mais Richard, que cette méfiance offensoit, fit égorger aux portes de la ville cinq mille prisonniers ; et Saladin usa de représailles sur quelques Chrétiens, maudissant des barbares qui le forçoient à cette cruauté.

Il conclut une trêve de trois ans. Cependant, la division étoit parmi les Chrétiens : plusieurs chefs formoient des prétentions sur Ptolémaïs : et il naissoit continuellement de nouveaux sujets de discordes. Conrad, ayant fait alliance avec le sultan, se disposoit à faire la guerre aux Chrétiens lorsqu'il fut assassiné; et si Richard étoit redoutable aux Mahométans, il étoit odieux aux croisés. Impatient de revenir dans ses états, où sa présence étoit nécessaire, il conclut une trêve de trois ans : et, quoiqu'il eût remporté une victoire, il fut contraint de signer les articles que Saladin lui prescrivit. Le succès de cette croisade se borna à la prise de Ptolémaïs et de quelques autres places ruinées : c'est-à-dire, que les Chrétiens conservèrent Tyr avec ses dépendances, et toute la côte depuis Joppé jusqu'à Ptolémaïs.

FIN DE CE VOLUME.

TABLE DES MATIÈRES.

HISTOIRE MODERNE.
LIVRE PREMIER.

INTRODUCTION A L'ÉTUDE DE L'HISTOIRE, page 1.

CHAPITRE PREMIER.

Idée générale de l'état de l'église dans le quatrième et dans le cinquième siècles, page 3.

Éclat de l'église après la conversion de Constantin. La discipline devient uniforme. Juridiction des Métropolitains. Juridiction des Exarques. Les trois premiers évêques furent nommés patriarches ou primats. L'évêque de Jérusalem obtint le titre et la juridiction de patriarche. Il en fut de même de celui de Constantinople. Comment celui-ci étend sa juridiction. Il obtient le second rang. La manière dont s'établissent les droits des premiers évêques produira des disputes et des révolutions. La cause de ces désordres vient de ce que, dans les trois premiers siècles, les usages qui n'étoient ni uniformes, ni permanens, n'avoient pas permis de déterminer le rang et les droits des évêques. La rivalité entre les évêques des deux capitales augmente les désordres. Autres causes qui les augmenteront encore. La subordination entre les siéges autorise les appels, d'où naissent des abus. Les évêques seuls juges en matière de foi, et le concile général juge souverain. La discipline d'Orient différente de celle d'Occident. Pratiques qui s'observoient dans l'une et l'autre église. Articles de foi éclaircis. Les hérésies ont causé de grands désordres. Institution des ordres monastiques. L'église avoit fait peu de progrès hors de l'empire romain.

CHAPITRE II.

Des Barbares qui ont envahi l'empire d'Occident, page 20.

État misérable de l'Europe, lors de l'établissement des Barbares. Cités des anciens Barbares de l'Europe. Pourquoi ces cités ne songeoient point à s'agrandir. L'ambition devoit être la cause de leur ruine. Elles prospèrent avec peu de besoins : le luxe est leur dernier période. La plupart des Barbares nouvellement établis ne font que passer. Sans idée de vertu, ils n'estiment que le brigandage. Ils ne savent pas conserver ce qu'ils ont conquis. Pour entretenir le luxe, ils en ruinent les sources. Ils ont des ennemis au-dehors et au-dedans, et ils n'ont ni retraites, ni soldats. Puissans avant de s'être fixés, ils sont sans force dans leurs etablissemens. Ne reconnoissant que la loi du plus fort, les trahisons et les injustices de toute espèce sont pour eux des actions courageuses. Leur gouvernement est une démocratie et une anarchie. S'ils ne sont pas détruits, leur gouvernement passera par mille formes. Pourquoi, dans les commencemens, le sort des vaincus fut plus doux que sous les empereurs. Les guerres d'ordinaire courtes et fréquentes. Les Barbares, occupés à s'établir dans leurs usurpations, ne peuvent pas tout enlever: Mais, lorsqu'ils sont affermis, ils croient que ce qu'ils n'ont pas pris est encore à eux. La religion même sert de prétexte à leur avidité. Ces conquérans barbares se détruisent les uns après les autres. Toutes les provinces d'Occident étoient à différens Barbares. Quel sera le sort de ces Barbares.

CHAPITRE III.

L'empire grec sous Zénon, page 33.

Pourquoi l'empire grec subsistoit encore. On ne savoit plus ce qui donnoit des droits à l'empire. Les empereurs s'arrogent les droits du sacerdoce. Abus qui en devoit naître. Guerre civile sous Zénon. Il soumet les rebelles. Zénon perfide envers les Goths. Il l'est envers Illus, qui se joint à Léonce révolté. Vérine prétend donner l'empire à Leonce. Théodoric, vainqueur d'Illus et de Léonce, prend les armes contre Zénon qui le vouloit perdre. Zénon lui persuade de marcher en Italie contre Odoacre. Anastase succède à Zénon. Acace, patriarche de Constantinople, avoit fait chasser du siége d'Alexandrie Jean Talaïa. Il fut excommunié par le pape Félix III. Hénotique de Zénon, qui occasionna un schisme, mais que les papes ne condamnèrent pas. Fin du schisme.

CHAPITRE IV.

Anastase, Théodoric le Grand et Clovis, page 43.

L'Italie sous Odoacre. Théodoric en fait la conquête. Guerre des Isaures sous Anastase. Autres guerres. Les persécutions causent de grands troubles. Le trisagion en cause de fréquens. Grand nombre de schismes. Mur élevé par Anastase. Théodoric et Clovis contemporains. L'Italie florissante sous Théodoric. Ce prince ne persécute pas les Catholiques. C'étoit encore l'usage qu'un des deux consuls fût fait en Italie. Utilité de l'histoire de France. Clovis ne régnoit pas sur toute la nation française. Il projette la conquête des Gaules. Il se rend maître des états de Siagrius. Il s'allie à Gondebaud. Pourquoi il demande Clotilde en mariage. On commence à espérer sa conversion. Bataille de Tolbiac. Vœu de Clovis. Sa conversion. Elle met les Catholiques dans ses intérêts, et les Armoriques le reconnoissent pour roi. Vainqueur de Gondebaud, il lui rend ses états. Pourquoi? Gondebaud se rend maître de toute la Bourgogne. Clovis, allié de Théodoric le Grand, la lui enlève. Il la lui rend. Clovis fait la guerre à Alaric sous prétexte de religion. Il fait la conquête des Aquitaines. Défait à Arles, il les reperd. Il n'est plus qu'injuste, cruel et perfide. Erreur de Grégoire de Tours.

CHAPITRE V.

Depuis la mort de Clovis jusqu'au temps où les maires du palais s'emparent de toute l'autorité, page 66.

Partage des états de Clovis. Leurs voisins ou ennemis. On ne prévoit pas comment ces peuples pourront se bien gouverner. On ne prévoit que des perfidies et des guerres. Thiéri enlève la Turinge à Hermanfroi. Sa perfidie. Les trois autres fils de Clovis défont Sigismond, fils de Gondebaud. Les Français ravagent la Bourgogne. Clotaire poignarde deux de ses neveux. Les Français font la conquête de la Bourgogne. Les rois français s'allient tout-à-la-fois de Justinien et des Ostrogoths. Le perfide Théodebert défait les Grecs et les Goths. Guerre civile terminée par un prétendu miracle. Childebert et Clotaire en danger de périr avec leur armée. Clotaire s'empare de l'Austrasie, ce qui occasionne une guerre. Clotaire seul roi des Français. Cruauté de ce prince envers Cramne, son fils. La France partagée entre ses quatre autres fils. Ce ne sont que forfaits jusqu'en 613 que Clotaire II règne seul. La France en proie à la jalousie de Frédégonde et de Brunehaut. Brunehaut soulève les grands, arme ses petits-fils, et cause des guerres. Fin de cette princesse. Clotaire règne seul. Dagobert se saisit de toute la succession de Clotaire, son père. Sous ses deux fils, les maires du palais gouvernent. Les Austrasiens chassent le fils de Grimoald. Troubles sous les fils de Clovis II. Martin et Pepin Héristel gouvernent l'Austrasie. Ils sont défaits par Ébroin, qui est assassiné. Pepin Héristel a toute autorité dans les trois royaumes.

CHAPITRE VI.

Du gouvernement des Français jusqu'au tems où Pepin Héristel se saisit de toute l'autorité sous le titre de maire du palais, page 81.

Les Français avoient originairement les mœurs des Germains. Leur gouvernement étoit une démocratie. La puissance législative résidoit dans le champ de Mars. A la guerre le général avoit une autorité absolue. Dans l'assemblée, il n'avoit que son suffrage. Des usages grossiers tenoient lieu de lois aux Français. Lors de leur établissement, ces usages ne leur suffisoient plus. C'est dans leurs circonstances et dans celles des Gaulois qu'il faut chercher la raison de leur gouvernement. Les Gaulois étoient vils à leurs yeux. Obligations communes aux Gaulois et aux Français. Les Gaulois conservent leurs lois, et sont juges de leurs différens. Gouvernemens des provinces et des villes. Les ducs et les comtes commandoient les troupes, et rendoient la justice avec des assesseurs. Pourquoi la jurisprudence des Français sera toujours vicieuse. Pourquoi le corps des lois est un chaos. Les évêques ont sur les Français convertis la même autorité qu'avoient eue les prêtres payens sur les Français idolâtres. Leur influence dans le champ de Mars est avantageuse aux Gaulois. Les Français ont moins d'autorité à mesure que les Gaulois, en acquièrent. Le gouvernement devient aristocratique. Privilége des leudes ou fidelles. Les rois, pour étendre leur autorité, font leudes des Gaulois. En effet les préjugés des Gaulois étoient favorables à ce dessein. La façon de penser des évêques l'étoit encore plus. Opinion favorable au despotisme. Sous les fils de Clovis l'aristocratie tendoit à la monarchie. Bénéfices donnés par les rois pour hâter cette révolution. Comment s'établissent les seigneuries. Comment les seigneurs deviennent seuls juges de leurs sujets. La France se remplit de tyrans. Mauvaise politique des rois qui changent continuellement de parti, et reprennent inconsidérément les bénéfices qu'ils ont donnés. Traité d'Andeli, qui leur ôte la liberté de les reprendre. Le parti des leudes, qui n'avoient pas de bénéfices, enhardit les rois à violer le traité, ce qui occasionne bien des troubles. Assemblée de Paris dans laquelle Brunehaut est condamnée, et les bénéfices sont déclarés héréditaires. Clotaire II se trouve presque sans autorité. Origine de la noblesse héréditaire. Pour acquérir cette noblesse on imagine de recevoir du roi en bénéfice une terre qu'on lui donne. Dans la suite, on aima mieux être noble par une terre que par un bénéfice. Les seigneurs étoient les seuls juges et les seuls capitaines des hommes de leurs terres. Les abbés et les évêques crurent aussi devoir être capitaines. Tout tend à l'anarchie sous les successeurs de Clotaire II. Les ducs et les comtes favorisent les usurpations des seigneurs. Mais les seigneurs ne peuvent s'assurer leurs usurpations. Comment les maires se saisissent de toute l'administration. Ils sacrifient les intérêts de leurs maîtres, et deviennent les ministres des bénéficiers et des seigneurs. Confiance aveugle des grands pour les maires. Les maires achèvent d'attirer à eux toute l'autorité. Alors ils commandent aux grands, qu'ils humilient. Usurpation trop précipitée de Grimoald, qui en est puni. Conduite plus sage de Pepin Héristel.

CHAPITRE VII.

Du gouvernement de Pepin Héristel et de celui de Charles-Martel, page 110.

Pourquoi Pepin Héristel remédie aux abus, sans vouloir en tarir la source. Sa modération apparente. Il occupe les Français de guerres étrangères. Il achève de les gagner par l'éclat de ses armes, et il dispose de l'Austrasie et des deux mairies. Théodoald, encore enfant, lui succède sous la tutelle de Plectrude, sa grand'mère. Les grands de Neustrie donnent la mairie à Rainfroi. Charles-Martel est duc d'Austrasie. Chilpéric II règne en Neustrie et en Bourgogne. Charles lui laisse la couronne, mais il se rend maître des deux mairies. L'audace de Charles est soutenue par des succès. Il donne des bénéfices qui n'ont pas les inconvéniens de ceux des Mérovingiens. Il jouit d'une autorité absolue. Il se préparoit à passer en Italie à la sollicitation de Grégoire III.

CHAPITRE VIII.

Des révolutions arrivées depuis la mort d'Anastase jusqu'à celle de Léon l'Isaurien, page 118.

Justin, empereur d'Orient. Justinien, fils de sa sœur, lui succède. Bélisaire fait la conquête de l'Afrique sur les Vandales. Rappelé sur de faux soupçons, il n'achève pas la conquête de l'Italie. Les Goths recouvrent presque toute l'Italie. Bélisaire est renvoyé en Italie, mais les Sclavons forcent à le rappeler. Narsès met fin à la domination des Goths. L'empire étoit sans force par-tout où Bélisaire et Narsès ne se trouvoient pas. Les factions vertes et bleues causent des troubles. Justinien persécuteur et hérétique. Sous Justin II les Lombards s'établissent en Italie. Longin avoit alors changé la forme du gouvernement. Justin II rétablit le consulat. Tibère, qui avoit été collègue de Justin, s'associe Maurice. L'empire a la guerre avec les Perses et avec les Abares. Phocas usurpe l'empire. Autharis, roi des Lombards, fait de nouvelles conquêtes. Cosroès a des grands avantages sur Phocas. Phocas perd l'empire et la vie. Cosroès a de nouveaux succès. L'empire a encore d'autres guerres. Grands avantages d'Héraclius sur les Perses. Constantinople assiégée par les Avares. Soulèvement des Sarrazins au service de l'empire. Commencement du Mahométisme. Comment Mahomet se fait passer pour prophète. Il fait de ses prosélytes autant de soldats. Il devient souverain de l'Arabie. Maximes qu'il inculque à ses disciples. Combien il étoit facile aux Sarrazins de faire des conquêtes. Conquête d'Aboubècre et d'Omar. Cependant Héraclius s'occupe de Monothélisme; et, pour protéger cette hérésie, il abandonne des provinces aux Mahométans. Court règne de ses deux fils. Constant, son petit-fils, se rend odieux. Omar fait brûler la bibliothèque d'Alexandrie. Les Sarrazins mettent fin à la domination des Perses. Constantinople, qu'ils assiégent, doit son salut au feu grégeois. Sous Constantin Pogonat le Monothélisme est condamné. Des séditieux demandent qu'il y ait trois empereurs, parce qu'il y a trois personnes dans la trinité. Léonce fait couper le nez à Justinien II; et Tibère Absimare le fait couper à Léonce. Justinien II les foule aux pieds l'un et l'autre, et a la tête tranchée. On crève les yeux à Bardane Philippique. Artémius se fait moine. Théodose se fait prêtre. Léon l'Isaurien commence à régner. Etendue des conquêtes des Sarrazins. Constantinople est encore sauvée par le feu grégeois. Léon veut détruire le culte des images, ce qui cause de grands troubles. Grégoire II tente inutilement d'empêcher les Romains de se soustraire à l'empereur. Grégoire III implore la protection de Charles-Martel contre Léon et contre les Lombards.

CHAPITRE IX.

Pepin, surnommé le Bref, premier roi de la seconde race, page 140.

Pepin ne trouve pas dans les Neustriens des dispositions aussi favorables que Carloman dans les Austrasiens. Le clergé damnoit Charles-Martel. Pepin s'applique à gagner les différens ordres. Guerre à l'occasion de Grippon, que Pepin et Carloman ont dépouillé. Le pape ordonne de mettre bas les armes; entreprise qui aura des suites. Carloman se fait moine. Guerres. Pepin veut être roi. Décision du pape Zacharie. Mauvaise justification de ce pape et de S. Boniface. Les derniers Mérovingiens sont renfermés dans des cloîtres. Pepin, au lieu d'être élevé sur un bouclier, veut être sacré comme David. Cette cérémonie trompe le peuple. Pendant que Constantin Copronyme favorise les Iconoclastes, Astolphe s'empare de l'exarcat de Ravenne. Etienne II vient implorer la protection de Pepin. On lui rend en France de grands honneurs. Etienne II sacre Pepin, sa femme et ses deux fils. Cette intrigue, qu'on ne peut justifier, aura de grandes suites. Astolphe, après avoir promis d'évacuer l'exarcat, assiége Rome. Etienne demande des secours au roi de France et à ses fils. Première lettre à ce sujet. Seconde lettre. Lettre de S. Pierre dans laquelle la vierge, les anges, les martyrs et tous les saints parlent. Jugement que le père Daniel porte de cette dernière lettre. Pepin donne l'exarcat de Ravenne au Saint siége. Ses précautions pour assurer la couronne dans sa maison.

CHAPITRE X.

Charlemagne, page 158.

Ce n'est pas comme conquérant qu'il faut admirer Charlemagne. État de la France lors de l'avénement de Charlemagne. Il convoque les assemblées deux fois l'année. Objet de celle qui se tenoit en automne. Objet de celle qui se tenoit au mois de mai. Comment elle se tenoit. Comment Charlemagne étoit l'ame des assemblées. Nécessité de donner des lumières aux Français. Changemens à cet effet dans l'administration. Assemblées provinciales dans la même vue. Combien elles étoient utiles. Effet qu'elles produisent. Les successeurs de Charlemagne ruineront cet édifice. Combien l'entreprise de ce prince étoit au-dessus de son siècle. Il soumet toute la Lombardie. Il achève de soumettre ceux qui vouloient secouer le joug. Règne de Léon Chazare. Irène demande pour son fils Rotrude fille ainée de France. Charlemagne fait sacrer Pepin roi de Lombardie, et Louis roi d'Aquitaine. Il est blâmable de ne s'être pas borné à policer les Français. Il est couronné empereur. Les Romains pouvoient donner la souveraineté sur Rome. Ils ne pouvoient pas donner l'empire. Charlemagne n'acquiert qu'une dénomination : mais elle paroît lui transférer des droits. Irène, qui feint de le vouloir épouser, est détrônée. Charlemagne règle les limites des deux empires avec Nicéphore.

LIVRE SECOND.

CHAPITRE PREMIER.

Considérations sur le clergé, page 175.

Désordre dans toute la chrétienté. Les Sarrazins cherchent à s'éclairer. Nécessité de connoître le clergé vers le temps de Charlemagne. Au milieu des vices qui sont ceux du temps, et dont le clergé ne se garantit pas, la foi se conserve. Doctrine des huit premiers siècles sur les deux puissances. Comment cette doctrine s'altère en Orient. En Orient les empereurs avoient usurpé sur le sacerdoce : en Occident les évêques devoient usurper sur l'empire. Raison de la puissance du clergé dans les commencemens de la monarchie française. Le clergé, parce qu'il est ignorant, jouit sans scrupule des deux puissances. Il jouit de même des richesses qui lui sont offertes. Comment il en acquiert de nouvelles. Comment il défend ce qu'il a acquis. Combien la confusion des deux puissances lui est favorable. Il croit avoir de droit divin les terres qu'il possède, et il le persuade. Mais la noblesse se fait de la force un droit contre lui. A l'exemple du clergé, Pepin veut acquérir un droit divin au trône qu'il usurpe. Doctrine fausse et pernicieuse qui s'établit alors en France. Un siècle auparavant cette doctrine avoit commencé en Espagne, où le clergé disposoit souvent de la couronne. Foiblesse des papes dans les huit premiers siècles. En Orient le clergé a moins de facilité à s'elever qu'en Occident. L'ambition du patriarche de Constantinople trouve un obstacle dans l'agrandissement de celui de Rome. Le titre d'œcuménique est le premier sujet de contestation entre le pape et le patriarche de Constantinople. Le culte des images, autre sujet de contestation.

CHAPITRE II.

Louis le Débonnaire, page 204.

Louis le Débonnaire reconnu par les seigneurs, et sacré par Étienne IV. Dans quelles circonstances Charlemagne avoit partagé ses états entre ses trois fils. Louis se hâte trop de faire un pareil partage. Sa conduite avec Bernard qui se révolte. Il s'en repent pour ne montrer que de la foiblesse. Cependant Judith veut un royaume pour Charles, son fils. Troubles qui naissent à cette occasion.

Foiblesse de Louis. Insolence du moine Vala. Humiliation de Louis, qui prend les évêques pour juges de sa conduite. La fermeté de Bernard cause de nouveaux soulèvemens. Lothaire et Pepin arment. Judith prend le voile. Louis assemble les seigneurs et les évêques à Compiègne pour savoir d'eux s'il prendra le froc, ou s'il conservera l'empire. Lothaire se saisit de l'empire que l'assemblée avoit conservé à Louis. Les moines rendent l'empire à Louis. Louis déclare Lothaire dechu de son association à l'empire. On l'accuse d'usurper par cette déclaration sur les droits de l'église. Revolte qui n'a pas de suite. Autre révolte des fils de Louis. Grégoire IV est dans leur camp. La plus saine partie du clergé ne reconnoît pas l'autorité qu'il s'arroge, et que Vala défend. Louis au pouvoir de ses fils. Il est déposé. On le condamne à faire pénitence dans un monastère. Et ceux qui le condamnèrent sont ceux qui l'avoient déclaré l'oint du Seigneur. Lothaire aliène les esprits. Louis recouvre la couronne, ou plutôt la reçoit des évêques. Judith revient à la cour et reprend ses intrigues. Charles a l'Aquitaine au préjudice des fils de Pepin. Nouvelles révoltes et mort de Louis.

CHAPITRE III.

Charles le Chauve, page 227.

Après la bataille de Fontenai les évêques disposent des provinces de l'empire. Bientôt ils sont forcés de consentir au partage que font les trois princes. Lothaire, qui a été jugé en France par les évêques, juge en Italie le pape Sergius II. Ravages que font les Normands, dont Charles achète la retraite. Charles est sans autorité entre la noblesse et le clergé. Charles s'humilie et prend ses sujets pour juges. Lothaire meurt dans un froc, et laisse trois fils. Louis de Bavière fait déposer Charles dans le concile d'Attigni. Charles reconnoît les droits que le clergé s'arroge. Il fait excommunier Louis dans le concile de Metz. Il s'allie des rois de Lorraine et de Provence, et tous trois reconnoissent que les évêques doivent s'unir pour corriger les rois. Divorce de Lothaire, roi de Lorraine. Autorité que le pape s'arroge à cette occasion. Elle révolte d'abord les évêques. Mais ils se soumettent à l'exemple de Lothaire. Mort de Charles roi de Provence, et de Lothaire roi de Lorraine. Au préjudice de l'empereur, frère de Lothaire, Louis le Germanique et Charles le Chauve partagent la Lorraine entre eux. Ils méprisent les excommunications d'Adrien II qui se déclare pour l'empereur. Charles fait excommunier Carloman, son fils, qui s'étoit révolté. Le pape, qui se déclare pour Carloman, veut s'établir juge de cette affaire; mais sans succès. Il abandonne Carloman pour Charles dont il croit avoir besoin. Les fils du roi de Germanie n'etoient pas plus fidelles. Après la mort de l'empereur, Charles obtient de Jean VIII la couronne impériale. Charles avilit la dignité impériale. Mort de Louis le Germanique qui laisse trois fils. Charles, qui ne peut se défendre contre les Normands et les Sarrazins, fait la guerre à ses neveux, et meurt. Sage politique de Charlemagne. Les désordres ont commencé sous Louis le Débonnaire. Ils s'accroissent sous Charles le Chauve. Origine du gouvernement féodal.

CHAPITRE IV.

Jusqu'à Hugues Capet, page 258.

L'empire de Charlemagne tombe. Il suffit de reconnoître les causes de cette révolution. État de l'empire sous Louis II. État de l'empire sous Louis III et Carloman. État de l'empire sous Charles le Gros. Démembrement de l'empire après la déposition de Charles le Gros. Charles le Simple est sans autorité. Les derniers Carlovingiens ne conservent plus qu'un titre.

CHAPITRE V.

De l'état de l'Angleterre au neuvième et au dixième siècles, page 268.

Au commencement du neuvième siècle, Egbert réunit les sept royaumes sous sa domination. Quelle a été la cause de l'autorité du saint siége, et de la puissance des moines en Angleterre. Sous Egbert les Normands abordèrent en Angleterre. Ils sont chassés sous Alfred qui gouverne avec sagesse. Puissance du clergé d'Angleterre, et principalement des moines; désordres qui en naissent. Abus dans la discipline.

CHAPITRE VI.

Des Sarrazins dans les siècles huit, neuf et dix, et de l'Espagne depuis le septième siècle jusqu'à la fin du quinzième, page 278.

La puissance temporelle, que le clergé s'est arrogée, et l'abus qu'il en a fait, est une des principales causes des désordres et de la foiblesse des états de la chrétienté. La confusion des deux puissances est favorable au clergé. La puissance du clergé facilitera la conquête de l'Espagne aux Sarrazins. Les Sarrazins font la conquête de l'Espagne. Ils remportent des avantages sur les Grecs et sur les Turcs. Les Abbassides enlèvent le khalifat aux Ommiades. Le khalife est réduit aux seules fonctions du sacerdoce. Les Sarrazins, quoique divisés, sont toujours redoutables à la chrétienté. Ils s'affoiblissent en Espagne où les chrétiens fondent plusieurs royaumes. Guerres continuelles en Espagne. Révolutions frappantes et précipitées. Multitude de souverains toujours en guerre. Roderigue ou le Cid. État de l'Espagne dans le douzième siècle. Dans le quatorzième, et dans le quinzième, où les Maures sont chassés. État de l'Espagne après l'expulsion des Maures. Combien cette expulsion a coûté de combats. Combien le gouvernement des royaumes d'Espagne avoit été vicieux.

CHAPITRE VII.

De l'Allemagne et de l'Italie depuis 888 jusques en 1073, page 300.

L'Allemagne et l'Italie sous Arnoul. Sermens des Romains lorsqu'il est couronné empereur. Mort d'Arnoul. Louis IV, son fils, dernier des Carlovingiens. Les Hongrois, qui s'étoient établis en Pannonie, accroissent les troubles, qui durent jusqu'à la mort de Louis. Conrad roi d'Allemagne au refus d'Othon. Sagesse de Henri l'Oiseleur de la maison de Saxe. Othon I, après avoir assuré sa puissance en Allemagne, passe en Italie. État de cette province. Causes des désordres de l'Italie. Scandales sur le saint siege. L'Italie ravagée par les Hongrois et par les Sarrazins. Othon I, appelé par Jean XII, y fait respecter son autorité. Décret qui donne à l'empereur le droit d'élire les papes. La jeunesse d'Othon II occasionne en Allemagne des troubles qu'il appaise. État de l'Italie. Les Grecs, invités par Boniface VII et soutenus par les Sarrazins, se rendent maîtres de la Pouille et de la Calabre. Othon II, qui marche contre eux, est défait par la trahison des Italiens. Il eut, comme son père, la fausse politique d'élever le clergé. Nouveaux troubles à l'avénement d'Othon III. Les Romains se soumettent à son approche. Décret qu'il porte sur l'élection de l'empereur. Idées fausses qu'on se faisoit à ce sujet. La superstition d'Othon III a contribué à l'agrandissement du clergé. Henri II dernier de la maison de Saxe. Conrad II, duc de Franconie, successeur de Henri II. Henri III fait respecter son autorité en Allemagne et en Italie où il fait cesser les scandales de plusieurs papes simoniaques. Établissement des Normands dans le midi de l'Italie. Henri III donne l'investiture aux Normands. Prétentions de Léon IX, qui les excommunie, et leur fait la guerre. Il est fait prisonnier. Mort de Henri III. Nicolas II veut se soustraire à l'empereur. Il s'allie des Normands auxquels il donne l'investiture. L'enfance de Henri IV favorise l'ambition des papes. Il a été mal élevé. La crainte d'une excommunication l'empêche de répudier sa femme. Troubles principalement en Saxe. Henri IV donne des dégoûts à son ministre, qui se retire. Les troubles croissent, et Alexandre II cite Henri. Hildebrand ou Grégoire VII.

CHAPITRE VIII.

De l'empire Grec dans les siècles neuf, dix et onze, page 348.

État déplorable de l'empire Grec. Constantin Porphyrogenète s'applique à le rendre florissant. Pourquoi cet empire ne tomba pas sous les Barbares. Les divisions des Sarrazins en retardent la chûte. L'hérésie des Iconoclastes trouble encore l'église dans le neuvième siècle. D'ailleurs, dans ce siècle et les deux suivans, on dispute peu sur le dogme. L'installation de Photius sur le siège de Constantinople est l'origine du schisme qui séparera l'église Grecque de l'église Latine. Prétentions du saint siége fondées sur les fausses décrétales. Conduite de Nicolas I. Conduite de Photius. Il reproche aux Latins d'avoir ajouté au symbole. Il est déposé. Les prétentions des deux premiers siéges sur la Bulgarie les aliènent encore. Photius est rétabli, et reconnu par Jean VIII qui croit qu'on lui a cédé la Bulgarie. Jean, détrompé, excommunie Photius. Photius est chassé une seconde fois. Sa mort assoupit des disputes que l'ambition des deux siéges renouvellera. Vers le milieu du onzième siècle, les querelles deviennent plus vives que jamais.

LIVRE TROISIÉME.

CHAPITRE PREMIER.

De l'état de la France à l'avènement de Hugues Capet, page 370.

Comment la France étoit divisée. Quels étoient les vassaux immédiats. Les arrière-vassaux. Comment les vassaux s'étoient multipliés. Les droits respectifs des seigneurs n'étoient fondés que sur la force : ce qui étoit une source de désordres. Pouvoir absolu des seigneurs dans leurs terres. Leurs assises. Ils croyoient que tout étoit à eux. Le sort du serf étoit souvent préférable à celui de l'homme libre. Les roturiers portoient tout le faix de la tyrannie. La noblesse sans fief étoit seule ménagée. Le clergé avili et en proie aux seigneurs puissans.

CHAPITRE II.

Combien les droits des souverains étoient peu connus dans le dixième siècle, page 379.

Tous les droits étoient confondus dans le dixième siècle. L'anarchie avoit commencé sous Louis le Debonnaire. Ce prince ne connoissoit pas les droits de la royauté. Charles le Chauve et Louis le Germanique les ignoroient également. Cette ignorance est la cause des révolutions qui arrivent sous leurs successeurs. Les derniers Carlovingiens ne savoient plus sur quoi fonder leur droit au trône. Aucune loi ne régloit expressément la succession à la couronne. Quelles idées on doit se faire des droits de Hugues Capet.

CHAPITRE III.

Depuis l'avénement de Hugues Capet jusqu'à la mort de Philippe I, page 386.

Hugues Capet est roi sans être généralement reconnu. Il descendoit de Robert le Fort. Il cherche à mettre le clergé dans ses intérêts. Comment les droits des Capétiens deviennent légitimes. La foiblesse de Hugues Capet est favorable aux prétentions du saint siége. Celle de Robert ne leur est pas moins favorable. Robert montre peu d'ambition. Le règne de Henri I n'offre aucun événement remarquable. De l'Angleterre, lorsque Guillaume duc de Normandie en fit la conquête. Une bulle d'Alexandre II est un des titres de ce conquérant. Obstacles qu'il surmonte. Philippe I, plus heureux qu'appliqué, s'en fait un ennemi. Il est excommunié pour avoir répudié Berthe sa femme. Comment les Capétiens se sont affermis sur le trône.

CHAPITRE IV.

État du gouvernement féodal à la fin du onzième siècle, page 400.

Les premiers Capétiens modèrent leur ambition et laissent les vassaux se détruire. Les desordres de l'anarchie font sentir le besoin d'une subordination. La subordination qui s'établit est favorable à l'agrandissement des Capétiens. Les vassaux comme les suzerains étoient intéressés à la maintenir. La cour féodale étoit le tribunal qui jugeoit les différens. Devoirs réciproques des vassaux et des suzerains. Pourquoi les rois et les grands vassaux ne pouvoient jamais employer qu'une partie de leurs forces. Que le gouvernement féodal étoit fait pour les révolutions. Quatre appuis de ce gouvernement.

CHAPITRE V.

Idée générale de la chevalerie, page 410.

Motifs des Germains pour donner avec cérémonie les premières armes aux jeunes gens. La noblesse Française a eu de pareils motifs. De-là, l'ordre de la chevalerie. Cette ordre ne remonte guère au-delà du onzième siècle. Avec quelles cérémonies on recevoit les chevaliers. A quoi ils s'engageoient. Comment ils s'engageoient. Leur éducation, lorsqu'ils n'étoient que pages. Les tournois où ils se donnoient en spectacle. Leurs études. Leur galanterie. Leur religion.

CHAPITRE VI.

Quel étoit la puissance du clergé à la fin du onzième siècle, page 423.

Moyens de l'ignorance et de la superstition pour discerner l'innocent du coupable. Du jugement de Dieu. Duel judiciaire. Ces usages ne permettoient plus de rendre la justice. Comment le clergé devient juge dans le temporel. Comment chaque évêque étend sa juridiction dans tout son diocèse et s'arroge toutes les causes. Négligence des seigneurs laïcs. Ils perdent toutes leurs justices. Combien cette révolution peut contribuer à l'agrandissement du clergé.

CHAPITRE VII.

De la police de l'église dans les onze premiers siècles, page 432.

Pourquoi il faut connoître la police de l'église dans les onze premiers siècles. Quel est l'objet de la police civile. Quelle est la fin de la religion chrétienne. Quels sont les devoirs de ses ministres. Dans le civil ils doivent être subordonnés aux magistrats. Ils ne faut pas dissimuler l'abus qu'ils ont fait de leur pouvoir. Dans les trois premiers siècles point de police généralement observée. Celui qui gouvernoit une église se nomma évêque. L'évêque de Rome étoit le premier ; mais il n'avoit point de juridiction sur les autres. Comment se conservoit la communion. Pouvoirs des évêques. Leur élection. Usages communs à toutes les églises. La discipline devient plus uniforme dans le troisième siècle. En Orient les progrès du christianisme sont plus rapides. Quelles étoient les fonctions des évêques. La subordination qui s'établit lors de Constantin ne fixe pas à demeure les droits des sièges. Établissement des métropolitains, des exarques et des patriarches. L'Italie étoit en partie sous la juridiction de l'évêque de Rome et en partie sous celle de l'évêque de Milan. Le même ordre de subordination ne s'établit pas également par-tout. Cet ordre pouvoit varier dans la même province, et ne varioit que trop. Les évêques demandoient des lois à Constantin, lorsque la discipline avoit besoin de nouveaux réglemens. Les rois Goths quoiqu'Ariens jouissoient également, sans contestation, du droit de donner des lois aux différentes églises. Législateur en matière ecclésiastique, le souverain l'étoit à plus forte raison en matière civile. Pouvoir étendu et non contesté qu'exerce Justinien. Soumission des évêques à cet égard. Les factions du peuple et du clergé, qui élisoient les évêques donnent lieu à des nouveautés. Comment le patriarche de Constantinople étend sa jurisdiction. Comment le pape étend la sienne. Cependant les papes restoient dans la dépendance des empereurs d'Orient. Ils en secouent le joug sous Léon l'Isaurien. La subordination s'altère par degrés. Les désordres invitent les deux puissances à faire des réglemens. Mais elles usurpent l'une sur l'autre. A Constantinople les empereurs trouvent dans le patriarche, qui a besoin de leur protection, beaucoup de facilité pour usurper sur le sacerdoce. En Occident le souverain ne fait pas les mêmes usurpations, parce qu'il a besoin de ménager le clergé. Et les circonstances favorables aux ecclésiastiques leur donnent trop d'autorité dans l'ordre civil. Cet abus devient tous les jours plus grand sous les successeurs de Charlemagne. Comment l'église s'arroge la puissance législative, même en matière civile : puissance qu'acquièrent alors les papes et abus qu'ils en font. Cependant les empereurs allemands élisoient encore les papes ou confirmoient au moins leur élection. De même l'élection des évêques avoit besoin d'être confirmée pas le souverain. Les princes donnoient l'investiture des bénéfices. Mais, au milieu de l'ignorance et de la corruption, l'autorité, même légitime, dégénéroit en abus, et le clergé s'enrichissoit. Comment les ordres monastiques ont contribué aux abus.

LIVRE QUATRIÈME.

CHAPITRE PREMIER.

Grégoire VII pape, page 472.

Il ne faut s'arrêter sur les temps des désordres qu'autant qu'il est nécessaire, pour en voir naître un meilleur ordre. État de l'Europe lors de Grégoire VII. Conduite qui auroit pu donner aux papes la plus grande puissance. Une conduite opposée a préparé leur chûte, parce qu'elle a forcé l'Europe à ouvrir les yeux. Commencement des querelles entre Henri IV et Grégoire VII. Décret de Grégoire contre les prêtres simoniaques et concubinaires. Mauvaise raison de Henri pour empêcher qu'à ce sujet il se tienne un concile en Allemagne. Tout le clergé de la chrétienté se soulève contre le décret de Grégoire. Ce pape veut que le bras séculier force le clergé à se soumettre, quoiqu'il reconnoisse que ce moyen est nouveau. Henri le fait déposer dans le concile de Worms. Grégoire excommunie Louis dans un concile tenu à Rome. Cette sentence, jusqu'alors sans exemple, cause des soulèvemens contre Henri. Elle aliène jusqu'aux évêques qui avoient déposé Grégoire. On déclare que Henri perdra la couronne, si dans un an il n'est pas relevé de son excommunication. Fausse démarche de Henri. Son humiliation. Il arme. Embarras de Grégoire entre Henri IV et Rodolphe de Suabe, que les Allemands ont élu à sa sollicitation. Il tient deux conciles. Il défend aux princes laïcs de donner l'investiture des bénéfices; avec combien peu de fondement. Mauvais raisonnement qu'il fait à cette occasion. Plusieurs évêques condamnent son entreprise. Grégoire excommunie Henri et lui ôte toute force dans les combats. Cependant Henri defait Rodolphe, et fait déposer Hildebrand dans un concile. Grégoire s'étoit allié de Robert Guiscard : qui le delivre, lorsque Henri l'assiégeoit dans le château Saint-Ange. Il se retire à Salerne, où il meurt. Conduite de ce pape avec les autres souverains, et ses prétentions. Autorité qu'il s'est arrogée sur toutes les églises d'Occident. Comment les cardinaux s'élèvent. Grégoire VII n'a fait que du mal. C'est sans connoître la politique que la cour de Rome s'est agrandie.

CHAPITRE II.

Jusqu'à la mort de Henri IV, empereur, page 501.

Henri IV soumet l'Allemagne. Il repasse en Italie où les troubles continuoient. Conrad, son fils aîné, se révolte. Les fléaux surviennent et les prédicateurs persuadent aux peuples que dieu les punit d'obéir à leur souverain légitime. Occasion de la première croisade. Urbain II la prêche dans le concile de Clermont en Auvergne. L'indulgence plénière, nouvellement inventée, est la solde des croisés. Premières expéditions des croisés. Autre expédition dont les chefs sont des seigneurs qui ont engagé leurs domaines. Alexis Comnène, empereur de Constantinople, se hâte de faire passer les croisés en Asie. Siége de Nicée, qui se rend à l'empereur Alexis. Kilidge Arslan, battu deux fois, cesse de s'opposer au passage des croisés. La plus grande partie de leur armée périt dans les chemins. Siége d'Antioche. Fraude pieuse. Prise de Jérusalem. Godefroi de Bouillon est élu roi de Jérusalem; mais la ville est donnée au patriarche. La division des Musulmans favorisoit les entreprises des croisés. Cependant Henri IV avoit fait rentrer les peuples dans le devoir. Mais ses soins pour achever de rétablir l'ordre soulèvent encore le clergé. Pascal l'excommunie. Il porte Henri V à se revolter contre son père. Henri IV, trahi par son fils, est déposé et meurt.

CHAPITRE III.

De l'Angleterre, de la France, de l'Allemagne et de l'Italie jusqu'à la seconde Croisade, p. 521.

Henri premier, roi d'Angleterre. Il renonce aux investitures qui lui sont contestées par Anselme, archevêque de Cantorberi. Louis VI donne l'investiture de la Normandie à Cliton, fils de Robert. Étienne comte de Boulogne est fait roi d'Angleterre au préjudice de Mathilde. Vainqueur de ses ennemis, il tente d'abaisser le clergé qui le fait déposer. Mathilde, qui ne ménage pas l'évéque de

Winchester, est chassée, et Etienne rétabli. La question des investitures continuoit de troubler l'empire d'Allemagne. Mauvais raisonnement de Pascal II à ce sujet. Fausse démarche de ce pontife. Pascal, saisi, cède les investitures à l'empereur. Plusieurs conciles annullent cette cession. Nouveaux troubles. Comment la question des investitures est terminée. Lothaire succède à Henri V. Schisme à Rome. Honorius II fait marcher une croisade contre un prince chrétien. Schisme à Rome. Le schisme occasionne une guerre. Innocent II et Roger de Sicile suscitent une guerre contre Conrad III, successeur de Lothaire. Troubles à Rome où le peuple se soulève contre le pape.

CHAPITRE IV.

Seconde Croisade, page 538.

Armées de croisés exterminées. Croisade prêchée par S. Bernard. Mauvais succès des croisés. Manuel Comnène.

CHAPITRE V.

De l'Angleterre, de la France, de l'Allemagne et de l'Italie jusqu'à la troisième Croisade, p. 545.

Henri Plantagenet, roi d'Angleterre. Thomas Becket défend les prétentions du clergé. Assemblées qui défendent les droits de la couronne. Becket poursuivi se réfugie en France. Rappelé et reconcilié, il est assassiné. Pénitence de Henri II. Révolte de ses fils. Sa mort. Philippe Auguste et Richard partent pour la Palestine. Fréderic Barberousse avoit succedé à Conrad III. Son couronnement. Comment le pape Adrien IV interprète la cérémonie de ce couronnement. Frédéric, qui fait respecter son autorité, force le pape à désavouer cette interprétation. Prétentions d'Adrien. La mort d'Adrien est suivie d'un schisme. Troubles en Allemagne et en Italie. Frédéric fait la paix avec Alexandre III. Les Cardinaux jouissoient seuls du droit d'élire le pape. Cession d'Adrien IV à Guillaume I, roi de Sicile. Henri, fils de Frédéric, épouse l'héritière du royaume de Sicile.

CHAPITRE VI.

Troisième Croisade, page 562.

Les Chrétiens de la Terre Sainte avoient presque tout perdu. Cause de leur ruine : 1°. Le gouvernement féodal. 2°. La puissance d'un clergé, dont les différentes parties étoient sans subordination. Enfin des vices féroces joints à une superstition grossière. Quel étoit Saladin. Il protégeoit les Chrétiens. Les Chrétiens le forcèrent à prendre les armes contre eux. Plusieurs passent dans ses états. Gui de Lusignan est défait. Générosite de Saladin. Inhumanité des Chrétiens de la Palestine. Nouveaux secours que l'Europe leur envoie. Succès et mort de Frédéric. Ptolemais assiégée par les Chretiens. Arrivée de Philippe et de Richard. Action inhumaine de Richard. Il conclut une trève de trois ans.

FIN DE LA TABLE DES MATIÈRES.